I0399839

www.ingramcontent.com/pod-product-compliance
Lightning Source LLC
Chambersburg PA
CBHW051330110526
44590CB00032B/4469
* 9 7 8 1 7 3 9 8 2 5 2 6 3 *

الرسالة في نصيحة العامة

بسم الله الرحمن الرحيم

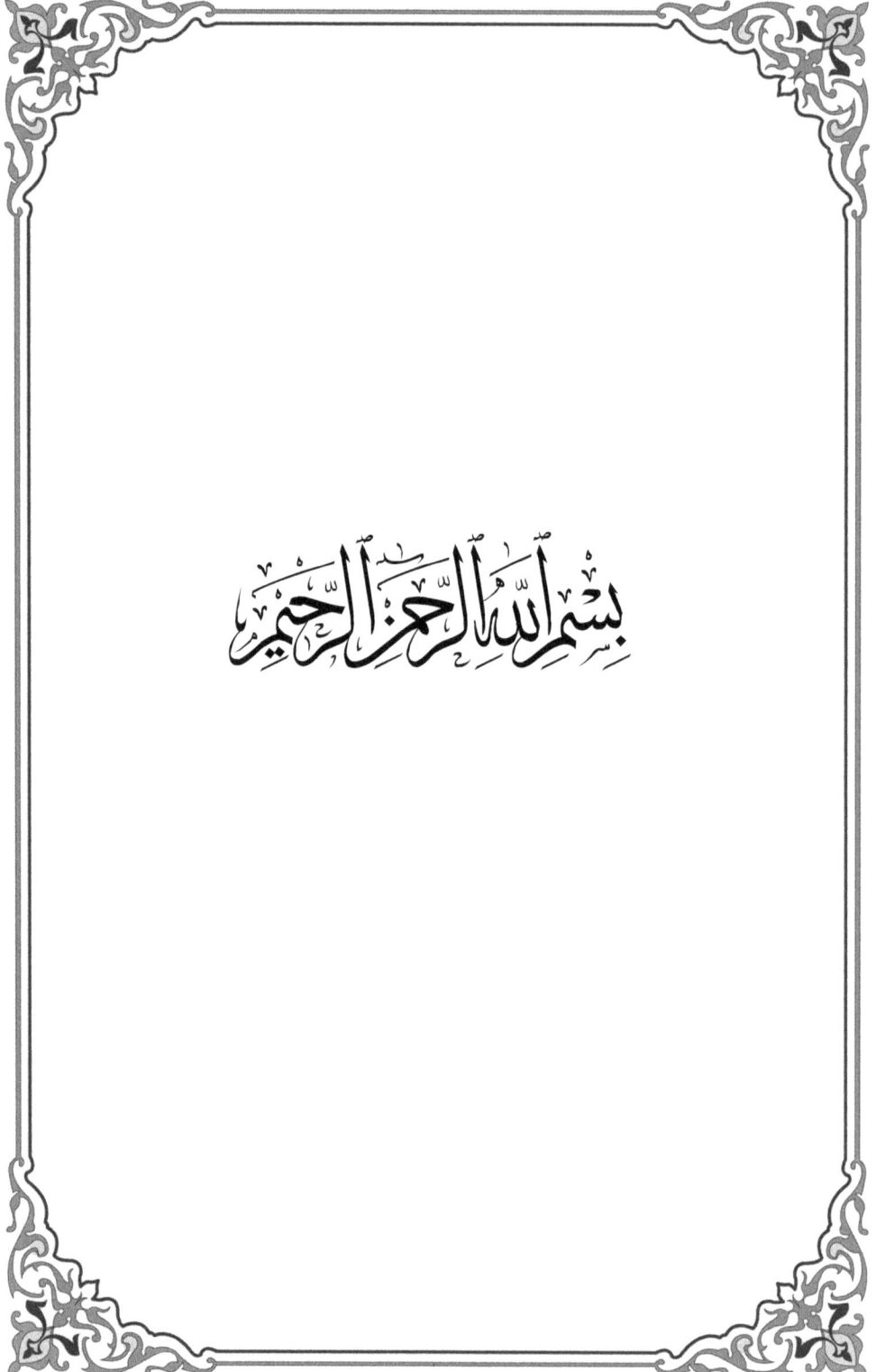

الرسالة في نصيحة العامة

تأليف

الحاكم أبي سعد المحسن بن محمد بن كرامة الجشمي البيهقي

المتوفى سنة 494هـ

تحقيق

جمال الشامي

دار النضيري للدراسات والنشر

دار النضيري للدراسات والنشر

الرسالة في نصيحة العامة
المحسن الجشمي (مؤلف)
جمال الشامي (محقق)
238 صفحة، (تحقيقات تراثية 2)
17×24

الموقع الإلكتروني:
https://www.daralnadhiri.com
البريد الإلكتروني:
daralnadhiri@gmail.com
هاتف: 911682 7961 44+

لندن- المملكة المتحدة

ISBN: 3-6-7398252-1-978

«الآراء التي يتضمنها الكتاب لا تعبر بالضرورة عن وجهة نظر الدار».

جميع الحقوق محفوظة

لا يسمح بإعادة إصدار أو طبع أو نشر هذا الكتاب أو أي جزء منه أو تخزينه في نطاق استعادة المعلومات أو نقله بأي شكل من الأشكال دون إذن خطي سابق من دار النضيري للدراسات والنشر

الطبعة الأولى: 1443هـ-2022م

المحتويات

مقدمة 11

لغة الكتاب الأصل ونسبته إلى المؤلف والنسخة المترجمة: 15

النسخ المعتمدة ومنهج التحقيق: 24

نماذج من المخطوط 26

نص الكتاب 33

[مقدمة الناقل إلى العربية] 35

[مقدمة المؤلف] 37

فصل: [في أحوال الأمة الإسلامية]: 37

فصل: [في سبب تأليف هذا الكتاب]: 38

[أبواب الكتاب]: 40

الباب الأول: في مطلوب العقلاء 42

الباب الثاني: في بيان النفع الذي يحسن طلبه والضرر الذي يحسن التحرز عنه ... 45

الباب الثالث: في سبب النيل للثواب والنجاة من العقاب 50

الباب الرابع: في بيان ما كان عليه النبي -صلى الله عليه وآله وسلم- وأهل بيته وأصحابه من الدين 58

[ما علم ضرورة من دينه -صلى الله عليه وآله وسلم-]: 58

[ظهور الخلاف وحله]: 59

الباب الخامس: في بيان المخالفين لرسول الله -صلى الله عليه وآله وسلم- وفرقهم 62

الباب السادس: في بيان كيفية الخلاف الذي ظهر في الأمة وبيان ظهور كل فرقة 65

الباب السابع: في بيان مذهب الخوارج ورجالهم ومبدأ ظهورهم 77

الباب الثامن: في بيان مذهب الغُلاة والمفوضة 80

الباب التاسع: في بيان مذهب الباطنية 82

الباب العاشر: بيان مذهب الإمامية 86

الباب الحادي عشر: في بيان مذهب المشبهة 93

الباب الثاني عشر: في بيان مذهب المجبرة 96

الباب الثالث عشر: في بيان مذهب المرجئة واختلافهم 99

الباب الرابع عشر: في بيان مذهب أهل الحق ورجالهم 101

الباب الخامس عشر: في بيان ما يجب معرفته من أصول الدين 122

باب حدوث الأجسام 128

باب في أن صانع العالم ليس بجسم ولا يشبه شيئاً من الأشياء وفي أن الأجسام لا تحصل بالطبع ولا بتأثير النجوم: 133

باب في صفات الصانع -تعالى- 135

[الفصل الأول: في الصفات الواجبة لله - تعالى-]: 135

[الفصل الثاني: في الصفات التي لا تجوز عليه - تعالى-]: 138

الفصل الثالث: في الصفات التي يوصف الله -تعالى- بها في حال ولا يوصف بها في حال: 145

باب العدل 146

باب في خلق الأفعال 147

باب في الإرادة 149

باب في التكليف 151

باب في الاستطاعة 153

باب في الآلام والأعواض 155

باب في تعذيب أطفال المشركين 157

باب في الهدى والضلال	157
[الهدى والضلال في القرآن]:	158
باب في القضاء والقدر	160
باب الكلام في النبوة	162
باب الوعد والوعيد	166
باب المنزلة بين المنزلتين	168
باب الشفاعة النبوية	169
باب أحكام الآخرة	171
باب في الآجال والأرزاق والأسعار	172
باب في التوبة	173
باب في الصبر والشكر والدعاء	175
باب في الأمر بالمعروف والنهي عن المنكر	178
باب في الإمامة	179
فصل: في وجوب الإمامة:	179
فصل: في صفات الإمام:	181
[موجبات عزل الإمام]:	182
فصل: فيما يقوم به الإمام:	182
فصل: في طريق تعيين الإمام:	183
[أفضل الأئمة]:	185
فصل: في أن الإمام بعد رسول الله - صلى الله عليه وآله وسلم- من هو وعلى أي وجه كان إماماً:	185
فصل: والإمام بعد أمير المؤمنين -عليه السلام-:	186
الباب السادس عشر: في بيان أخبار الذين خرجوا في الدين	188
فصل: فيمن خرج من أهل البيت عليهم السلام:	188

فصل: نبتدئ بأخبار سيد الأنبياء محمد صلى الله عليه وعلى آله، ثم نتبع بأخبار أهل بيته – عليهم السلام-: 189

أخبار أمير المؤمنين أبي الحسن علي بن أبي طالب -عليه السلام-: 195

أخبار الحسن بن علي -عليه السلام-: 197

أخبار الحسين بن علي -عليه السلام-: 199

أخبار زيد بن علي -عليه السلام-: 200

أخبار يحيى بن زيد -عليه السلام-: 201

النفس الزكية -عليه السلام-: 202

أخبار إبراهيم بن عبد الله: 203

أخبار الحسين بن علي بن الحسن بن الحسن بن الحسن المعروف بالفخي: .. 204

أخبار يحيى بن عبد الله: 205

أخبار محمد بن إبراهيم طباطبا: 206

محمد بن محمد بن زيد: 206

القاسم بن إبراهيم -عليه السلام-: 207

الهادي إلى الحق -عليه السلام-: 207

أخبار الناصر للحق -عليه السلام-: 209

المرتضى لدين الله -عليه السلام-: 210

الناصر لدين الله -عليه السلام-: 210

الداعي لدين الله -عليه السلام-: 210

المؤيد بالله أبو الحسين والسيد أبو طالب الناطق بالحق –عليهما السلام-: .. 211

السيد أبو طالب: 211

فصل: وبعد وفاة السيد أبي طالب خرج قوم بعضهم مجمعون لخصال الإمامة:212

[الباب السابع عشر: في بيان ما يجب معرفته من الشرعيات] 216

باب ذكر العبادات 216

كتاب الطهارة 216

[نواقض الوضوء]:	217
[فروض الوضوء]:	217
[موجبات الغسل]:	218
[التيمم]:	218
[ما تغسل به النجاسة]:	219
[في أنواع النجاسة]:	219
فصل: في الحيض:	220
كتاب الصلاة	222
مواقيت الصلاة:	222
الأذان والإقامة:	223
فصل: في أقل ما يجزي من عمل الصلاة:	223
فصل: كمال الصلاة:	223
فصل: ما لا تتم الصلاة إلا به:	224
فصل: [في اختلاف أحوال الصلاة]:	225
فصل: صلاة الخوف	226
فصل: في الإمامة في الصلاة:	226
فصل: [في صلاة العيدين]:	227
فصل: [في صلاة الاستسقاء]:	228
فصل: [في صلاة الكسوف]:	228
فصل: غسل الميت:	228
كتاب الزكاة	230
باب الزكاة في الذهب والفضة:	230
باب زكاة الإبل:	231
باب زكاة البقر:	231
باب زكاة الغنم:	231

باب زكاة ما أخرجت الأرض:	232
باب: زكاة الفطر:	232
كتاب الصيام	233
باب: الاعتكاف:	233
باب في معاني أسماء الله -تعالى- وصفاته	235
[الأسماء الواردة في الحديث]:	235
والأسماء المعروفة غير هذه الأسماء كثيرة مثل:	238

مقدمة

لا يزال الكثير من التراث الإسلامي مخطوطاً، وليس بمقدور معظم الناس الاطلاع عليه ولا النظر في مجهود مؤلفيه، وليس من السهل الوصول إليه والنظر فيه إلا بتحقيقه وإخراجه بطريقة حديثة ليكون في متناول الجميع؛ ولأن فيه عصارة ما توصلوا إليه في مختلف العلوم الموضوعة وفي أزمانهم المختلفة، ومن ذلك التراث موضع تحقيقنا هذا وهو أحد المصنفات في القرن الخامس من الهجرة والمسمى (نصيحة العامة) وهو الاسم المشترك للكتاب في النسخ المتوفرة منه، فـ(النصيحة) في الاصطلاح الديني «الدعاء إلى ما فيه الصلاح والنهي عما فيه الفساد»(1)، وقيل: «هي كلمة جامعة معناها حيازة الحظ للمنصوح له»(2).

و(العامة) في الاصطلاح الكلامي كما يقول المؤلف: «فذكر شيخنا أبو القاسم إنهم يعتقدون جملة الدين من غير استدلال ونظر، ولا يدخلون في شيء من الاختلاف الجاري بين أهل القبلة، وهذا هو الذي عليه العامة والنساء وأكثر الأمة، ولا يكون لهؤلاء رئيس ولا كتاب ولا مذهب وسموا عامة؛ لأنهم الجمهور. وقال الشيخ أبو القاسم: هنيئاً لهم بالسلامة. وهذا بناء على أصله أن مقلد الحق ناجي فأما عند شيخنا رحمه الله لا بد أن يعرف بالدليل»(3).

و(الناصح) - المؤلف - هو أبو سعد المحسن بن محمد بن كرامه الجشمي(4)

---

(1) التوقيف على مهمات التعاريف ص325.
(2) الكليات ص908.
(3) شرح عيون المسائل ج1خ.
(4) جشم: «من قرى بيهق، من أعمال نيسابور» مراصد الاطلاع على أسماء الأمكنة والبقاع ج1ص335.

البيهقي [5]، الحاكم [6]، ولد سنة 411هـ/1022م، وتوفي سنة 494هـ/ 1101م، كان حنفياً في الفروع معتزلياً في الأصول، ثم انتقل إلى الزيدية، له مصنفات منها: **(عيون المسائل)**، و**(شرح عيون المسائل)** – وهو موسوعة كلامية أصولية -، و**(التهذيب في التفسير)**، و**(تحكيم العقول في تصحيح الأصول)**، و**(جلاء الأبصار في تأويل الأخبار)**، و**(رسالة الشيخ أبي مرة إلى إخوانه المجبرة)** ويسمى **(رسالة إبليس إلى إخوانه المناحيس)** – قيل كانت السبب في قتله - وغيرها والتي تصل نحو نيف وأربعين مصنفاً[7]، وأغلبها صنف في حال اعتزاله.

أما **(الغرض من النصيحة)** فقد بيّن المؤلف في مقدمته ذلك حيث قال: «فجمعت هذا الكتاب نصيحة لعوام الناس وخاصة الإخوة في الدين؛ لأن مراعاة الأخوة في الدين أولى من مراعاة الإخوان في النسب قال الله -تعالى-: ﴿فَلَآ أَنسَابَ بَيۡنَهُمۡ يَوۡمَئِذٖ وَلَا يَتَسَآءَلُونَ ١٠١﴾[8]، والنصيحة في الدين والدعاء إلى الحق من سنن المرسلين صلوات الله عليهم.

نوح -عليه السلام- قال: ﴿أُبَلِّغُكُمۡ رِسَٰلَٰتِ رَبِّي وَأَنصَحُ لَكُمۡ﴾[9]، وهود -عليه السلام- قال: ﴿وَأَنَا۠ لَكُمۡ نَاصِحٌ أَمِينٌ ٦٨﴾[10]، وصالح -عليه السلام-

(5) بيهق: من كبار مدن نيسابور. معجم البلدان ج1ص537.

(6) الحاكم في مصطلح أهل الأثر: «هو الذي أحاط علمه بجميع الأحاديث المروية متناً وإسناداً، وجرحاً وتعديلاً وتاريخاً» شرح نخبة الفكر في مصطلحات أهل الأثر ص121، وقد يسمى القاضي حاكماً وللمؤلف مصنفات في الحديث يرجح من خلالها المعنى الأثري.

(7) مطلع البدور ومجمع البحور ج4ص404.

(8) سورة المؤمنون: 101.

(9) سورة الأعراف: 62.

(10) سورة الأعراف: 68.

قال: ﴿وَنَصَحۡتُ لَكُمۡۖ فَكَيۡفَ ءَاسَىٰ عَلَىٰ قَوۡمٖ كَٰفِرِينَ ٩٣﴾[11]، والرجل المؤمن قال لموسى: ﴿فَٱخۡرُجۡ إِنِّي لَكَ مِنَ ٱلنَّٰصِحِينَ ٢٠﴾[12].

وقد ورد: ((**الدين النصيحة، الدين النصيحة، قيل: لمن يا رسول الله؟ قال: لله ولرسوله ولكتابه ولأئمة المسلمين وعامتهم**))، وروى أنس بن مالك عن النبي -صلى الله عليه وآله وسلم- أنه قال: ((**ألا أخبركم بقوم ليسوا أنبياء ولا شهداء يغبطهم الأنبياء والشهداء يوم القيامة، قالوا: يا رسول الله من هم؟ قال: الذين يحببون عباد الله إلى الله، ويحببون الله إلى عباده، ويمشون في الأرض نصحاً، قلنا: هذا الذي يحبب الله إلى عباده فكيف عباد الله إلى الله؟ قال: يأمرونهم بما يحب الله وينهونهم عما يكره الله، فإذا اطاعوهم أحبهم الله**))، وجرير بن عبد الله الأنصاري أتى رسول الله -صلى الله عليه وآله وسلم- ليبايعه فأخذ رسول الله -صلى الله عليه وآله وسلم- بيده وقال: ((**النصيحة لكل مسلم إنه من لا يرحم الناس لا يرحمه الله**))، وأنس كان يروي عن النبي -صلى الله عليه وآله- أنه قال: ((**إن الدين النصيحة، ألا ان من لم ينصح فقد غش**))»[13].

وأما المسائل الواردة في الكتاب في إطار النصيحة: فالبداية نظرة عامة لأحوال الناس وأسباب تأليف الكتاب.

- **مطلوب العقلاء ببيان النفع الذي يحسن طلبه والضرر الذي يتحرز منه.**
- **أسباب نيل الثواب والنجاة من العقاب.**

---

(11) سورة الأعراف: 93.

(12) سورة القصص: 20.

(13) ص28.

- بيان ما كان عليه النبي -صلى الله عليه- وأهل بيته وأصحابه من الدين.
- ظهور الخلاف والفرق والمذاهب (الخوارج، الغلاة والمفوضة، الباطنية، الإمامية، المشبهة، المجبرة، المرجئة).
- بيان مذهب أهل الحق ورجالهم في الأصول الخمسة (التوحيد، والعدل، والوعد والوعيد، والأمر بالمعروف والنهي عن المنكر، والإمامة) وأحكام من الشرع.
- ما يجب معرفته مفصلاً من أصول الدين: حدوث الأجسام، نفي الجسمية والشبه عن الصانع، صفات الصانع، العدل، خلق الأفعال، الإرادة، التكليف، الاستطاعة، الآلام والأعواض، تعذيب أطفال المشركين، الهدى والضلال، القضاء والقدر، النبوة، الوعد والوعيد، المنزلة بين المنزلتين، الشفاعة النبوية، أحكام الآخرة، الآجال، التوبة، الصبر والشكر، الأمر بالمعروف والنهي عن المنكر، الإمامة.
- أخبار الذين خرجوا في الدين: محمد -صلى الله عليه وآله وسلم-، أمير المؤمنين علي، الحسن، الحسين، زيد بن علي، يحيى بن زيد، النفس الزكية، إبراهيم بن عبد الله، الحسين الفخي، يحيى بن عبد الله، محمد بن إبراهيم، محمد بن محمد، القاسم بن إبراهيم، الهادي إلى الحق، الناصر للحق، المرتضى لدين الله، الناصر لدين الله، الداعي محمد، المؤيد بالله أحمد، الناطق بالحق أبو طالب، أبي الحسن الحقيني، الناصر الصغير، الحسين بن زيد بن علي، موسى بن عبد الله، علي بن العباس، عيسى بن زيد، أحمد بن عيسى، عبد الله بن محمد، الحسن بن إبراهيم، إدريس بن عبد الله، محمد بن جعفر الصادق، إبراهيم بن موسى، عبد الله بن موسى، محمد بن القاسم، الحسن بن زيد، محمد بن زيد، الداعي الحسن

بن القاسم، يحيى بن عمر، الثائر جعفر بن محمد.

- **ما يجب معرفته من الشرعيات**: الطهارة، الصلاة، الزكاة، الصيام.

- **معاني أسماء الله -تعالى-** الواردة في السنة وفي غيرها.

لغة الكتاب الأصل ونسبته إلى المؤلف والنسخة المترجمة:

- **لغة الكتاب الأصلية**: هي اللغة (الفارسية) كما صرح بذلك المترجم في مقدمته: «هذا كتاب جمعه الإمام شيخ الإسلام أبو سعد المحسن بن محمد بن كرامة الخرساني البيهقي الجشمي -رحمة الله عليه- **بالفارسية**» وهو كحال بعض كتب المؤلف[14] كونها صنفت في بيئة فارسية اللغة، وهل توجد نسخة عربية من ذات الكتاب للمؤلف أم لا؟ من خلال مقدمة المترجم لا توجد نسخة عربية ولو كانت موجودة لما تكلف المترجم عناء الترجمة إلى العربية، وأما لماذا لا توجد نسخة عربية للمؤلف والكتاب لم يوجه للناطقين بالفارسية دون غيرهم؟ فالظاهر أنه من أواخر أو آخر مصنفات الحاكم الجشمي؛ لأنه فيه ظهور زيديته بصورة جلية، ولعل الوقت لم يسعفه لوضع النسخة العربية من الكتاب وعاجلته الوفاة.

- **نسبة الكتاب إلى الحاكم**: ذكر من ترجم للمؤلف أن الكتاب المذكور له فالفقيه يحيى بن محمد المقرائي - المتوفى سنة 990هـ - ذكر في كتابه (نزهة الأنظار) أن للإمام الحاكم (نصيحة العامة)[15]، والقاضي أحمد بن صالح بن أبي الرجال - المتوفى سنة 1093هـ - قال: «له جملة كتب، ... وكتاب (نصيحة العامة)»[16]، والسيد إبراهيم بن القاسم - المتوفى سنة 1152هـ - قال: «له

(14) طبقات الزيدية الكبرى ج1 ص275.

(15) الحاكم الجشمي ومنهجه في التفسير ص113.

(16) مطلع البدور ومجمع البحور ج4 ص404.

جملة كتب منها: ...، و(نصيحة العامة)»(17).

ومن ناحية أخرى من يطلع على كتبه: (شرح عيون المسائل) و(تحكيم العقول في تصحيح الأصول) و(رسالة إبليس إلى إخوانه المناحيس) يجد تشابهاً غالباً وتطابقاً أحياناً في النصوص والعرض والتحليل ومن ذلك هذه النماذج:

1- ورد في الجزء الأول من كتاب (شرح عيون المسائل): «لا شبهة أن المسلمين كانوا في أيام رسول الله على طريقة واحدة...»، وفي (نصيحة العامة): «لا شبهة أن في أيام الرسول -صلى الله عليه وآله وسلم-، الرسول، ومن معه وأهل بيته، وأصحابه من المهاجرين والأنصار كانوا على طريقة واحدة..».

2- وفي (شرح عيون المسائل) ج1: «فأول ما وقع الخلاف اختلافهم يوم السقيفة..»، وفي (نصيحة العامة): «وأول خلاف حدث بعد النبي -صلى الله عليه وآله وسلم- كان خلاف يوم السقيفة..».

3- وفي (شرح عيون المسائل) ج1: «سموا انفسهم إمامية؛ لقولهم بالنص على أعيان الأئمة، ووجوب الرجوع إليه في أمور الدين، فإن منزلة الأئمة منزلة الأنبياء ولا بد من إمام في كل عصر، ويسمون الرافضة؛ لتركهم زيد بن علي...»، وفي (نصيحة العامة): «سموا إمامية؛ لقولهم إن الأمور الدينية كلها إلى الإمام، والإمام بمنزلة النبي، ولا بد في كل وقت من إمام، وإنه يحتاج إليه في كل أمور الدين والدنيا عند أكثرهم، وسموا رافضة؛ لتركهم زيد بن علي..».

4- وفي (شرح عيون المسائل) ج1: «حدث بعد مضي مائتي سنة وكسر من الهجرة، وكان غرض من وضعها إبطال الإسلام وإظهار المجوسية والقول بالطبائع وقدم العالم ونفي الشرائع، وأجمع أهل المقالات أن أول من أسس هذا

---

(17) طبقات الزيدية الكبرى ق3 ص893.

المذهب قوم من أولاد المجوس وبقايا الخُرَّمية جمعهم نادي مع قوم من أهل الإسلام والفلاسفة فتشاوروا وفي قلوبهم عداوة المسلمين وضغن الإسلام وقالوا: إن محمداً غلب لمساعدة ودولة اتفقت له واتفق له أعوان بعده نصروا دينه ولم يكن نبياً وصاروا يتقلبون في نعم أسلافنا ويتوارثونها وملكوا ممالكنا ولا مطمع في نزع ما في أيدهم بالسيف والمحاربة؛ لقوة شوكتهم وكثرة جنودهم..»، وفي (نصيحة العامة): «وابتداء وضع هذا المذهب سنة خمسين ومئتين من الهجرة، وضعه قوم في قلوبهم بغض للإسلام من المجوس وبثوا الدعاة إلى الأطراف ليدعوا الناس إلى هذا المذهب لعل المملكة ترجع إليهم ويبطل دين النبي العربي -صلى الله عليه وآله وسلم-، ﴿وَيَأْبَى ٱللَّهُ إِلَّآ أَن يُتِمَّ نُورَهُۥ﴾(18)، ولم يزل يبطل مرادهم».

5- ورد في كتاب (تحكيم العقول في تصحيح الأصول) ص35: «وأما تفصيل تلك النعم فلا يمكننا معرفته، وهو -تعالى- أعلم بتفاصيلها، ويجب على العبد أن يشكره -تعالى- على جميع ذلك على الجملة، بأن يعرف بأن جميعها منه»، وفي (نصيحة العامة): «فأما كمال نعمة الله -تعالى- فلا يمكن معرفتها بالتفصيل، ويجب أن يعرف على الجملة أن جميع النعم منه -تعالى- سواء وصلت إليه من جهته -تعالى- أو من جهة غيره».

6- وفي كتاب (تحكيم العقول في تصحيح الأصول) ص111: «فلو كان مرئياً لوجب أن نراه، ولئن جاز مع هذا أولى لجاز أن يكون بين أيدينا فيلة عظيمة لا نراها»، وفي (نصيحة العامة): «فلو جاز أن نراه مع هذه لجاز أن يكون بين أيدينا فيلة عظيمة وجبال لا نراها».

---

(18) سورة التوبة: 32.

7- وفي كتاب (تحكيم العقول في تصحيح الأصول) ص184: «لا يجوز تعذيب الأطفال سواء كانوا من أولاد المؤمنين أو من أولاد الكفار، وقالت المجبرة: يجوز تعذيب أطفال المشركين»، وفي (نصيحة العامة): «الأطفال كلهم إذا ماتوا من أهل الجنة سواء كانوا من أطفال المؤمنين أو أطفال الكفار، وقال قوم من المجبرة إن أطفال الكفار من أهل النار».

الجديد في هذا الكتاب من الآراء: من المعلوم أن الحاكم كان في الفقه حنفياً وفي الأصول معتزلياً ثم انتقل إلى الزيدية أو بمعنى أدق وافق اجتهاده للزيدية في بعض مسائل الإمامة من أصول الدين، وبعض مسائل الفقه، أما بقية مسائل أصول الدين فهناك توافق زيدي معتزلي، وكذلك هناك في فروع الدين توافق غالب زيدي حنفي، قال المؤلف في كتابه (التهذيب في التفسير) مبيناً فضل الزيدية: «الشيعة: الجماعة التابعة لرئيس لهم، وقد غلب على هذا الاسم شيعة أمير المؤمنين عليه السلام الذين كانوا معه على أعدائه، وبعده مع أولاده، وهم خُلَّصُ الزيدية يميلون معهم ويقاتلون بين أيديهم؛ لأن الناس ثلاث فرق: نواصب ليسوا من الشيعة، وروافض ليسوا من الشيعة، لم يبق إلا هَؤُلَاءِ، ومن نظر في الأخبار علم صحة ما قلنا»(19).

ويمكن ذكر الآراء التي أوردها المؤلف في هذا الكتاب وهي مغايرة لآرائه السابقة في كتبه الشهيرة كـ(شرح العيون)، و(تحكيم العقول) و(التأثير والمؤثر):

أولاً: في أصول الدين:

1- في منصب الإمامة: قال الحاكم: «ولا تصلح الإمامة في عموم الناس،

---

(19) ج8ص5933.

ولا بد أن تكون من بيت مخصوص»، وقال: «وعندنا لا تصلح إلا في ولد الحسن والحسين -عليهما السلام-»، وقد ذكر هذا الرأي أيضاً في كتابه المؤَلف سابقاً (تنبيه الغافلين عن فضائل الطالبيين) إذ قال: «ثم أمر ربنا رسوله بأن ينوه بذكره [أي أمير المؤمنين]، ويدل على فضله بقوله وفعله، وينبه لأمته على أنه المرشح لخلافته، والمنصوص على إمامته، وأن الإمامة بعده في ذريته»(20).

وقال في كتابه (التهذيب في التفسير) عند تفسير قوله -تعالى-: ﴿وَلَقَدْ مَكَّنَّٰكُمْ فِي ٱلْأَرْضِ﴾(21): «..وتدل على عظيم رتبة آدم إذ أسجد له ملائكته، ورتبة لأولاده بكونهم من ذريته، وفيه تنبيه على أن لأولاد الرسول -صلى الله عليه وسلم- فضيلة لكونهم من أولاده على ما يذهب إليه مشايخنا الزيدية»(22).

2- في طريق الإمامة: قال الحاكم: «وعند أصحابنا الزيدية: طريق الإمام النص الاستدلالي ويعرف بالدليل»، وقال: «فمن حصلت فيه تلك الصفة من ولد الحسن والحسين -صلوات الله عليهما- وادعى الإمامة يصير إماماً، وتلك الصفة جميع خصال الإمام كما ذكرنا»، وهذا خلافاً لما ذكره المؤلف في كتاب الأسبق (التأثير والمؤثر) إذ يقول: «لا بد للإمامة من طريق، ولم يوجد نص من الله -تعالى- ولا من رسوله على أحد، فليس النص بطريق لها، وكذلك المعجز ليس من طرق الإمامة، وكذلك الخروج بالسيف أو الدعاء إلى النفس، وكذلك الوراثة، وإنما طريقها الإختيار»(23).

---

(20) ص16.

(21) سورة الأعراف: 10.

(22) ج4ص2508.

(23) تحكيم العقول في تصحيح الأصول ص12.

ومن المؤكد أن المؤلف لم يمُت إلا وقد تطابقت آراؤه في أصول الدين – الإمامة – بما هو مشهور لدى الزيدية، حتى أنه صنف كتابه (تنبيه الغافلين) لأجل إثبات الإمامة وأفضلية العترة، قال في المقدمة: «وقد جمعت في كتابي هذا ما نزلت فيهم من الآيات مما ذكرها أهل التفسير، وأوضحت بالروايات الصحيحة، وألحقت بكل آية ما يؤيدها من الآثار، بحذف الأسانيد طلباً للتخفيف وإيثاراً للإيجاز، وبينت في كل آية ما تتضمن من الدلالة على الفضيلة والإمامة، من غير تطويل، ليكون تذكرة للمهتدي، وتنبيهاً للمبتدي، وليكون ذخيرة ليوم الحشر، رجاء أن أحشر في زمرتهم، وأعد من جملة شيعتهم، وسميته: تنبيه الغافلين عن فضائل الطالبيين»(24).

وقد ذكر السيد العلامة المؤرخ يحيى بن الحسين بن القاسم – المتوفى سنة 1099هـ – أن للمؤلف كتاباً بعنون: (الإمامة) على مذهب الهادوية الزيدية(25).

ثانياً: في فروع الدين:

1- من نواقض الوضوء: «كبائر العصيان»، وقد ذكر المؤلف ذلك عن الزيدية في كتابه (التهذيب في التفسير) مع آراء الفقهاء ولم يرجح أيها، فقال: «فأما كبائر العصيان فلا تنقض عند الفقهاء، وعند القاسم ويحيى أنها تنقض»(26).

2- من شروط إقامة الجمعة: «الإمام الذي يخطب له وهو أن يكون ممن تجب

(24) ص14.

(25) المستطاب في تراجم علماء الزيدية الأطياب خ.

(26) ج3 ص1889.

طاعته على المسلمين»، وذكره المؤلف الآراء في هذه المسألة ولم يرجح أيها في كتابه السابق فقال: «السلطان، فعند أبي حنيفة شرط لا تجوز إقامة الجمعة إلا بإذنه، وعند الشافعي ليس بشرط، فإن كان عادلاً أو جائراً جاز إقامة الجمعة بإذنه، وقال الهادي: لا تجوز إذا كان جائراً، فإن كان الإمام مأسوراً أو محصوراً فقدم المسلمون رجلاً فصلى بهم جاز»(27).

3- في إمامة الصلاة: «لا تجوز الصلاة خلف الفاسق»، وذكره المؤلف مع آراء الفقهاء ولم يرجح أيضاً أيها في كتابه (التهذيب في التفسير) فقال: «فإن كان الإمام فاسقاً جاز الصلاة خلفه، وهو قول أكثر الفقهاء، ومنهم من قال: لا تجوز، وبه قال الهادي»(28).

4- في الصلاة على الميت: «ولا يصلى على الفاسق»، وذكر المؤلف آراء الفقهاء في هذا المسألة ولم يرجح في كتابه السابق: قال: «فأما الفاسق المُصِرّ على فسقه، قال الهادي -عليه السلام-: لا يُصَلَّى عليه، وقال أبو حنيفة والشافعي: يصلى عليه، وقال الهادي: لا يُصَلَّى على المرجئ والقدري والحروري ومن نصب حربًا لآل محمد، قال الناصر للحق: يصلى عليهم، ويدعو عليهم، لا لهم، وقال جماعة الفقهاء: يُصَلَّى على الجميع، ويُدْعَى لهم»(29).

5- في كفارة الجماع نهار رمضان: «والكفارة المروية فيمن جامع في رمضان عمداً وأفطر فهي عندنا مستحبة غير واجبة، والتوبة مجزية»، وفي هذه المسألة رجح خلاف هذا الرأي في كتابه السابق إذ قال: «واتفقوا في الجماع أن فيه

(27) ج10ص6931.

(28) ج10ص6931.

(29) ج5ص3221.

الكفارة، فأما في الطعام فذلك عند أبي حنيفة، وعند الشافعي لا. والمطاوعةُ عندنا يلزمها الكفارة، وعند الشافعي لا»[30].

وهل الآراء الفقهية المذكورة في هذا الكتاب قد رجحها المؤلف في كتب سابقة أم لا؟ لم أقف فيما توفر لدي من تراث المؤلف الفقهي سوى على كتابه (التهذيب في التفسير) ولم يظهر فيه ترجيح ولا معارضة في أغلبها كما تم ذكر نصوصه سابقاً، ويبقى الحكم بحداثة ترجيح هذه الأنظار في هذا الكتاب ما لم يظهر ما يثبت العكس.

- **النسخة المترجمة والزيادات:** قال المترجم في المقدمة: «..فأردت أن يستفيد بهذا الكتاب أصحابنا من أهل اللغة كما أستفاد به أصحابنا من العجم، وما أمكن ذلك إلا بأن نقلته إلى لغة العرب كي يحصل لهم المقصود بمعرفته، وفي مواضع زدت فيه في الأصول، وأحوال النبي -صلى الله عليه-، وفي العبادات من كتب أئمتنا -صلوات الله عليهم-».

والمترجم لم يذكر اسمه ولا تاريخ عمله إلا أنه من المرجح معاصرته للمؤلف يستفاد ذلك من مقدمته وأيضاً من ذكر الأئمة في الكتاب فقد توقف عند القرن الخامس ولو كان لاحقاً بزمن بعيد لوقعت الإضافة منه إلى وقته، ويظهر أيضاً من خلال الترجمة والزيادات أنه عالم - عجمي - متمكن كما يظهر أنه كان أميناً؛ حين ذكر ما قام به من زيادات وإن لم يبين نصوصها، ولكن ما طبيعة الزيادات التي أضافها إلى الكتاب في المواضع الثلاثة: (الأصول، سيرة النبي، العبادات)؟

من المؤكد أن الزيادة لا تكون بخلاف المزيد عليه ولو كان ذلك لما صح

(30) ج1 ص770.

التعبير عنها بالزيادة، ولظهر الخلاف والتناقض في المسائل، وذلك لم يحدث بعد التدقيق في النصوص، والزيادة في هذا الكتاب بعد التدقيق في النصوص من وجهة نظري كانت على ثلاثة أوجه:

1 – أما في أصول الدين: فكانت عبارة عن إكمال للفكرة بإتمام بعض المسائل لمزيد من التوضيح.

2 – وأما في أحوال النبي –صلى الله عليه وآله وسلم–: وهي سيرته فالزيادة تمثلت في ذكر ما فات من أحداث.

3 – وأما في العبادات: فالزيادة تمثلت في إكمال مسائل وإضافة مسائل جديدة – لا بد منها في نظر المترجم لإكمال الفائدة.

وقد صرح المترجم بمصدر الزيادة وهو كتب الأئمة التي اعتمد عليها المؤلف أو نقل منها، وللأئمة وكتبهم مكانة وتأثير لدى المؤلف –، وكتب الأئمة هي:

- مجموع الإمام القاسم الرسي.
- مجموع الإمام الهادي إلى الحق يحيى بن الحسين.
- مجموع الإمام المرتضى لدين الله محمد بن يحيى.
- مجموع الإمام الناصر لدين الله أحمد بن يحيى.
- الآثار الكلامية للأئمة: الناصر للحق، وأبو عبدالله الداعي، وأبو طالب وأبو الحسين الهاروني.

وأما في العبادات فهناك تطابق في كثير من النصوص مع كتاب (التجريد)(31) للإمام المؤيد بالله أحمد بن الحسين – المتوفى سنة 411هـ–،

---

(31) منشور بتحقيقنا.

وأيضاً مع (شرح التجريد)(32) مما يفيد بأن أحدهما أو كلاهما قد اعتبر في المسائل الأصلية أو المضافة.

النسخ المعتمدة ومنهج التحقيق:

- النسخ المعتمدة في التحقيق: تم الاعتماد في التحقيق على النسخة المصورة في موقع مكتبة برلين (Staatsbibliothek zu Berlin) الألمانية، من مجموعة (Glaser) وهي منسوخة في 23 رجب سنة 793هـ، جزء منها بخط والجزء الآخر بخط مغاير، وعنوان النسخة كما في الغلاف (الرسالة في نصيحة العامة)، وتقع في 128 صفحة.

كما تم الاعتماد في التصحيح على النسخة الموجودة في دار المخطوطات اليمنية وتم الحصول عليها مؤخراً بواسطة الأستاذ الفاضل علي محمد الدولة - مشكوراً -، وهي منسوخة في يوم السبت الثالث 23 رجب سنة 1312هـ، وعنوان النسخة كما في الغلاف (نصيحة العامة)، وتقع في 149 صفحة.

وبقيت - فيما أعلم - نسخة مكتبة (الأمبروزيانا) الإيطالية، ويعود تأريخ نسخها إلى سنة 1053هـ/ 1643م(33)، ولم أتمكن من الحصول عليها.

- المنهج المتبع في التحقيق:

1 - محاولة إصلاح ما أمكن من النص بناء على طلب المترجم للكتاب في قوله: «وظني أنه لا يخلو من خلل في عبارة العربية وللناظر فيه والسامع أن يصلحه ويقومه»، وما كان من إصلاح من النسخة الأخرى لم يتم الإشارة إليه.

---

(32) مطبوع.
(33) فهارس آل البيت.

2- التعليق على بعض النصوص؛ لغرض الإيضاح لا غير.

3- محاولة توثيق بعض الآراء المنسوبة في الكتاب إلى الفرق والمذاهب، وكذلك الأحداث التأريخية، مع تخريج للأحاديث الواردة أيضاً.

4- ترجمة ما أمكن من الأعلام والرموز المذكورة في الكتاب.

وفي الختام أتقدم بالشكر الجزيل للأستاذ الفاضل أسامة النضيري على تفضله بنشر الكتاب، وللأستاذ الفاضل علي الدولة على مراجعته وملاحظاته القيمة، أرجو أن يكون الكتاب بصورة جيدة مؤدية لغرض المؤلف منه، وكذلك المترجم، وآخر دعوانا أن الحمد لله رب العالمين، وصلى الله على سيدنا محمد وآله.

جمال الشامي

26 ذو الحجة سنة 1441هـ.

16 / 8 / 2020م.

نماذج من المخطوط

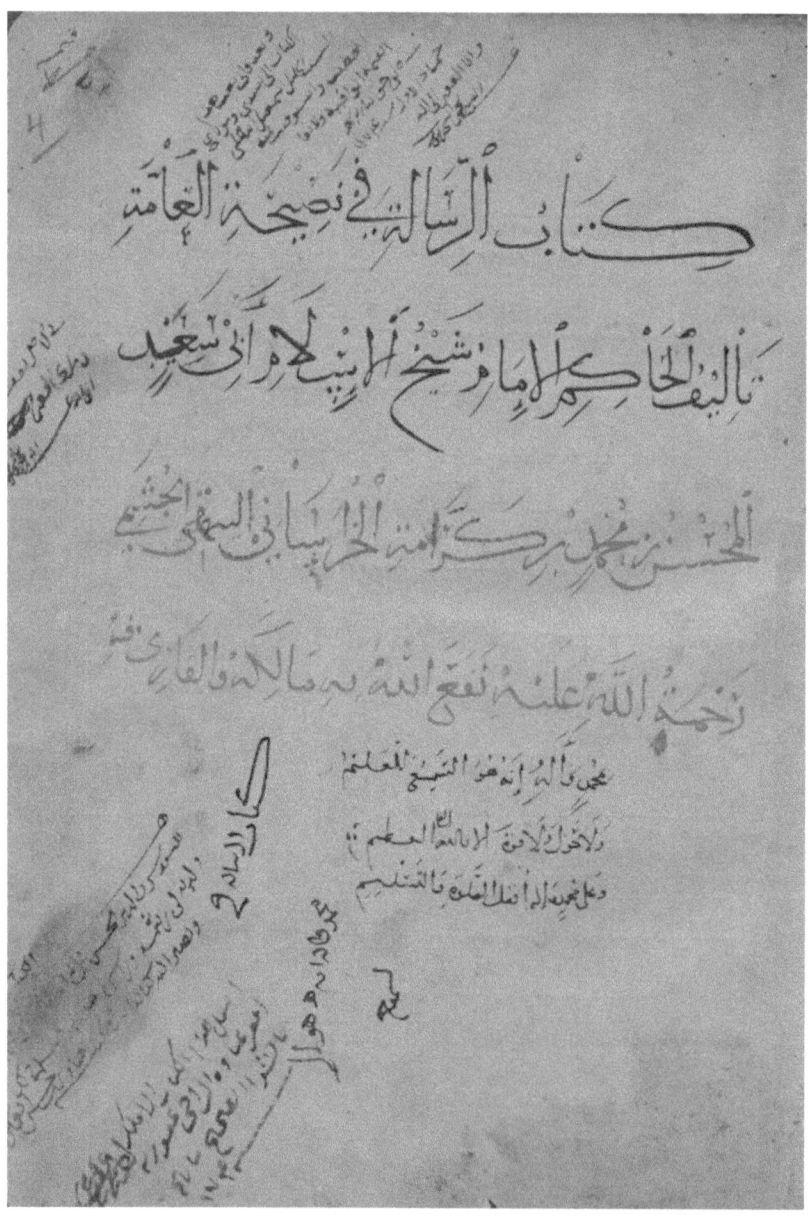

كتاب الرسالة في نصيحة العامة

تأليف الحاكم الإمام شيخ الإسلام أبي سعد

رحمة الله عليه نفع الله به مالكه والقاري

بحمد الله إنه هو السميع العليم

ولا حول ولا قوة إلا بالله العلي العظيم

وصلى الله على محمد وآله أفضل الصلوة والتسليم

نسخة برلين

بسم الله الرحمن الرحيم رب يسر وتمم برحمتك
الحمد لله الأول القديم فلا شيء قبله الآخر الباقي فلا شيء بعده القادر على كل مقدور
والعالم بكل ظاهر ومستور الحي المستغني عن البنية والحياة والسميع البصير المتعالي
عن الآفات والغني المنزه عن الحاجات الفرد الذي لا شريك له ولا نظير والملك الذي
لا شريك له ولا وزير الذي لا يزول بالحوادث ولا يتغير بالتغير العدل فلا ظلم فيما أنشأ
والبديع الرحيم فلا جور فيما ابتدع واخترع العليم فلا سفه فيما قضى وقدر والحكيم فلا
فلا باطل فيما قدم وأخر الهادي المنزه عن إضلال العباد عن الدين وإغوائهم عن الحق المبين
لا يكلف عباده ما لا يطيقون ولا يأمرهم بما لا يريدون جلت عظمته وعمت رحمته
ونشهد أن لا إله إلا الله وحده لا شريك له ونشهد أن محمدا المصطفى رسوله
المجتبى من بين الخلق وخيرته والحق بعثه ليطهر عباده من طاعة الشيطان إلى طاعته
فصلوات الله عليه وعلى آله وعترته وعلى نجوم الهدى صحابته
هذا كتاب جمعه الحاكم
الإمام شيخ الإسلام أبو سعد المحسن بن محمد بن كرامة الخراساني
البيهقي الجشمي رحمه الله عليه [illegible]

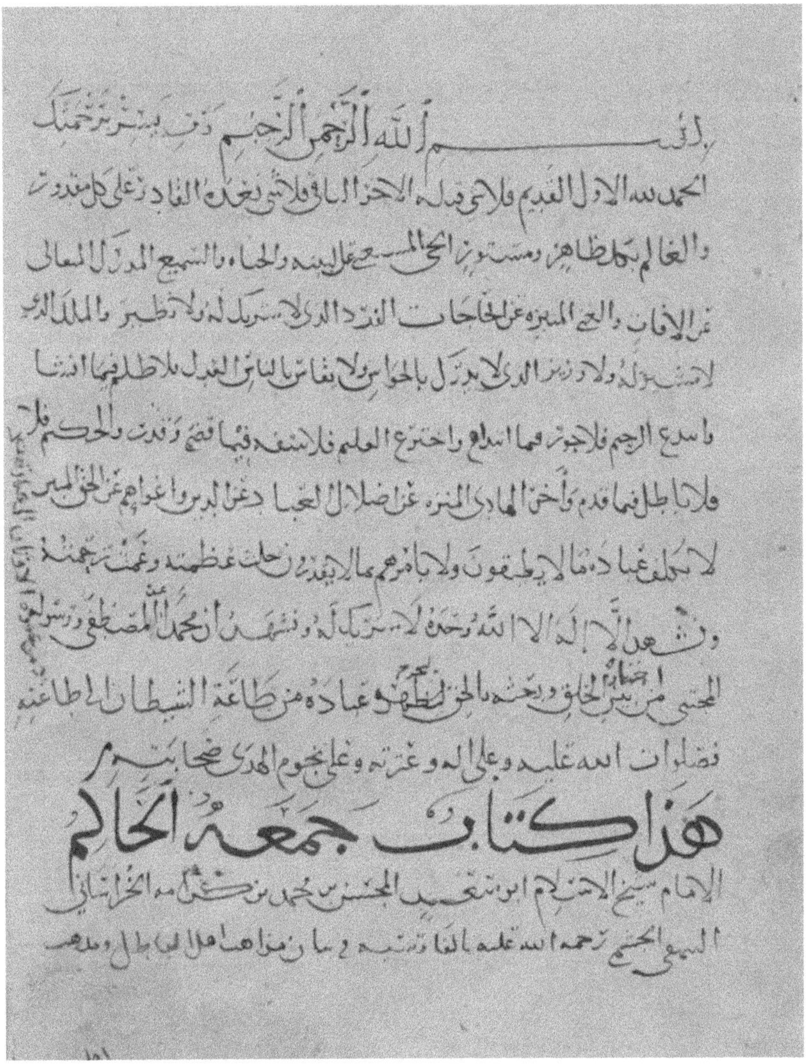

نسخة برلين

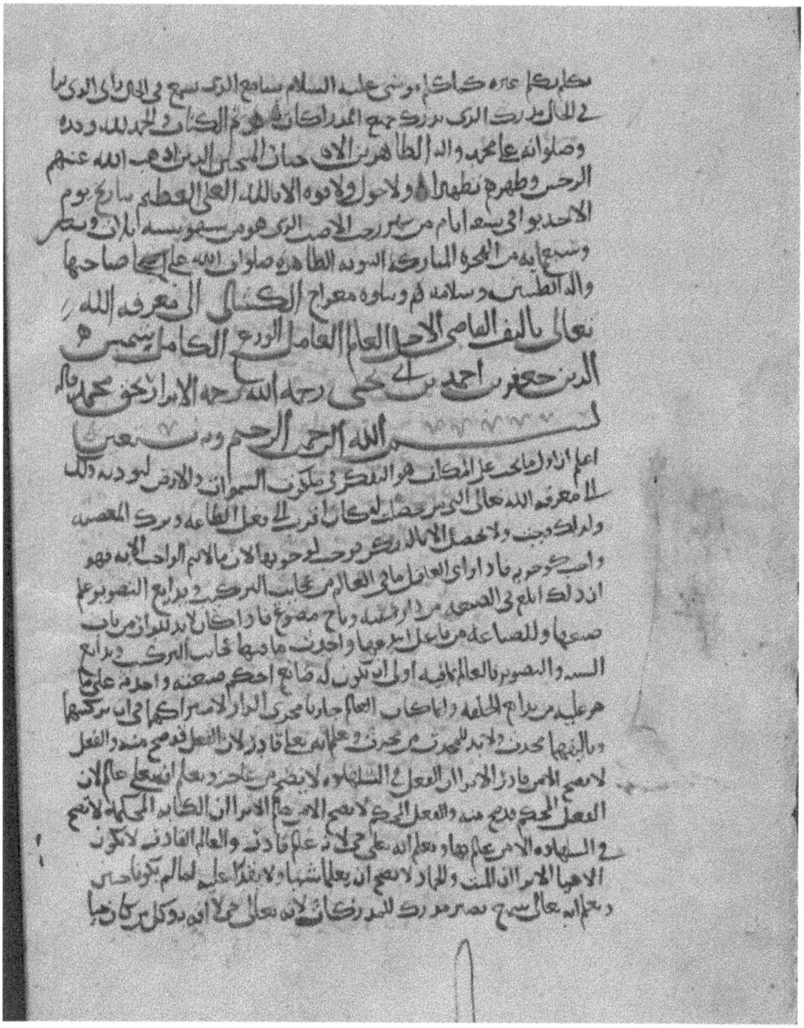

نسخة برلين

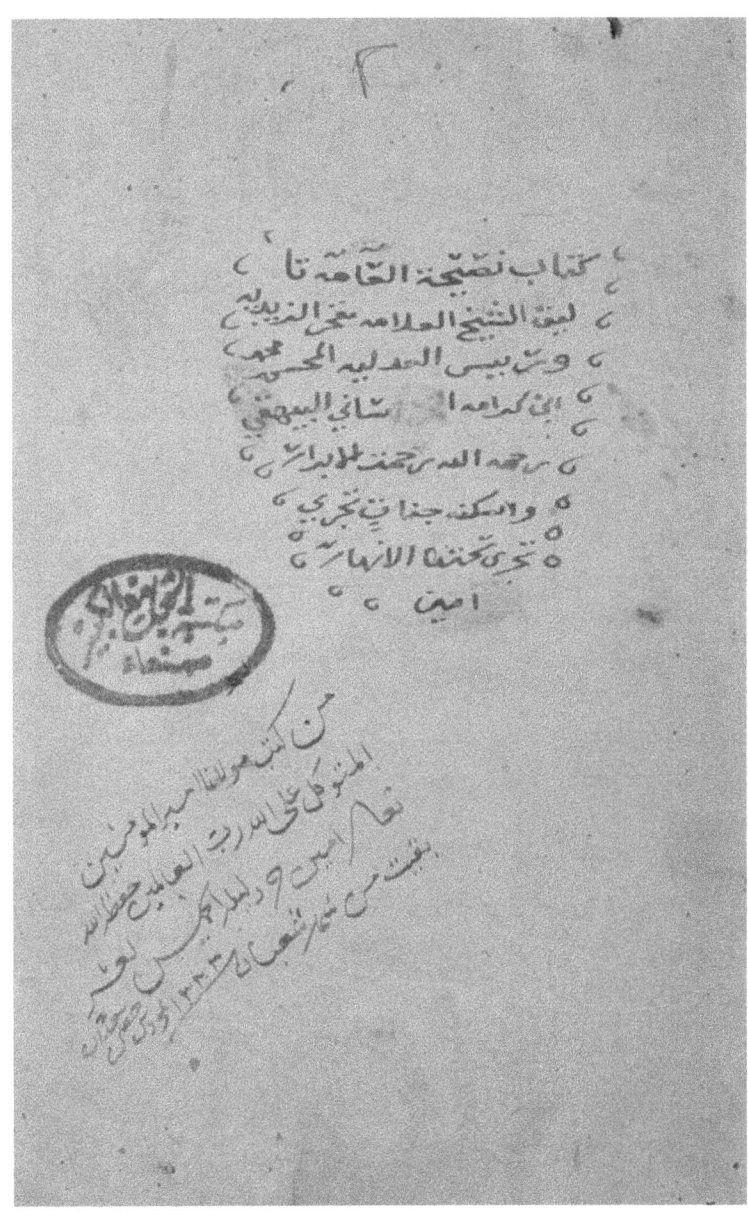

كتاب نصيحة العامة

لبقية الشيخ العلامة فخر الزيدية

ورئيس العدلية المحسن محمد

ابن كرامة ... البيهقي

رحمه الله رحمة للأبرار

وأسكنه جنات تجري

تجري تحتها الأنهار

آمين

نسخة صنعاء

الذى يلزم المومنين الامور المحب الذي يحب المومنين
يعني يريد اثابتهم واكرامهم مثيب الذي يثيب
المطيعين معاقب الذي يعاقب العصاة متكلم فاعل
الكلام متكلم فاعل الكلام متكلم يكلم غيره كما كلم
موسى عليه السلام سامع الذي يسمع في الحال رائي
الذي يرى في الحال مدرك الذي يدرك جميع
المدركات تم هذا الكتاب المسما نصيحة العا
مه للحاكم رحمه الله بحمد الله وحسن توفيقه وكان تمام
نساخته نهار السبت اليوم الثالث والعشرين
في شهر القعده من شهور سنة اثنا عشر وثلاث
ماه والف ١٣١٢ من الهجره النبويه على مشرفها
افضل الصلاة والسلام بخط الحقير الى رحمت الله
محمد بن سعيد بن محمد العثاني يعفو الله له بربهم الاخ في الاسلام
عبد الله زكية يحيه سعيد بن محمود فتح الله عليه ورز
قنا واياه العلم والعمل بما فيه انه على ما يشا قدير
ايا قارئ يا خطي سألتك بالذي امات واحيى والعظام رميم
بان تدعوا الرحمن يغفر لي فان الهي لايزال رحيم

الذي يلزم المؤمنين الامور المحب الذي يحب المؤمنين
يعني يزيد اثابتهم واكرامهم مثيب الذي يثيب
المطيعين معاقب الذي يعاقب العصاة متكلم فاعل
الكلام متكلم فاعل الكلام متكلم يكلم غيره كما كلم
موسى عليه السلام سامع الذي يسمع في الحال رائي
الذي يرى في الحال مدرك الذي يدرك جميع
المدركات تم هذا الكتاب المسما نصيحة العا
مه للحاكم رحمه الله بحمد الله وحسن توفيقه وكان تمام
نساخته نهار السبت اليوم الثالث والعشرين
في شهر القعده من شهور سنة اثنا عشر وثلاث
ماه والف ١٣١٢ من الهجره النبويه على مشرفها
افضل الصلاة والسلام بخط الحقير الى رحمت الله
محمد ... سعيد ... لي عفا الله له ... الاخ الاسلام
عبد الله ... يحيى سعيد ... فتح الله عليه و...
ايام ... العلم والعمل بما فيه انه على ما يشا قدير

ايا قارئ يا ... بالذي مات واحيي والعظام
بان تدعوا الرحمن يغفر لي فان الهي لا يزال رحيم

نسخة صنعاء

نص الكتاب

[مقدمة الناقل إلى العربية]

بسم الله الرحمن الرحيم

رب يسر برحمتك

الحمد لله الأول القديم فلا شيء قبله، الآخر الباقي فلا شيء بعده، القادر على كل مقدور، والعالم بكل ظاهر ومستور، الحيِّ المستغني عن البنية والحياة، السميع المدرك المتعالي عن الآفات، والغني المُنزَّه عن الحاجات، الفرد الذي لا شريك له ولا نظير، والملك الذي لا مشير له ولا وزير، الذي لا يدرك بالحواس، ولا يقاس بالناس، العدل فلا ظُلم فيما أنشأ وأبدع، الرحيم فلا جور فيما ابتدع واخترع، العليم فلا سفه فيما قضى وقدر، والحكيم فلا باطل فيما قدَّم وأخر، الهادي المُنزَّه عن إضلال العباد عن الدين وإغوائهم عن الحق المبين، لا يكلف عباده ما لا يطيقون، ولا يأمرهم ما لا يقدرون، جلَّت عظمته وعمَّت رحمته.

ونشهد ألا إله إلا الله وحده لا شريك له، ونشهد أن محمداً عبده المصطفى ورسوله المجتبى، اختاره من بين الخلق، وبعثه بالحق ليخرج عباده من طاعة الشيطان إلى طاعته، ومن عبادة الأوثان إلى عبادته، فصلوات الله عليه وعلى آله وعترته، وعلى نجوم الهدى من صحابته.

هذا كتاب جمعه الإمام شيخ الإسلام أبو سعد المحسن بن محمد بن كرامة الخرساني البيهقي الجشمي - رحمة الله عليه - بالفارسية، في بيان مذاهب أهل الباطل ومذهب أهل الحق في الأصول، وأورد فيه طرفاً من أخبار النبي -صلى الله عليه وآله وسلم- وأحوال الأئمة ومن خرج من آل الرسول على سبيل الأمر بالمعروف والنهي عن المنكر، وقدراً من العبادات ما لا بُدَّ منه وسمَّاه (**الرسالة**

في **نصيحة العامة**)؛ ترغيباً في طلب الأجر وترهيباً عن طلب الدنيا وفوائد كثيرة في الدين، فأردت أن يستفيد بهذا الكتاب أصحابنا من أهل اللغة كما استفاد به أصحابنا من العجم، وما أمكن ذلك إلا بأن نقلته إلى لغة العرب كي يحصل لهم المقصود بمعرفته، وفي مواضع زدت فيه في الأصول، وأحوال النبي -صلى الله عليه-، وفي العبادات من كتب أئمتنا -صلوات الله عليهم-، وظني أنه لا يخلو من خلل في عبارة العربية وللناظر فيه والسامع أن يصلحه ويقوّمه، ويدعو لمن جمعه ونقله بالخير حتى يحشرهما الله -تعالى- مع النبي -صلى الله عليه-، ومع عترته -صلوات الله عليهم-.

[مقدمة المؤلف]

فصل: [في أحوال الأمة الإسلامية]:

أما بعد: فلما كانت فيما مضى من الزمان قبلنا أئمة الحق وعلماء الأمة، قد أكثروا الكتب المصنفة في بيان الحق، واجتهدوا في إظهار الدين وذبّوا عنه طعن الطاعنين، حتى ظهر الحق وزهق الباطل، ثم لما مضوا إلى رحمة الله -تعالى-، استقبلت أياماً ونشأ فيها قوم قلَّت رغبتهم في العلم والدين حتى غلبت الجهال، وظهرت البدعة، وكثر النفاق والرياء، وجاء من كل جانب مبتدع قد أضل الناس عن الدين، وأغواهم عن الحق اليقين، وغرَّ عوام الخلق بأنواع الغرور، وأنساهم يوم البعث والنشور، فاغتر بعضهم بسبب الدنيا، وبعضهم بشبهة لا أصل لها، فأوهموا الباطل بصورة الحق، والحق بصورة الباطل، وأسباب الغرور كثيرة(34):

1 - منها ترك النظر في الدين كي لا يعرف الحق، فيشتغل بالدنيا ويضيع الدين.

2 - ومنها اعتقاد البدعة بالشبهة.

3 - ومنها أن يقول أكثر الناس على هذا فيجب أن يكون حقاً، ويكون غافلاً من الحق بالقلّة والكثرة، فربما كان القليل على الحق والكثير على الباطل، وقال -تعالى-: ﴿وَقَلِيلٌ مِّنْ عِبَادِيَ الشَّكُورُ ١٣﴾(35).

4 - ومنها حب الرئاسة والتقدم، وكثرة الدنيا.

5 - ومنها تقليد الآباء، والكُبراء، وأئمة الضلال.

6 - ومنها الغرور بأن يكون نشأ في وقت دولة وخروج ظلمة.

---

(34) انظرها في كتابه (تحكيم العقول في تصحيح الأصول) ص31.

(35) سورة سبأ: 13.

-ومنها الخوف من جهتهم ﴿كَسَرَابِۭ بِقِيعَةٖ يَحۡسَبُهُ ٱلظَّمۡـَٔانُ مَآءً حَتَّىٰٓ إِذَا جَآءَهُۥ لَمۡ يَجِدۡهُ شَيۡـٔٗا﴾(36).

- ومنها الولادة على الباطل والنشوء عليه، والعادة.

- وغير ذلك من الدعاة إلى الضلال، وهوى النفس مائل لهذه الأشياء كلها، حتى هلك الداعي إلى الضلال والمدعو إليه كما قال الله -تعالى-: ﴿إِذۡ تَبَرَّأَ ٱلَّذِينَ ٱتُّبِعُواْ مِنَ ٱلَّذِينَ ٱتَّبَعُواْ وَرَأَوُاْ ٱلۡعَذَابَ وَتَقَطَّعَتۡ بِهِمُ ٱلۡأَسۡبَابُ ١٦٦﴾ الآية(37).

فصل: [في سبب تأليف هذا الكتاب]:

فلما رأيت غلبة الناس انشغلوا بالدنيا، وتركوا الحق واتبعوا الباطل، رأيت النصيحة واجبة في الدين؛ والدعاء إلى الدين من أهم الفرائض، قال الله -تعالى-: ﴿ٱدۡعُ إِلَىٰ سَبِيلِ رَبِّكَ بِٱلۡحِكۡمَةِ وَٱلۡمَوۡعِظَةِ ٱلۡحَسَنَةِۖ﴾(38)، وقال الله -تعالى-: ﴿وَلۡتَكُن مِّنكُمۡ أُمَّةٞ يَدۡعُونَ إِلَى ٱلۡخَيۡرِ وَيَأۡمُرُونَ بِٱلۡمَعۡرُوفِ وَيَنۡهَوۡنَ عَنِ ٱلۡمُنكَرِۚ﴾ الآية(39)، فجمعت هذا الكتاب نصيحة لعوام الناس وخاصة الإخوة في الدين؛ لأن مراعاة الأخوة في الدين أولى من مراعاة الإخوان في النسب قال الله -تعالى-: ﴿فَلَآ أَنسَابَ بَيۡنَهُمۡ يَوۡمَئِذٖ وَلَا يَتَسَآءَلُونَ ١٠١﴾(40)، والنصيحة في الدين والدعاء إلى الحق من سنن المرسلين -صلوات الله عليهم-.

---

(36) سورة النور: 39.

(37) سورة البقرة: 116.

(38) سورة النحل: 125.

(39) سورة آل عمران: 104.

(40) سورة المؤمنون: 101.

نوح -عليه السلام- قال: ﴿أُبَلِّغُكُمْ رِسَٰلَٰتِ رَبِّي وَأَنصَحُ لَكُمْ﴾[41]، وهود -عليه السلام- قال: ﴿وَأَنَا۠ لَكُمْ نَاصِحٌ أَمِينٌ ۝٦٨﴾[42]، وصالح -عليه السلام- قال: ﴿وَنَصَحْتُ لَكُمْ فَكَيْفَ ءَاسَىٰ عَلَىٰ قَوْمٍ كَٰفِرِينَ ۝٩٣﴾[43]، والرجل المؤمن قال لموسى: ﴿فَٱخْرُجْ إِنِّي لَكَ مِنَ ٱلنَّٰصِحِينَ ۝٢٠﴾[44].

وقد ورد: ((**الدين النصيحة، الدين النصيحة، قيل: لمن يا رسول الله؟ قال: لله ولرسوله ولكتابه ولأئمة المسلمين وعامتهم**))[45]، وروى أنس بن مالك عن النبي -صلى الله عليه وآله وسلم- أنه قال: ((**ألا أخبركم بقوم ليسوا أنبياء ولا شهداء يغبطهم الأنبياء والشهداء يوم القيامة، قالوا: يا رسول الله من هم؟ قال: الذين يحببون عباد الله إلى الله، ويحببون الله إلى عباده، ويمشون في الأرض نُصحاً، قلنا: هذا الذي يحبب الله إلى عباده فكيف عباد الله إلى الله؟ قال: يأمرونهم بما يحب الله وينهونهم عمّا يكره الله، فإذا أطاعوهم أحبهم الله**))[46]، وجرير بن عبد الله الأنصاري أتى رسول الله -صلى الله عليه وآله وسلم- ليبايعه فأخذ رسول الله -صلى الله عليه وعلى آله- بيده وقال: ((**النصيحة لكل مسلم إنه من لا يرحم الناس لا يرحمه الله**))[47]، وأنس كان يروي عن النبي -صلى الله عليه وآله- أنه قال: ((**إن الدين النصيحة**[48]**، ألا إن من لم ينصح فقد غش، ألا ومن غش فليس منا**))[49].

---

(41) سورة الأعراف: 62.

(42) سورة الأعراف: 68.

(43) سورة الأعراف: 93.

(44) سورة القصص: 20.

(45) مسلم ج1 ص74، أحمد بن حنبل ج28 ص140.

(46) له شواهد متعددة في مسند أحمد ج37 ص541، والمعجم الكبير للطبراني ج12 ص134، وغير ذلك.

(47) أحمد بن حنبل في المسند ج31 ص567، أبي داود الطيالسي في المسند ج2 ص50.

(48) سبق وأن ذكرنا شواهد لهذا المقطع.

(49) ذكر هذا المقطع ابن دقيق العيد كشرح للمقطع الأول. شرح الأربعين النووية ص114.

[أبواب الكتاب]:

وهذا الكتاب سبعة عشر باباً:

- **الباب الأول**: في مطلوب العقلاء.
- **الباب الثاني**: في بيان النفع الذي يطلب والضرر الذي يجب التحرز عنه.
- **الباب الثالث**: في سبب طلب الثواب والنجاة من العقاب.
- **الباب الرابع**: في بيان ما كان عليه النبي -صلى الله عليه وآله-.
- **الباب الخامس**: في بيان المخالفين لرسول الله -صلى الله عليه وآله- وفرقهم [وأصحاب المتوسطات](50).
- **الباب السادس**: في كيفية الخلاف الذي ظهر في الأمة وبيان ظهور كل فرقة.
- **الباب السابع**: بيان مذاهب الخوارج ورجالهم ومبدأ ظهورهم.
- **الباب الثامن**: بيان مذهب الغلاة والمفوضة.
- **الباب التاسع**: في بيان مذهب الباطنية.
- **الباب العاشر**: في بيان مذهب الإمامية.
- **الباب الحادي عشر**: في بيان مذهب المشبهة.
- **الباب الثاني عشر**: في بيان مذهب المجبرة.
- **الباب الثالث عشر**: في بيان مذهب المرجئة واختلافهم.
- **الباب الرابع عشر**: في بيان مذهب أهل الحق ورجالهم.
- **الباب الخامس عشر**: في ما يجب معرفته في أصول الدين وأدلتها.
- **الباب السادس عشر**: في أخبار الذين خرجوا في الدين.
- **الباب السابع عشر**: في بيان ما يجب معرفته من الشرعيات.

وفي كل باب من هذه الأبواب نذكر جُملاً من الكلام على سبيل الإيجاز

___
(50) مكتوب: وأصحابه من الدين.

والاختصار؛ لأن تفصيل جميع علوم التوحيد والعدل، والنبوات والشرائع، لا يمكن أن يبلغ كل أحدٍ إليه ولا يرغب فيه إلا القليل، ولكن نذكر ما فيه غنية لكل مُكلف فمن أراد أن يبلغ إلىٰ تفصيله فليقرأ كتب الأئمة والمشايخ، ولينظر فيها، ومن الله استمد التوفيق وعليه أتوكل.

الباب الأول: في مطلوب العقلاء

قد تقرر في عقل كل عاقل أن تحمل المشاق يحسن لوجهين:

أحدهما: طلب المنافع.

والثاني: دفع الضرر.

وما يخرج من هذين الوجهين يعد لعباً ولهواً، وإذا كان النفع أعظم فتحمل المشاق في طلبه أكثر وأحسن، وإذا كان الضرر أعظم فتحمل المشاق في دفعه أكثر وأوجب، كما أن الملوك إذا طلبوا المملكة انظر كيف يتحملون المشاق لأجلها، ولو خشي العاقل من ضررٍ معلوم أو مظنون لأوجب على نفسه التحرز منه حتى لا يصل إليه ويأمن منه، ولطلب النفع يركب السفينة والبحر، ويقطع الأسفار البعيدة، ويتحملون المشقة لأجل مطلوبهم، ويختلف مطلوبهم بعضهم المال والربح، وبعضهم يطلب ضياعاً، وبعضهم يطلب ولاية، وبعضهم يطلب حرمة ومنزلة، وبعضهم يتحمل المشقة لأجل مخلوق أو لطلب امرأةٍ أو جارية، والعقلاء يستحسنون جميع ذلك.

وكذلك يتحملون المشاق لدفع التعب والضرر عن النفس والأولاد والأهل والعيال، ولدفع الداء والعلة يشربون الأدوية المُرة الكريهة، ويسافرون ويمشون على الشوك حُفاةً، وفي المضال(51) والمفاوز(52) يسعون في البرد والحر؛ لدفع الضر، ويبنون الحصون والقلاع على رؤوس الجبال، ويعدون الأسلحة وآلات الحرب، وينفقون الأموال الكثيرة؛ لدفع مضرة العدو، وكذلك الدهاقين(53)

---

(51) الطرق غير المعلومة.

(52) جمع مفازة، وهي المهالك.

(53) الدهقان: بالكسر والضم: القوي على التصرف مع حدة، والتاجر، وزعيم فلاحي العجم، ورئيس الإقليم، معرب. المعجم الوسيط ص1198.

يحفرون القُنِيّ(54) والآبار ويعملون الأعمال الشديدة؛ لدفع المضار وجلب المنافع، والأُجراء يختارون التعب والنصب ويتحملون الشوك؛ للنفع ودفع الضرر، والكُنَّاس ربما يكنسون من البكرة إلى الليل؛ لأجل النفع، ويحتمي الإنسان من الطعام الشهي والشراب الهني ويأكل الطعام الكريه ويشرب الدواء الكريه؛ لطلب النفع ودفع الضرر، ويحتجم الأولاد الأعزة؛ لأجل النفع أو لدفع ضرر، وربما يقطع الإنسان عضواً من أعضائه؛ لأجل نفع أو لدفع ضرر معلوم أو مظنون، وربما يصلون إلى ما يطلبون وربما لا يصلون إليه، والعقلاء بأسرهم يستحسنون جميع هذه المشاق ولا ينكرون حسنها.

فإذا صحت هذه الجملة وتقرر في عقل كل عاقل أن لكل نفع سبباً يطلب به، ولكل ضرر سبباً يدفع به عن النفس، فينبغي أن يطلب النفع بذلك السبب حتى يحصل المقصود، فإن طلب النفع بدون ذلك السبب لا يصل إليه، كما أن من أراد أن يحصد غلةً لا بد له أن يزرع وفي وقت ما يزرع يعلم أنه يكون أقرب إلى حصول المقصود، وكذلك من يريد أن يتخذ بستاناً أو حديقة يحصّل أسبابه ويغرس الأشجار فيه في وقت يحصل المقصود، وكذلك لكل مضرة سبب لا يمكن دفعها إلا به، فإن أراد أن يدفع المضرة بغير ذلك السبب لا يجدي ويهلك، والعقلاء يسمونه أحمقاً حتى لو أن أحداً غلبت عليه الحرارة فتداوى بالعسل أو بغيره من الأشياء الحارة ينسب إلى الحماقة، وهذا ظاهر لا يحتاج إلى مثال، فإذا كان هذا هكذا فلا بد لكل أمرٍ من مقصود ومراد وطلب وسبب ويكون ذلك السبب على وجه يصل به إلى المقصود.

وبناء هذا الفصل يكون على أربعة أشياء:

أحدها: الطالب، وهو المكلف.

---

(54) جمع قناة، وهي ما يحفر في الأرض ليجري فيه الماء.

والثاني: المطلوب، وهو الثواب.

والثالث: السبب الذي به يطلب، وهو الطاعة.

والرابع: المطلوب منه، [وهو الله -تعالىٰ-].

وما كان من هذه الأشياء أعظم فطلبه أشق وأكثر، ومن لم يعرف الطالب والمطلوب والسبب والمطلوب منه لم يصح منه الطلب، فإذا صح هذا في أصول الدين فيجب علىٰ العاقل أن ينظر أي النفع أولىٰ بأن يطلب، وأي الضرر أولىٰ بأن يدفع، نفع الدنيا وطلبها وضررها ودفعها، أم طلب نعيم الجنة وثوابها ودفع نار جهنم وعقابها، فيشتغل بما هو أولىٰ.

الباب الثاني: في بيان النفع الذي يحسن طلبه والضرر الذي يحسن التحرز عنه

إذا ثبت في عقل كل عاقل حسن طلب النفع ووجوب دفع الضرر، ولهما أسباب بها يطلب النفع وبها يدفع الضرر، فإذا كان النفع أكثر وأعظم فالسعي في طلبه أولى، وكذلك إن كان الضرر أعظم فالسعي في دفعه أوجب.

فإذا قيل: أليس بعض العقلاء لا يطلبون الدنيا ولا يرون طلبها؟

قلنا: إنهم لا يطلبون الدنيا لنفع أعظم منه، وذلك نعيم الجنة ودرجاتها حتى يصلوا إليها، وأيضاً إنهم يتركون طلب الحرام ومع ذلك يقرون أن طلب النفع حسن.

وأيضاً إنهم يقولون: إن النفع الذي يصل إلينا بترك طلب نفع الدنيا أعظم وأحسن وأبقى.

وهذا السؤال أيضاً باطل لوجهٍ آخر؛ لأنهم يطلبون أرزاقهم وما لابد لهم منه والعقلاء لا ينكرون ذلك حتى أن غير العقلاء يطلب رزقه كالطير والوحش، فإذا ثبت هذا نظرنا فوجدنا المطلوب شيئين:

[الأول]: نفع الدنيا وأسبابها.

والثاني: ثواب الآخرة والنجاة من العقاب.

ولنفع الدنيا آفات كثيرة - وإن كان طلبه حسناً - وجميع العقلاء يطلبون نفع الدنيا ولهم رغبة في أسباب الدنيا وجمعها، وطلب الدنيا على وجهين:

أحدهما: حلال.

والثاني: حرام.

فأما طلب الحرام وأسبابه وجمعه والسعي فيه والنفقة في طلبه فمذموم عند العقلاء وعاقبته عقاب، وكذلك ظلم الناس، وأخذ أموالهم بغير حق، وإيصال الضرر إليهم مذموم عند جمع العقلاء؛ لأن عاقبتها عقاب دائم، وإن كان في الحال راحة ومنفعة.

وأما طلب الدنيا على وجهٍ يحل وجمعها بسبب حلال - وإن كان حسناً - فلها آفات كثيرة:

أولها: طالبها لا يدري أنها تصل إليه أم لا، وربما لا تصل إليه ويضيع سعيه في طلبها.

والثاني: أن طلبها مع التعب والمشقة والمحن الكثيرة.

والثالث: أنها لا تكون خالصةً بل الغناء يكون مع الفقر، والحياة مع الموت، والسرور مع الحزن، والصحة مع المرض، والملك مع العزل.

والرابع: لا تبقى وتفنى وتترك، كما أن من كان قبلنا جمعوها وتركوها وكان عاقبتهم الموت، وكذلك يكون آخر كل عمران الخراب، وآخر كل ملك الزوال والفناء، والملوك يذهبون ويتركون الملك، وأصحاب الأموال يموتون ويتركون الأموال، والكل يفنى كما قال الله -تعالى-: ﴿كُلُّ مَنْ عَلَيْهَا فَانٍ ﴿٢٦﴾ وَيَبْقَىٰ وَجْهُ رَبِّكَ ذُو الْجَلَالِ وَالْإِكْرَامِ ﴿٢٧﴾﴾[55]، وقال -تعالى-: ﴿كُلُّ شَيْءٍ هَالِكٌ إِلَّا وَجْهَهُ﴾[56] يعني إلا هو.

يتعبون في جمع الأموال ويتركونها، ويُسألون بجمعها، وينتفع بها غيرهم كما قال الحكيم: «يا لها من حسرةٍ يترك كله ويُسأل عن كله»، وروي أن أمير المؤمنين -عليه

(55) سورة الرحمن: 26-27.

(56) سورة القصص: 88.

الباب الثاني: في بيان النفع الذي يحسن طلبه والضرر الذي يحسن التحرز عنه - 47 -

السلام- مر بمقبرة وقال: «يا أهل القبور، أما الدور فقد سُكنت، وأما الأموال فقد قُسمت، وأما الأزواج فقد زُوجت، فهذا خبركم عندنا، فما خبرنا عندكم؟ ثم قال: لو أذن لهم في الكلام لقالوا: ﴿وَتَزَوَّدُواْ فَإِنَّ خَيْرَ ٱلزَّادِ ٱلتَّقْوَىٰ﴾(57)»(58)، وقال النبي -صلى الله عليه وآله وسلم-: ((**لا تزول قدما العبد يوم القيامة حتى يسأل عن أربع: عن عمره فيما أفناه، وشبابه فيما أبلاه، وماله من أين جمعه وفيما أنفقه، وعن علمه ماذا عمل به**))(59)، وفي رواية ((**وعن حبنا أهل البيت**))(60).

فإذا كان حال مطلوب الدنيا هكذا، ومع ذلك ترغب العقلاء في طلبه ويستحسنون ذلك، والمطلوب الآخر ثواب الجنة والنجاة من العقاب، والثواب يحصل فيه جميع أنواع ما يطلب العاقل ويرغب فيه من المنافع، والعقاب ضرر يحصل فيه جميع أنواع ما يتحرز العقلاء وغير العقلاء من المضار.

أما الثواب ففيه:

[الأول]: منفعة وراحة وسرور.

والثاني: أنه خالص من الشوائب والمنغصات مثل النَصَب والخوف، والحزن كما قال -تعالى-: ﴿لَا يَمَسُّهُمْ فِيهَا نَصَبٌ وَمَا هُم مِّنْهَا بِمُخْرَجِينَ ۝٤٨﴾(61)، وقال في آية أخرى: ﴿لَا يَمَسُّنَا فِيهَا نَصَبٌ وَلَا يَمَسُّنَا فِيهَا لُغُوبٌ ۝٣٥﴾(62).

والثالث: أنه كثير لا نهاية له مع التعظيم والإجلال.

---

(57) سورة البقرة: 197.

(58) شرح نهج البلاغة ج18 ص322، تاريخ دمشق لابن عساكر ج58 ص80.

(59) ترتيب الأمالي الخميسية ج1 ص93، مسند البزار ج7 ص87، تفسير عبدالرزاق ج3 ص428.

(60) المعجم الأوسط للطبراني ج9 ص155 ، مختصر تاريخ دمشق ج17 ص365.

(61) سورة الحجر: 48.

(62) سورة فاطر: 35.

والرابع: أنه دائم لا يزول أبداً.

والخامس: أنه يقين لا شك فيه.

والسادس: أنه من جهة الله -تعالىٰ-، وأنه قديم لم يزل ولا يزال، وأنه قادر عالم جواد، يوصله إلىٰ أهل الجنة أبداً.

والسابع: أن أهل الثواب موقنون أنهم دائمون ولا يزول نعيمهم أبداً.

والثامن: أنه من أنواع النعيم يشابه بعضه بعضاً من القصور والدور، والخدم، والحور، والمآكل، والمشارب، والملابس، والبساتين، وأنواع الأشجار، والفواكه، والأنهار الجارية، وأمثال ذلك كما قال الله -تعالىٰ-: ﴿فَلَا تَعۡلَمُ نَفۡسٞ مَّآ أُخۡفِيَ لَهُم مِّن قُرَّةِ أَعۡيُنٖ جَزَآءَۢ بِمَا كَانُواْ يَعۡمَلُونَ ١٧﴾[63].

والتاسع: أنه لا يتغير حاله وحال نعمته، لا يبلىٰ شبابه، ولا تنقص شهوته، وكذلك لا يتغير أهله وخدمه.

والعاشر: أنه لا يخاف من نفاد نعيمه، ولا يخاف من آفةٍ تلحق نعيمه، ويعرف هذه الأحوال باليقين.

والحادي عشر: أن جميع هذه النعم جزاء علىٰ عمله، وهو المستحق له بلا تعب ولا منةٍ.

والثاني عشر: أنه مع التعظيم من جهة الله -تعالىٰ- وملائكته ورسله.

وحال العقاب علىٰ الضد من ذلك: آلام كثيرة لا حد لها ولا نهاية، ويكون خالصاً من جميع أنواع الراحة ولا يفتر عنهم، ويكون جزاء علىٰ عمله، وهو مستحق لذلك العقاب، ويكون دائماً، ويكون أنواع العقاب: من النار، والزمهرير، والأقياد، والسلاسل، والأغلال، والحيات، والعقارب، ولا يرجىٰ

(63) سورة السجدة: 17.

زوال هذا العقاب.

وكل واحدٍ من هذه الأشياء يجب التحرز عنه على كل وجه يمكن، فيصح بهذا أنه لا مطلوب أولى بالطلب من الثواب، ولا ضرر ولا تعب ولا محنة ولا آفة ولا خوف أولى بالتحرز منه من العقاب، فإذا تقرر هذا في عقل كل عاقل وثبت أن لطلب الثواب ودفع العقاب سبباً إن لم يطلب الثواب ويدفع العقاب بغير ذلك، لم يصل إلى المقصود كما ذكرنا في أسباب الدنيا، فإذا كان الأمر على هذا الوجه وجب أن يعرف ذلك السبب ويشتغل بطلبه؛ حتى يصل إلى الثواب وينجو من العقاب.

الباب الثالث: في سبب النيل للثواب والنجاة من العقاب

قيل إن للطلب أربعة أركان: الطالب، والمطلوب، والمطلوب منه، والسبب الذي يطلب به.

1- فطالب الثواب: هو المكلف.

2- والمطلوب: الثواب والنجاة من العقاب.

3- والمطلوب منه: هو الله.

4- والسبب: طاعة الله -تعالى- وترك معاصيه كما قال -تعالى-: ﴿يَٰٓأَيُّهَا ٱلَّذِينَ ءَامَنُواْ هَلۡ أَدُلُّكُمۡ عَلَىٰ تِجَٰرَةٖ تُنجِيكُم مِّنۡ عَذَابٍ أَلِيمٖ ١٠ تُؤۡمِنُونَ بِٱللَّهِ وَرَسُولِهِۦ وَتُجَٰهِدُونَ فِي سَبِيلِ ٱللَّهِ بِأَمۡوَٰلِكُمۡ وَأَنفُسِكُمۡۚ ذَٰلِكُمۡ خَيۡرٞ لَّكُمۡ إِن كُنتُمۡ تَعۡلَمُونَ ١١﴾(64).

فمن طلب المطلوب الذي هو الثواب والنجاة من العقاب بهذا السبب يصل إلى الثواب وينجو من العقاب، ومن يطلب بغير هذا السبب لا يصل إلى مطلوبه كما ذكرنا في مطلوب الدنيا.

ومعلوم أن سبب النجاة من العقاب وسبب الثواب طاعة الله وترك معاصيه، ولا يصل أحد إلى الثواب والنجاة من العقاب باللهو واللعب والمعاصي.

والسبب شيئان: العلم، والعمل.

والعمل بغير العلم لا ينفع ولا أصل له، والعلم بغير العمل لا يحصل به المقصود، وإنما المقصود يحصل بهما جميعاً، وبنفس العمل لا ينجو من العقاب ولا يصل إلى الثواب، وللعمل شروط فإذا عمل على تلك الشروط يكون عبادة ويستحق به الثواب، وإذا لم يعمل على هذه الشروط لا ينفع، وشرائطه كثيره

---

(64) سورة الصف: 10-11.

لكن بناءه على ثلاثة أشياء:

أحدها: أن يعرف أنه يعمل بأمر الله وعبادته له، ولا يصح له إلا بعد أن يعرف الله -تعالى- ويعرف صفاته وعدله، ويعرف رسله؛ حتى يعرف أن عبادته بأمر الله، فإذا ثبت هذا فيجب أن يعرف أولاً أصول الدين.

والثاني: يجب أن يعرف ما يعمله؛ لأن لكل عبادة شروطاً ولها أركاناً وسنناً، لا بد من معرفة شروطها وأركانها وسننها حتى يتمها بشروطها، فإذا لم يعرف شروطها ولم يؤدها بأركانها وسننها لم تكن عبادة.

والثالث: يجب أن يعرف أن عبادته لأي غرض؛ لأنه لو عمل لغير غرض صحيح أو لغرض دنيوي لا تكون عبادة، فيجب أن يعرف أنه يفعل العبادة؛ لأنها واجبة عليه ومصلحة له وعبادة لله -تعالى-، وأمثال ذلك أكثر مما لا يمكن بيانه وذكره في هذه الرسالة.

فإذا كان الأمر هكذا والعمل بغير العلم لا يكون عبادة، فيجب أن يبدأ بالعلم حتى يعرف؛ لأن من لم يعرف الصلاة كيف يصلي، وإذا لم يعرف الرسول -صلى الله عليه وآله وسلم- كيف يؤمن به، وثبت في عقل كل عاقل أن العلم فريضة ولذلك قال الله -تعالى-: ﴿قُلْ هَلْ يَسْتَوِى ٱلَّذِينَ يَعْلَمُونَ وَٱلَّذِينَ لَا يَعْلَمُونَ﴾(65)، وقال: ﴿وَٱلَّذِينَ أُوتُوا۟ ٱلْعِلْمَ دَرَجَٰتٍ﴾(66)، وقال: ﴿إِنَّمَا يَخْشَى ٱللَّهَ مِنْ عِبَادِهِ ٱلْعُلَمَٰٓؤُا۟﴾(67)، وقال النبي -صلى الله عليه وآله وسلم-: **((طلب العلم فريضة على كل مسلم))**(68)، وأخبار كثيرة.

---

(65) سورة الزمر: 9.

(66) سورة المجادلة: 11.

(67) سورة فاطر: 28.

(68) سنن ابن ماجه ج1 ص81، مسند البزار ج14 ص45، المعجم الكبير للطبراني ج10 ص195.

والعلم على أقسام شتى:

أولها: علم التوحيد وأصول الدين.

والثاني: علم الشريعة وهو كتب الفقه.

والثالث: علم الأخبار ورواياتها.

والرابع: علم التفسير ومعاني القرآن.

ولا بد لهذه العلوم من ترتيب ودرجة، فإذا لم يعلم أصول الدين: والتوحيد، والعدل، والنبوات، لا ينتفع بسائر العلوم، ولا يحصل المقصود؛ لأن القرآن كلام الله -تعالى- والفقه أركان أمر الله -تعالى- بها والحديث أخبار رويت عن رسول الله -صلى الله عليه وآله وسلم-، فإذا لم يعرف الله، كيف يعرف كلام الله؟ وإذا لم يعرف الرسول، كيف يعرف صحة الأخبار عنه؟

فإذا عرف الله -تعالى-، تعرَّف بالمعجزات الرسولَ وتعرَّف أنه صادق؛ لأن الله -تعالى- حكيم لا يظهر المعجز على يد الكاذب، ويعلم بذلك أن القرآن حجة؛ لأنه كلام حكيم لا يجوز عليه الكذب ولا يجوز عليه التلبيس، ويعلم أن كلام الرسول حجة؛ لأنه معصوم ولا يجوز عليه الكذب.

وإذا لم يعرف الأصول لم يمكن أن تحصل له هذه العلوم، فإذا عرف الأصول يصح أن يعرف هذه العلوم، وهذه الأصول لا يمكن معرفتها ضرورة، والتقليد ليس بطريق للمعرفة، فلم يبق إلا أن ينظر في الدليل حتى يعرف هذه الأصول، ولذلك قال الله -تعالى-: ﴿أَوَلَمْ يَنظُرُواْ فِي مَلَكُوتِ ٱلسَّمَٰوَٰتِ وَٱلْأَرْضِ﴾[69]، وقال -تعالى-: ﴿قُلِ ٱنظُرُواْ مَاذَا فِي ٱلسَّمَٰوَٰتِ وَٱلْأَرْضِ﴾[70]، وقال -تعالى-:

---

(69) سورة الأعراف: 185.

(70) سورة يونس: 101.

﴿أَفَلَا يَنظُرُونَ إِلَى ٱلْإِبِلِ كَيْفَ خُلِقَتْ ﴿١٧﴾﴾(71) الآية، ومثل هذه الآيات كثير في القرآن حث الله بها على النظر في الدليل، فالعجب من عاقلٍ يشتغل طول عمره في تعلم الفقه، ويتكلم في الحلال والحرام، ويفتي ويناظر، ويحكي أقوال الفقهاء، ويتكلم في علل الفقه، فإذا سُئل عن التوحيد والعدل والنبوات والشرائع؟ لا يعرف!

ولو قيل له: تصلي لمن؟ وبأمر من تصلي وتصوم؟ ولأي شيء تصلي وتصوم؟ وتفتي ممن؟

يقول: من الله -تعالى-، ومن رسوله -صلى الله عليه وسلم-.

فإن قيل: بماذا تعرف الله -تعالى-، وبما تعرف رسول الله؟ وبأي دليل؟

لا يخبر جواباً، ولا يعرف بماذا يجيب.

وإذا أراد أن يُعلم أحداً أو يحثّه على العلم يقول: أي شيء تفعل بعلم الكلام(72)! اشتغل بعلم الفقه حتى تولى القضاء وتُعظم ويحصل لك المال وتكون مفتياً في البلد.

ولا يقول تعلم حتى تعمل به وتتقرب به إلى الله -تعالى- وتصل إلى ثواب الجنة وتنجو من عقاب جهنم، ويضيع عمره ويطلب الدنيا بالدين فمثله كما قال الله -تعالى-: ﴿أُولَٰٓئِكَ ٱلَّذِينَ ٱشْتَرَوُا۟ ٱلْحَيَوٰةَ ٱلدُّنْيَا بِٱلْءَاخِرَةِ ۖ فَلَا يُخَفَّفُ عَنْهُمُ ٱلْعَذَابُ وَلَا هُمْ يُنصَرُونَ ﴿٨٦﴾﴾(73).

فأما رواة الأخبار والمحدثون يشتغلون الليل والنهار برواية الحديث

---

(71) سورة الغاشية: 17.

(72) هناك كتب في ذم علم الكلام الهروي له كتاب «ذم الكلام وأهله»، والمقدسي له كتاب «تحريم النظر في كتب الكلام».

(73) سورة الزمر: 9.

والأخبار، ويجعلون أنفسهم [حكاة][74]، ويقولون: فلان مطعون ولا يصح قوله، وفلان لا يعتمد عليه، وفلان معتمد، وهم يحتاجون إلى تزكيتهم.

ولو سُئل واحد منهم عن علم التوحيد؟ لا يخبر عنه ولا يعرف، ويقول: الكلام في هذا بدعة!

ولو سأله ملحد فقال: الرسول الذي تروي الأخبار عنه ما الدليل على نبوته؟ لا يعرف كيف يجيب.

ثم العجب من جهلهم كيف يروون الخبر، ويروون ضده، ويقولون كلاهما صحيحان! ولا يؤولون، ويقولون أمروها كما جاءت، وأعجب من هذا مفسر يفسر كتاب الله -تعالى- ولا يعرف بالدليل أنه كتاب الله ومعجز الرسول، ثم يفسر على معنيين ضدين التوحيد والتشبيه، والعدل والجبر، ولا يعرف ما يقوله، ولا يميز المتناقض من الصحيح، والخطأ من الصواب، والعجب من عاقل يتكلم في الفروع ولا يعرف الأصول، فمثله كمثل من تعلق بفروع شجرة ولا خبر له عن أصلها وساقها.

ونحن لا ننكر فضل علم الشريعة والأخبار والتفسير، ولكن نقول بناء الإسلام على هذه العلوم وهي من الفرائض، ولكن ننكر أيضاً فعل هؤلاء الذين ينكرون علم الأصول التوحيد والعدل، وأيضاً فإن جميع العلوم مبني على التوحيد والعدل، وعلم التوحيد والعدل أصل العلوم فمن قصر فيه قصر في جميع العلوم.

وإذا ثبت أن معرفة الله -تعالى-، ومعرفة صفاته وعدله، ومعرفة الرسول والشرائع واجبة ولهذه المعرفة ترتيب فأول ما يجب منها معرفة التوحيد، ولمعرفة

---

(74) في نسخة (ب): حكما.

الباب الثالث: في سبب النيل للثواب والنجاة من العقاب

التوحيد طريق وهو ثلاثة أقسام: إما أن يكون ضرورياً، أو بالتقليد، أو بالنظر والاستدلال، ولا يجوز أن يكون ضرورياً؛ لأنه لو كان ضرورياً لما اختلف فيه العقلاء كما لم يختلفوا في سائر الضروريات، ولو كان ضرورياً لما احتاج إلى النظر والاستدلال، ولا أمكن دفعه عن النفس بشكٍ وشبهة، فإذا اختلف العقلاء فيه ويحتاج في معرفته إلى النظر والاستدلال ويدخل فيه الشك والشبهة علمنا أنه لم يكن ضرورياً.

والتقليد ليس بطريق للعلم؛ لأن تقليد أحد ليس بأولى من تقليد آخر، والثاني: أنه لا يمكن معرفة الحق بالتقليد؛ لأن المقلد لا يكون موقناً فلا يأمن أن يكون على الباطل والله -تعالى- ذم المقلدين في القرآن في آيات كثيرة.

والعجب من قوم يقولون نحن نعرف الله بقول الإمام وخليفة الإمام.

فنقول لهم: بأي شيء تعرفون أن الإمام وخلفاءه على الحق؟

فإن قالوا: بقول آخر سواهم.

قلنا: بما تعرفون أن قول الآخر حق؟

فإن قالوا: بقول آخر.

قلنا: هذا يؤدي إلى ما لا نهاية، وكل قول يؤدي إلى ما لا نهاية له فهو باطل.

فإن قالوا: نعرف بالدليل أن قول الإمام وقول خلفائه حق.

قلنا: نحن أيضاً نعرف الله بالدليل لا نحتاج إلى الإمام وخلفائه.

ويقال لهم أيضاً: بأي شيء يميز بين الرسول والمشعبذ؟

فإن قالوا: بالمعجز.

قلنا: بماذا يعلم أنه معجز وليس بشعبذة؟

فإن قالوا: بالنظر والاستدلال.

قلنا: كذلك نحن نعرف الله -تعالىٰ- بالنظر والاستدلال.

وأيضاً يقال لهم: هل يجوز أن نعرف بالعقل شيئاً أم لا؟

فإن قالوا: لا.

لزمهم أن من لم يعرف الإمام لا يعرف شيئاً أبداً، ولا يعرف الوالدين، والنفع والضرر إلا بقول الإمام.

فإن قالوا: يجوز أن يعرف بعض الأشياء بغير إمام.

قلنا: معرفة الله -تعالىٰ- من ذلك، وإذا نظر في أفعاله -[تعالىٰ]- يعلم أن لها فاعلاً.

فإن قالوا: العقلاء كلهم في العقل سواء، لماذا بعضهم يعرف الله وبعضهم لا يعرف الله؟

قلنا: العقل ليس بواجب المعرفة، وإنما العقل آلة المعرفة، فإن استعمل العقل بالنظر في الدليل يعرف الله -تعالىٰ-، وإن لم ينظر لا يعرف.

ويقال لهم: أوليس الإمام لجميع المكلفين؟ فلم بعضهم على الحق وبعضهم على الباطل؟

فإن قالوا: لأنهم لا يقبلون قول الإمام.

قلنا: كذلك بعض العقلاء لا يستعمل العقل ولا ينظر في الدليل ولا تحصل له المعرفة.

ويقالهم أيضاً: بأي شيء نعلم أنا نحتاج إلىٰ الإمام؟

فإن قالوا: بقول الإمام.

قلنا: هذا محال ولو كان كذلك فبماذا يفرق بين إمام الحق وإمام الباطل؟

فإن قالوا: بقول إمام آخر.

قلنا: الكلام في الإمام الآخر كالكلام في الإمام الأول في أنه لا يعرف بقوله أيضاً فلم يبق إلا أن يعرف الله بالنظر والاستدلال.

فإن قالوا: إذا لم نحتج إلى الرسول في معرفة الله -تعالى- فأي حاجة إليه؟

قلنا: نحتاج إلى الرسول -صلى الله عليه- في كثير من الديانات:

أولها: أن ينبه الناس ويحثهم على النظر في الدليل.

والثاني: أن يبين كيفية الدليل.

والثالث: أن يبين الشرائع.

والرابع: أن الرسول لطف في التكليف.

فأما معرفة الله -تعالى- ومعرفة الرسول فلا تحصل إلا بالتفكر والنظر في الدليل، ولا تحصل بالتقليد والضرورة، وهذا ظاهر لمن أنصف، وفي هذا القدر كفاية في هذا الموضع.

الباب الرابع: في بيان ما كان عليه النبي -صلى الله عليه وآله وسلم- وأهل بيته وأصحابه من الدين

لا شبهة أن في أيام الرسول -صلى الله عليه وآله وسلم-، الرسول، ومن معه وأهل بيته، وأصحابه من المهاجرين والأنصار كانوا على طريقة واحدة لا يختلفون في أمور دياناتهم، وللدين جملة وتفصيل، وجملته التوحيد والعدل والنبوة والشرائع وأحكام الآخرة، وهذه الجملة عُرفت من دينه ضرورة حتى يعرف المخالف للرسول -صلى الله عليه وآله وسلم- هذه الجملة من دينه كما يعرف الموافق، والقرآن ناطق به، وسنة الرسول -صلى الله عليه وآله-، وإجماع الأمة عليه ولا خلاف في هذه الجملة بين الأمة وانما الخلاف في تفاصيلها.

[ما علم ضرورة من دينه ـ صلى الله عليه وآله وسلم ـ]:

وما علم من دينه -صلى الله عليه وآله وسلم- ضرورة في **التوحيد**: هو أن العالم مُحدث مصنوع، ومُحدثه وصانعه هو الله -تعالى-، وأنه قادر عالم حي سميع بصير غني قديم موجود واحد، ﴿لَيْسَ كَمِثْلِهِۦ شَىْءٌۖ وَهُوَ ٱلسَّمِيعُ ٱلْبَصِيرُ ۝١١﴾[75]، لم يزل ولا يزال، ويستحيل عليه خلاف هذه الصفات كالعجز والجهل والموت والعدم والآفات والحاجات، لا يشبه شيئاً ولا يشبهه شيء، هذا القدر عُرف من دينه -صلى الله عليه وآله وسلم- في التوحيد، والقرآن ناطق به، وأجمعت الأمة عليه.

فأما في **العدل**: فعُرف من دينه -صلى الله عليه وآله وسلم-: أن الله -تعالى- محسن حكيم عدل لا يظلم، وقضاؤه حق وإرادته حكمة وأمره حسن، لا يفعل

(75) سورة الشورى: 11.

القبيح، ولا يعاقب بغير ذنب، ولا يأخذ أحداً بذنب غيره كما قال -تعالى-: ﴿وَلَا تَزِرُ وَازِرَةٌ وِزْرَ أُخْرَىٰ﴾ (76).

فأما في **النبوات**: عُرف من دينة ضرورة: أنه -صلى الله عليه وآله وسلم- كان رسولاً لله -تعالى- إلى كافة الإنس والجن، وأنه خاتم النبيين وشريعته لا تُنسخ إلى آخر التكليف، وأن شريعته واجبة على جميع المكلفين من الإنس والجن، وأن القرآن كلام الله -تعالى- وهو هذه السور المعلومة والآيات المشهورة، ليس فيه كذب ولا تلبيس ولا تعمية وكله صدق وحق، ﴿لَّا يَأْتِيهِ ٱلْبَٰطِلُ مِنۢ بَيْنِ يَدَيْهِ وَلَا مِنْ خَلْفِهِۦۖ تَنزِيلٌ مِّنْ حَكِيمٍ حَمِيدٍ ٤٢﴾ (77).

وأما **الشرائع**: فمعلوم من شريعته -صلى الله عليه وآله وسلم-: أن الجنة للمطيعين والنار للعاصين، وأنه أمر بالطاعة ونهى عن المعصية، وفرّق بين المطيع والعاصي بالتسمية والحكم، وأن البعث والنشور والحساب والجنة والنار حق، والثواب يكون في الجنة والعقاب يكون في جهنم، ثم في الشرائع فرائض كالصلاة، والزكاة، والصوم، والحج وغيرها، والحلال والحرام والمعاصي والعقود كالنكاح والبيع وغير ذلك بعضها صحيح وبعضها غير صحيح، هذه الجملة معلومة من دينه -صلى الله عليه وآله وسلم-، وكتاب الله ناطق بها، وأجمعت الأمة عليها.

[**ظهور الخلاف وحله**]:

ثم ظهر الخلاف في تفاصيل هذه الجملة بعد وفاته -صلى الله عليه وآله وسلم-، وأظهروا المذاهب، فنحن ننظر في المذاهب كلها فكل مذهب تفصيله

---

(76) سورة الإسراء: 15.
(77) سورة فصلت: 42.

يخالف هذه الجملة يعرف إنه باطل، وكل مذهب يوافق تفصيله هذه الجملة يعرف أنه حق ودين الحق فيه، وما سواه من المذاهب محدث بدعة وضلالة وقال النبي -صلى الله عليه وآله وسلم-: **((كل محدث بدعة، وكل بدعة ضلالة، وكل ضلاله في النار))**(78).

ولا شبهة أن القول بأن العالم مُحدَث وله صانع مع القول بأنه قديم وليس له صانع لا يجوز أن يكونا صواباً وحقاً، ولا بد أن يكون الحق في واحد من القولين، ولهذا أصول الدين - التوحيد، والعدل - واحد بين الملائكة، والرسل، والإنس، والجن، لا يتغير ولا ينسخ بخلاف الشرائع؛ لأن الشرائع مصالح يجوز أن تتغير بالمكلف والزمان والمكان، فأما التوحيد والعدل فلم يزل كان واحداً لا يتغير أبداً، وذكرنا أن الحق ما كان تفصيله يوافق الجملة، والباطل ما كان تفصيله يخالف الجملة، وأنت إذا نظرت في مسألة مسألة تعرف بالحقيقة تفصيل مذهب من يوافق الجملة؛ لأن بيان تفاصيل جميع المسائل يطول.

ومن قال: إن الله ليس كمثله شيء، ثم قال: إنه جسم، أو إنه في مكان، أو إنه على العرش، ناقض الجملة.

وفي العدل: إذا قال: إن الله -تعالى- حكيم يفعل الحسن، ثم يقول: إنه يخلق الكفر، وعبادة الأوثان، وقتل الأنبياء في الكافر ثم يعاقبه عليه، ويأمره بالصلاة ويمنعه منها بأن لا يخلق فيه قدرة الصلاة، وينهى عن المعصية ويخلق فيه المعصية فقد ناقض الجملة.

ومن قال: إن قول رسول الله -صلى الله عليه وآله وسلم- حجة، ثم يجوز عليه الكفر، والكذب، ويقول: إن القرآن حجة وكلام الله، ثم يقول: هذه السور والآيات ليست بكلام الله -تعالى- وليست بمحدثة، ويقول: إن الله صادق،

---

(78) السنن الكبرى للنسائي ج2ص308، صحيح ابن خزيمة ج3ص143، المعجم الكبير للطبراني ج9ص97.

ويجوز عليه خلف الوعيد، هذا متناقض وتفصيله لا يوافق الجملة، ومذهب أهل التوحيد والعدل يوافق تفصيله الجملة فعلمنا أنه دين الرسول -صلى الله عليه وآله وسلم-، وبه أمر الله كما نذكره من بعد إن شاء الله -تعالى-.

الباب الخامس: في بيان المخالفين لرسول الله -صلى الله عليه وآله وسلم- وفرقهم

ومعلوم أن من كان في أيام الرسول -صلى الله عليه وآله وسلم- موافقاً له كانوا على الحق ودين الإسلام، وما كان بينهم اختلاف، ومن خالفه كان خارجاً عن ملته ودينه وهم كانوا فرقاً كثيرة.

وأنه -صلى الله عليه وآله وسلم- ناظر كل فرقة واحتج عليهم بأنواع الحجج ودعاهم إلى الإسلام، وأقام بمكة ثلاثة عشر سنة وصبر على إيذائهم، حتى علم أنهم قد عاندوا ولم يقبلوا الحجة.

ثم من بعد ذلك أمره -تعالى- بالهجرة والقتال، ولذلك كان أكثر أدلة التوحيد والعدل في السور التي نزلت بمكة كسورة الأنعام وغيرها، وأكثر بيان الشريعة في السور التي نزلت بالمدينة كسورة البقرة وأمثالها، وذكر الله الأدلة في التوحيد وما أحال إلى تقليد أحدٍ من الأنبياء والأئمة وغيرهم كما قال -تعالى-: ﴿إِنَّ فِي خَلْقِ ٱلسَّمَٰوَٰتِ وَٱلْأَرْضِ﴾ الآية(79)، وقال: ﴿وَفِيٓ أَنفُسِكُمْۚ أَفَلَا تُبْصِرُونَ ٢١﴾(80)، وأمرنا بالنظر فقال -تعالى-: ﴿قُلِ ٱنظُرُواْ مَاذَا فِي ٱلسَّمَٰوَٰتِ وَٱلْأَرْضِۚ﴾(81)، وذمّ على ترك النظر فقال: ﴿وَكَأَيِّن مِّنْ ءَايَةٍ فِي ٱلسَّمَٰوَٰتِ وَٱلْأَرْضِ يَمُرُّونَ عَلَيْهَا وَهُمْ عَنْهَا مُعْرِضُونَ ١٠٥﴾(82)، وأظهر الحجة على جميع أنواع الكفرة، وبيّن أن جميع ما كانوا عليه كفر وضلالة، وأنهم يستحقون العقاب العظيم على ذلك.

---

(79) سورة البقرة: 164.

(80) سورة الذاريات: 21.

(81) سورة يونس: 101.

(82) سورة يوسف: 105.

الباب الخامس: في بيان المخالفين لرسول الله -صلى الله عليه وآله وسلم- وفرقهم - 63 -

فإذا نظرنا فيها عرفنا أن جميع ما عليه الكفرة باطل، ونظرنا في مذاهب أهل القبلة أيضاً علمنا أن الحق في واحد والباقي باطل، وأردنا أن نتكلم في هذه الرسالة على بطلان مذاهب الخارجين من الملة، ومذاهب أهل البدع في الملة على طريق الاختصار؛ حتى يميز بين الحق من الباطل لطالب الحق، ومن نظر في هذه الرسالة يعرف الحق فيتبعه، ويعرف الباطل فيتجنبه، وقال أمير المؤمنين -عليه السلام- لحارث الأعور حين سألة عن الحق والباطل : «**يا حارث اعرف الحق تعرف أهله**»[83]، فلا بد للعاقل أن يعرف الحق والباطل؛ حتى يعلم أهل الحق وأهل الباطل.

ومخالفو رسول الله -صلى الله عليه وآله وسلم- في الدين كانوا على أنواع شتى، بعضهم كانوا مخالفين في التوحيد، وقالوا بقدم العالم، وأنكروا الصانع، وقالوا ما يحدث في العالم يحصل بطبع أو خاصية.

وفرقة قالوا «بيزدان[84]» و«اهرمن[85]» وأرادوا «بيزدان» الله و«باهرمن» الشيطان وهم المجوس، وقالوا بنبوة «زردشت» و«ماني» وغيرهما.

والفرقة الثالثة: أصحاب المتوسطات[86] كعبدة الأوثان والنيران والنجوم، وهم فرقتان: فرقة عبدو الأشياء العلوية كالنجوم، وفرقة عبدو الأشياء السفلية كالأصنام والنيران.

والفرقة الرابعة: النصارى، ولهم اختلافات كثيرة ومذاهب شتى في التوحيد والتثليث وفي اتحاد عيسى -عليه السلام-.

والخامسة: اليهود، أنكروا نبوة نبينا -صلى الله عليه وآله وسلم- ونبوة كثير

(83) أنساب الأشراف ج2ص274، تاريخ اليعقوبي ج2ص210، تفسير الكشاف ج4ص382.

(84) يزدان يعبرون عنه بالنور.

(85) أهرمن يعبرون عنه بالظلمة.

(86) أصحاب المتوسطات: من يجعلون بينهم وبين الصانع متوسطاً.

من الأنبياء.

والسادسة: الصابئون ولهم مذاهب في النجوم والطبائع يطول ذكرها.

والسابعة: منكروا القيامة ويوم الآخرة.

والثامنة: البراهمة(87) أنكروا النبوة أصلاً.

والله -تعالى- أنزل الأدلة على بطلان قول كل فرقة على النبي -صلى الله عليه وآله وسلم-، وأمره أن يبين الأدلة كما أنزل، في إثبات الصانع وحدث العالم، وإثبات النبوة وفي إبطال عبادة الأصنام، وصحة القيامة والبعث والنشور بعد الموت، وذكر جميعها يطول الكتاب، وإذا أوردنا المسائل في باب التوحيد وأصول الدين، وذكرنا الأدلة بطل جميع هذه المقالات، ولا خلاف بين المسلمين في بطلان هذه المقالات وتكفير القائلين بها، وإن كانت أقوالهم مختلفةً ومللهم متفرقة.

وإذا ثبت بطلان هذه الجملة علمنا أن الإسلام كان في أيام رسول الله -صلى الله عليه وآله وسلم- واحداً ومن خالفه كان كافراً، وأن الخلاف بين أهل ملته -صلى الله عليه وآله وسلم- حدث من بعده كما نذكره إن شاء الله.

---

(87) يقال: إنهم نسبوا إلى رئيس لهم يقال له: بَرْهَم الهندي. شمس العلوم ج1 ص510

الباب السادس: في بيان كيفية الخلاف الذي ظهر في الأمة وبيان ظهور كل فرقة

إذا عُلم أن مذهب المسلمين في أيام النبي -صلى الله عليه وآله وسلم- كان واحداً، وهذه المذاهب حدثت من بعده، وقال النبي -صلى الله عليه وآله وسلم-: **((كل محدث بدعة وكل بدعة ضلالة، وكل ضلالة في النار))**(88)، والخلاف الذي وقع في مسائل الاجتهاد بين الصحابة والتابعين لا يدخل في هذا؛ لأن كِلا القولين يكونا صواباً(89) ولهذا لم يتبرأ الصحابة بهذا الخلاف بعضهم من بعض، ولم يخطئ بعضهم بعضاً، ورجعوا أيضاً من قول إلى قول حتى قال أمير المؤمنين -عليه السلام-: «اجتمع رأيي، ورأي عمر، ورأي آخرين من الصحابة، في أمهات الأولاد ألا يبعن، ثم رأيت بيعهن»(90).

وقال عمر بحضرة جماعة من الصحابة في مسألة المشتركة(91): «أفتي على قولين: ذاك على ما قضينا، وهذا على ما قضينا»(92)، ولم ينكر عليه أحد.

وعن ابن مسعود -رضي الله عنه- في مسألة المفوضة(93): «اجتهد فيه برأيي»(94)، وأمثال ذلك كثير كما قال معاذ لرسول الله -صلى الله عليه وآله وسلم-: «اجتهد رأيي»، فقال رسول الله -صلى الله عليه وآله وسلم-: **((الحمد لله الذي وفق رسول رسوله))**(95).

---

(88) سبق تخريجه.

(89) فضل الاعتزال وطبقات المعتزلة ص142.

(90) مصنف عبدالرزاق ج7ص291، تاريخ المدينة لابن شبة ج2ص729، المعرفة والتاريخ ص442.

(91) وهي أن يشترك فيها: زوج، وأم، وإخوة لأُم، وإخوة لأب وأم.

(92) مصنف عبدالرزاق ج10ص249، سنن الدارقطني ج5ص155، السنن الكبرى للبيهقي ج6ص417.

(93) وهي إذا مات عنها زوجها قبل الدخول أو ماتت هي.

(94) أصول الشاشي ص312، المعجم الكبير للطبراني ج20ص232، الكنى والأسماء للدولابي ج1ص110.

(95) مسند أبي داود الطيالسي ج1ص454، مسند أحمد بن حنبل ج36ص382، المعجم الكبير =

وأما في مسائل الأصول فظهر في أيام متفرقة، وأول خلاف[96] حدث بعد النبي -صلى الله عليه وآله وسلم- كان خلاف يوم السقيفة؛ لأن الأنصار قالوا: ينبغي أن يكون الإمام منا، وأرادوا أن يبايعوا سعد بن عبادة، ولما صار الأمر إلى المنازعة قالوا للمهاجرين: «يكن منا أمير ومنكم أمير»[97]، فظهر منها ثلاثة أقوال:

1 - فقال قوم من الأنصار: ينبغي أن يكون سعداً.

2 - وجماعة من المهاجرين قالوا: ينبغي أن يكون الإمام أبا بكر.

3 - وجماعة كانوا مع أمير المؤمنين وقالوا: هو أولى بالإمامة، كعباس، والزبير وطلحة، وسلمان وأبي ذر، وعمار ومقداد وغيرهم، حتى قال العباس - رضي الله عنه-:

ما كنت أحسب أن الأمر منحرف   عن هاشم ثم منها عن أبي حسن
أليس أول من صلى لقبلتكم   وأعلم الناس بالآثار والسنن
فما الذي صدكم عنه لنعرفه   ها أن بيعتكم من أول الفتن[98]

وظهر من هذا أربع مسائل:

للطبراني ج20ص170.

(96) وقال بهذا الشيخ أبو القاسم البلخي، وذكر الشيخ أبو علي الجبائي أن أول خلاف حدث هو اختلافهم في أمر عثمان في آخر أيامه، وقال القاضي عبدالجبار أن سبب عدم ذكر الشيخ أبو علي للسقيفة كأول خلاف أنه لم يستقر فيه الخلاف وزال عن قرب. فضل الاعتزال وطبقات المعتزلة ص142.

(97) مصنف ابن أبي شيبة ج2ص118.

(98) في الأخبار الموفقيات للزبير بن بكار ص221: وقال بعض ولد أبي لهب بن عبد المطلب بن هاشم شعرا:

ما كنت أحسب أن الأمر منصرف   عن هاشم ثم منها عن أبي حسن
أليس أول من صلى لقبلتكم   وأعلم الناس بالقرآن والسنن
وأقرب الناس عهدا بالنبي ومن   جبريل عون له في الغسل والكفن
ما فيه ما فيهم لا يمترون به   وليس في القوم ما فيه من الحسن
ماذا الذي ردهم عنه فتعلمه   ها إن ذا غبننا من أعظم الغبن

أحدهما: من الإمام؟

وثانيها: أين معدن الإمامة؟

وثالثها: ما طريق الإمامة؟

ورابعها: هل يجوز إماما معاً أم لا؟

فقال الأنصار على ثلاثة أوجه:

أحدها قالوا: ينبغي أن يكون سعد هو الإمام.

وثانيها: جوزوا الإمام من غير قريش.

وثالثها: رأوا البيعة طريق الإمامة.

وخالفوا في هذه الأقوال جماعة من المهاجرين، رأوا الإمامة لأبي بكر، ورأوا أيضاً طريق الإمامة البيعة، وجوزوا الإمامة في جميع بطون قريش.

والقول الثالث قالوا: طريق الإمامة النص، وقالوا إن الإمام هو أمير المؤمنين بنص الله -تعالى- ونص رسوله -صلى الله عليه وآله وسلم-، وقالوا معدن الإمامة أولاد فاطمة -عليها السلام- ولا تجوز في غيرهم.

ومن قال بإمامة أمير المؤمنين -عليه السلام-، مع [أن][99] المهاجرين كلهم خالفوا الأنصار وقالوا لا يجوز أن يكون إمامان معاً، وبقي الخلاف في هذه المسائل الأربع بين الأمة.

والخلاف الثاني[100]: كان حديث فدك؛ لأن فاطمة -عليها السلام- ادّعت فدكاً هدية أو ميراثاً، وروى قوم من الصحابة في الميراث عن النبي -صلى الله

(99) كذا.

(100) الخلاف الثاني عند الشيخ أبي علي خلاف أصحاب الجمل. فضل الاعتزال وطبقات المعتزلة ص143.

عليه وآله وسلم- قال: ((**نحن معاشر الأنبياء لا نورث، ما تركناه صدقة**))[101]، وفي الهدية طلبوا شاهدين، وما ضرهم لو قبلوا قولها كما قيل في دعواها:

**وَمَا ضَرَّهُم لَوْ صَدَّقُوها[102] بِمَا ادَّعَتْ		ومَاذَا عَلَيْهِم لَوْ أَطَابُوا جَنَانَهَا**
**وقَدْ عَلِمُوهَا بِضْعَةً مِنْ رَسُولِهِمْ[103]		فَلِمْ طَلَبُوا فِيمَا ادَّعَتْهُ بَيَانَهَا**

وهذا الخلاف أيضاً باقٍ في الأمة.

فأما خلاف المرتدين كان خلافاً مع الكفار لا مع المسلمين[104] وهم كانوا فرقاً:

فرقة: أنكروا جميع الإسلام.

وفرقة قالوا: نقيم الصلاة ولا نؤتي الزكاة.

وفرقة قالوا: نقر بالإسلام ولكن لا نقيم الصلاة ولا نؤتي الزكاة.

ولا خلاف أن من كان على هذه الجملة مرتد ويجب محاربتهم، واتفقت الصحابة على قتالهم، وأمير المؤمنين أمر بقتالهم، وكانت أم محمد بن الحنفية من غنيمة المرتدين، وقعت في سهم أمير المؤمنين، وأولد منها محمداً.

فأما ما قاله الروافض أن العرب لم ترتد، ولكن قالوا لا نرضى بإمامة أبي بكر؛ لأن الإمام هو أمير المؤمنين -عليه السلام- لذلك قاتلهم أبو بكر، فهو باطل وكذب؛ لأن الأخبار تواترت على ردتهم وما قال هذا أحد سواهم، ولو كان كذلك لما أمر أمير المؤمنين بقتالهم ولم يوافق الصحابة في قتالهم، ولما أتى أبو

(101) مسند إسحاق بن راهويه ج2ص341، مسند البزار ج3ص189، صحيح ابن خزيمة ج4ص120.
(102) مكتوب: سامحوها، والمثبت هو المشهور.
(103) المذكور في الشافي وغيره نبيهم.
(104) فضل الاعتزال وطبقات المعتزلة ص142.

سفيان إلى أمير المؤمنين -عليه السلام- وقال: «يا أبا الحسن اترضى أن يلي عليكم أحد من بني تيم! امدد يدك حتى أبايعك واملأ المدينة خيلاً».

قال أمير المؤمنين -عليه السلام-: «[طال ما][105] غششت الإسلام»[106]، وقال: «لا أزال اصبر إذا كان التقصير في حقي وأنصر الإسلام»[107].

والخلاف الآخر: حديث الشورى بعد عمر؛ لأنه جعل الإمامة شورى بين ستة أنفس علي -عليه السلام-، وعثمان، والزبير، وطلحة، وعبد الرحمن بن عوف، وسعد بن أبي وقاص، فقال جماعة أمير المؤمنين أولى، وجماعة مالوا إلى عثمان وبايعوه وتركوا علياً -عليه السلام-، وهذا الخلاف أيضاً باقٍ في الأمة.

والخلاف الآخر: في عثمان بعد إحداثه، فرقة قالوا بتخطئته وتضليله، وفرقة قالوا بتصويبه وتضليل مخالفيه، وتوقف جماعة فيه، وهذه الاختلافات باقية بعد.

والخلاف الآخر: خلاف طلحة والزبير وعائشة، فلما قُتل طلحة والزبير وانهزم العسكر، رجعت عائشة وندمت وتابت[108]، وانقطع الخلاف إلا شرذمة قليلة قالوا بتصويبهم، ولا اعتبار بقولهم.

والخلاف الآخر: مخالفة معاوية وأهل الشام لأمير المؤمنين -عليه السلام-، وما أصاب من خلاف أحد ضرر وخلل في الإسلام أعظم من خلاف معاوية لعنه الله؛ لأنه ظهر بسبب معاوية الظلم والفتنة والضلالة فبقي أثرها إلى يوم القيامة، وجماعة المسلمين أجمعوا على إمامة أمير المؤمنين، وأنكر جماعة وقالوا بعد ذلك بإمامة معاوية، وطائفة قالوا بإمامتهما، وجماعة توقفوا، وهذا الخلاف باق بعد.

والعجب من قوم عرفوا أمير المؤمنين -عليه السلام- وأحواله مع رسول الله

---

(105) مكتوب في (أ): ماذا مه، وفي (ب) ما دمت.

(106) المغني في أبواب التوحيد والعدل ج20ص288.

(107) لم أجد له ذكر بهذا اللفظ فيما لدي.

(108) قال الشيخ ابن تيمية: «فكانت إذا ذكرت خروجها تبكي حتى تبل خمارها» منهاج السنة ج4ص316.

-صلى الله عليه وآله وسلم-، وسمعوا الأخبار الظاهرة التي جاءت في شأنه وأمره، مثل ما قاله النبي -صلى الله عليه وآله وسلم-: ((**أنك ستقاتل الناكثين، والقاسطين، والمارقين**))(109)، وكما قال لعلي والحسن والحسين: ((إني سلم لمن **سالمكم، وحرب لمن حاربكم**))(110)، وقال في فتح خيبر: ((**لأعطين الراية غداً رجلاً يحب الله ورسوله، ويحبه الله ورسله، كرار غير فرار يفتح الله على يديه**))(111)، وقال أيضاً في حديث براءة لما دفعها إلى أبي بكر ثم أخذها منه وقال: ((**لا يبلغها إلا أنا أو أحد مني**))(112)، وقال في حديث سد الأبواب التي كانت في المسجد من الدور: ((**سدوا هذه الأبواب إلا باب علي**))(113) فقال أبو بكر: دع لي كوه يا رسول الله أنظر فيها. فقال: ((**لا ولا رأس إبره**))، وخرج حمزة يبكي وقال: أخرجت عمك وأسكنت ابن عمك. فقال: ((**ما أنا اخرجتك وأسكنت ابن عمي، ولكن الله أخرجك وأسكنه** ... ثم قال: إن الله أمر موسى بن عمران أن يبني مسجداً لا يسكنه إلا هو وهارون وأبناء هارون شبر وشبير، وأمرني أن أبني مسجداً لا يسكنه إلا أنا وعلي وأبناء علي الحسن والحسين، سدوا هذه الأبواب إلا باب علي؛ فإنه مني بمنزلة هارون من موسى، إلا أنه لا نبي **بعدي**))(114)، وقال لعلي: ((**أنت أخي في الدنيا والآخرة**))(115)، والآخر

---

(109) المعجم الكبير للطبراني ج10ص91، معجم ابن المقرئ ص212، المسند للشاشي ج1ص342، الكنى والأسماء للدولابي ج1ص360، المستدرك على الصحيحين ج3ص150.

(110) مسند ابن أبي شيبة ج1ص355، مسند أحمد ج15ص436، صحيح ابن حبان ج15ص434، المعجم الكبير للطبراني ج3ص40، المستدرك على الصحيحين ج3ص161.

(111) سنن ابن ماجه ج1ص43، فضائل الصحابة لأحمد بن حنبل ج2ص604، مسند البزار ج2ص135، صحيح ابن حبان ج15ص382، المستدرك على الصحيحين ج3ص117.

(112) مسند أحمد بن حنبل ج20ص434، صحيح ابن حبان ج15ص17، المسند للشاشي ج1ص126، شرح مشكل الآثار ج9ص221.

(113) مسند أحمد بن حنبل ج32ص41، المعجم الكبير للطبراني ج12ص99، المستدرك على الصحيحين ج3ص135، ترتيب الأمالي الخميسية ج1ص55.

(114) مناقب علي لابن المغازلي ص322، إعلام الورى للطوسي ص320، مناقب آل أبي طالب لابن شهر آشوب ج2ص38.

(115) سنن الترمذي ج5ص636، المستدرك على الصحيحين ج3ص15، ترتيب الأمالي الخميسية =

الباب السادس: في بيان كيفية الخلاف الذي ظهر في الأمة وبيان ظهور كل فرقة - 71 -

حديث المباهلة: خرج بعلي وفاطمة والحسن والحسين دون غيرهم[116]، والآخر حديث غدير خم قال -صلى الله عليه وآله وسلم-: **((من كنت مولاه فعلي مولاه))**[117]، والآخر حديث تبوك: خرج رسول الله -صلى الله عليه وآله وسلم- إلى حرب تبوك واستخلف علياً -عليه السلام- على المدينة، فقال المنافقون شنى ابن عمه ولهذا تركه، فخرج علي -عليه السلام- خلفه فلما وصله وشكى عن قول المنافقين، قال -صلى الله عليه وآله وسلم-: **((أما ترضى أن تكون مني بمنزلة هارون من موسى، إلا أنه لا نبي بعدي))**[118]، وفي خبر الطير قال النبي -صلى الله عليه وآله وسلم-: **((اللهم ائتني بأحب خلقك إليك يأكل معي من هذا الطائر، فجاءه علي وأكل معه))**[119]، ولما نزلت آية التطهير قوله -تعالى-: ﴿إِنَّمَا يُرِيدُ ٱللَّهُ لِيُذۡهِبَ عَنكُمُ ٱلرِّجۡسَ أَهۡلَ ٱلۡبَيۡتِ وَيُطَهِّرَكُمۡ تَطۡهِيرٗا ٣٣﴾[120]، دعا علياً وفاطمة والحسن والحسين -عليهم السلام- وقال: **((اللهم هؤلاء أهل بيتي فأذهب عنهم الرجس وطهرهم تطهيرا))**[121]،

ج1ص185، مناقب علي لابن المغازلي ص88.

(116) صحيح مسلم ج4ص1871، الشريعة للآجري ج5ص2200، سنن الترمذي ج5ص638، مناقب علي لابن المغازلي ص333.

(117) سنن ابن ماجه ج1ص45، مسند أحمد ج71، السنة لابن أبي عاصم ج2ص604، مسند البزار ج2ص133، السنة للخلال ج2ص346، صحيح ابن حبان ج15ص376، الشريعة للآجري ج4ص2043، المستدرك على الصحيحين ج3ص199، السنن الكبرى للنسائي ج7ص309.

(118) صحيح البخاري ج5ص19، سنن ابن ماجه ج1ص42، مسند أحمد بن حنبل ج3ص95، صحيح ابن حبان ج15ص371، المستدرك على الصحيحين ج2ص367، السنن الكبرى للنسائي ج7ص430.

(119) المعجم الكبير للطبراني ج7ص82، الشريعة للآجري ج4ص2031، مسند البزار ج9ص287، المستدرك على الصحيحين ج3ص141، المقصد العلي في زوائد أبي يعلى الموصلي ج3ص183، المعجم الأوسط للطبراني ج7ص267.

(120) سورة الأحزاب: 33.

(121) مسند أحمد بن حنبل ج44ص119، المعجم الكبير للطبراني ج23ص281، المستدرك على الصحيحين ج2ص451، الشريعة للآجري ج5ص2207، ترتيب الأمالي الخميسية ج1ص198.

وأيضاً قال -صلى الله عليه وآله وسلم- لعلي: **((أنت وصيي وخليفتي في أهل بيتي))**[122]، وأمثال ذلك كثيرة لا يمكن ذكرها في هذا الموضع، والآيات التي نزلت في فضائل علي -عليه السلام- كثيرة ذكرناها في كتاب (تنبيه الغافلين)[123]، ومقاماته في الحروب وشجاعته، وزهده وعصمته، وعلمه بالأصول والفروع، واختصاصه بالنبي -صلى الله عليه وآله وسلم- أظهر مما يحتاج فيه إلى البيان، ومع هذه الخصال كيف يقاتلونه! ولم يكن في أمة الرسول -صلى الله عليه وآله وسلم- أحد مثله في جميع خصال الفضل، وكذلك في جميع الأمم من لدن آدم إلى يوم القيامة.

ثم مع هذا إذا ذكروه لا يستحيون من الله -تعالى- ولا يخافون من عذابه، وذكروا معاوية في مقابلته وعمرو بن العاص وأبا موسى الأشعري وأمثالهم، ولو قوبل جميع من في العالم بعد الأنبياء -عليهم السلام- مع علي لرجح عليهم، ولكن لا غاية للعباد، وهذا الكلام في هذا الموضوع كان عارضاً اختصرنا عليه وإلا تفصيله مما لا يمكن إحصاؤه وعده، وإن صنف فيه الكتب في العمر، كما قال الشاعر بالفارسية:

تعمـــر مـــا اتـــوا كفـــيره مـــــذ نحـــــش اكــــــرد
وبــــــاقي كــــــرد دلشــــــــــــــاعر[124]

والمعنى: لا يمكن ذكر جميع مدحه لو نفد البحر بأن يعرف منه الشاعر، وهذا لا يمكن فكذلك لا يمكن عد فضائل علي ومدائحه -عليه السلام-.

و[الخلاف] الآخر: ظهور خلاف الخوارج يوم الحكمين، وأنكروا الحكمين

---

(122) في تاريخ دمشق لابن عساكر: ((أخي ووزيري وخليفتي في أهل بيتي وخير من تركت بعدي))ج42ص56.
(123) طُبع الكتاب بتحقيق (مؤسسة شمس الضحى).
(124) لعل كتابتها كذا.

الباب السادس: في بيان كيفية الخلاف الذي ظهر في الأمة وبيان ظهور كل فرقة - 73 -

وقالوا: لا حكم إلا لله، وليس لأحد أن يحكم، وكثرت فرقهم بعد ذلك.

والخلاف الآخر: خلاف الغُلاة(125) والمفوضة(126) ظهر في أيام أمير المؤمنين -عليه السلام-، وهو -عليه السلام- أنكر عليهم وزجرهم، فلم يزدجروا فقاتلهم وأحرقهم، وبقي ذلك الخلاف وصاروا فرقاً.

والخلاف الآخر: ظهر في أيام الحسن بن علي -عليه السلام-؛ لأنه اضطر إلى الصلح مع معاوية، وجماعة المسلمين قالوا بإمامة الحسن -عليه السلام- قبل الصلح وبعد الصلح، وفرقة قالوا بإمامة معاوية وأنكروا إمامة الحسن -عليه السلام-، وفضل الحسن والأخبار التي رويت في فضله عن النبي مشهورة مثل قوله -صلى الله عليه وآله وسلم-: **((إن ابني هذا سيد))**(127)، ومثل قوله -صلى الله عليه وآله وسلم-: **((الحسن والحسين إمامان قاما أو قعدا))**، وقوله: **((الحسن والحسين سيدا شباب أهل الجنة))**(128).

وبقيت أخبار كثيرة في فضلهما مع ما أخفوا وكتموا منها كثيراً، ثم يقابل مثله بباغٍ لا دين له مع ما قال النبي -صلى الله عليه وآله وسلم-: **((معاوية في تابوت من نارٍ))**(129)، وقال النبي -صلى الله عليه وآله وسلم-: **((إذا رأيتم معاوية**

---

(125) الغلاة: فرقة من المتظاهرين بالإسلام نسبوا أمير المؤمنين والأئمة من ذريته إلى الألوهية والنبوة. تصحيح الاعتقاد ص131.

(126) المفوضة: فرقة من الغلاة زعموا أن الله فوض الخلق والرزق إلى الأئمة. تصحيح الاعتقاد ص134.

(127) صحيح البخاري ج3ص186، سنن أبي داود ج4ص108، سنن الترمذي ج5ص658، السنن الكبرى للنسائي ج2ص281، المعجم الكبير للطبراني ج3ص33، مسند أحمد بن حنبل ج34ص33.

(128) سنن ابن ماجه ج1ص44، مسند أحمد بن حنبل ج17ص31، صحيح ابن حبان ج15ص413، المعجم الكبير للطبراني ج3ص38، المستدرك على الصحيحين ج3ص182، ترتيب الأمالي الخميسية ج1ص58، سنن الترمذي ج5ص656، السنن الكبرى للنسائي ج7ص460.

(129) تاريخ الطبري ج10ص58، لسان الميزان ج1ص190، شرح نهج البلاغة ج15ص176.

على منبري فاقتلوه))[130]، وفي مواضع لعنه رسول الله -صلى الله عليه وآله وسلم-، وكيف يقع في مقابله مثل الحسن -عليه السلام-، ولكن علم الحسن -عليه السلام- أن قومه بعضهم مال إلى معاوية وكان بعضهم خوارج، وهكذا يكون من جهة الهوى والطمع يميل بميل الناس إلى الظلمة وأبناء الدنيا، فلهذا رأى الحسن -عليه السلام- المصلحة أن يعتزل عن مثل هذا الخلق فصالح وما انعزل عن إمامته، وما صار معاوية إماماً بل إنما فعل الحسن مع معاوية مثل فعل جده رسول الله -صلى الله عليه وآله وسلم- مع أبو سفيان من المصالحة فما أنعزل عن الرسالة، فكذلك ما خرج الحسن -عليه السلام- من الإمامة.

والخلاف الآخر: كان في أيام الحسين -عليه السلام- فإن جميع المسلمين قالوا بإمامته، وأكثر الناس بغوا عليه وقالوا بإمامة يزيد - لعنه الله -، وقتلوه مع ما سمعوا قول الله -تعالى-: ﴿قُل لَّآ أَسۡـَٔلُكُمۡ عَلَيۡهِ أَجۡرًا إِلَّا ٱلۡمَوَدَّةَ فِي ٱلۡقُرۡبَىٰۗ﴾[131]، كأن الله -تعالى- أمر بعداوتهم لا بمودتهم! ولما علم سيد المرسلين جفاء الأمة وأفعالها القبيحة بأعز أولاده ولم يزل يوصي بحبهم وبالتمسك بهم فقال: **((إني تارك فيكم الثقلين ما إن تمسكتم به لن تضلوا: كتاب الله، وعترتي أهل بيتي))**[132]، ويقول: **((الحسن والحسين مني بمنزلة السمع والبصر))**[133]، ويقول: **((الحسن والحسين ريحانتي في الدنيا))**[134]، وروي أن الحسين -عليه

(130) تاريخ دمشق لابن عساكر ج59ص155، أنساب الأشراف ج5ص128، تاريخ الطبري ج10ص58.

(131) سورة الشورى: 23.

(132) يسمى حديث الثقلين وهو من الأحاديث المتواترة أخرجه الكثير منهم: مسلم ج4ص1873، مسند أحمد ج17ص170، مسند ابن أبي شيبه ج1ص108، مسند ابن الجعد ص397، المعجم الكبير للطبراني ج3ص65، المستدرك على الصحيحين ج3ص118، السنن الكبرى للنسائي ج7ص310.

(133) لم أجد رواية بهذا اللفظ وإنما روي هذا لأبي بكر وعمر في السنة لابن أبي عاصم ج2ص575 وغيره.

(134) مسند أحمد بن حنبل ج9ص403، صحيح ابن حبان ج15ص419، المعجم الكبير =

الباب السادس: في بيان كيفية الخلاف الذي ظهر في الأمة وبيان ظهور كل فرقة - 75 -

السلام- كان عند النبي -صلى الله عليه وآله وسلم- فأراد أن يخرج إلى بيت أمه فاطمة -عليها السلام- ومطرت السماء، فدعا النبي -صلى الله عليه وآله وسلم- فأمسكت حتى وصل الحسين إلى عند فاطمة -عليها السلام-، وما أراد أن يقع عليه قطر المطر، فكيف حالة قتله لو رآه وقد وقعت عليه السهام، وطعن بالرماح، وقطع بالسيوف إرباً إرباً، وركضت عليه الدواب حتى كسرت عظامه، فويل ﴿لِّلْكَٰفِرِينَ مِنْ عَذَابٍ شَدِيدٍ ۝٢﴾[135]، في يوم يكون خصمهم النبي -صلى الله عليه وآله وسلم- وعلي وفاطمة -عليهم السلام-، وفي خبر طويل أن النبي -صلى الله عليه وآله وسلم- قال: ((**اللهم من أبكى حسيناً فلا تغفر له**))[136]، وقد وردت أخبار كثيرة في مدحهم وذمّ أعدائهم، وذكر جميعها لا يحتمل في هذا الوضع، ومن يقول بإمامة يزيد - لعنه الله تعالى- ويقول إنه كان على الحق فيكون قرينه في النار كما هامان قرين فرعون في جهنم كما قال الله -تعالى-: ﴿۞ ٱحْشُرُوا۟ ٱلَّذِينَ ظَلَمُوا۟ وَأَزْوَٰجَهُمْ وَمَا كَانُوا۟ يَعْبُدُونَ ۝٢٢ مِن دُونِ ٱللَّهِ فَٱهْدُوهُمْ إِلَىٰ صِرَٰطِ ٱلْجَحِيمِ ۝٢٣﴾[137].

والخلاف الآخر: القول بالجبر ظهر في أيام معاوية وبني مروان، ثم زاد في كل وقت حتى جوزوا تكليف ما لا يطاق، وقالوا بخلق أفعال العباد، وقالوا الكفر والعناد والظلم وجميع المعاصي بقضاء الله وقدره.

والخلاف الآخر: القول بالتشبيه[138]، كذلك أيضاً ظهر في أيامهم وصارت

للطبراني ج3 ص34، مسند البزار ج12 ص313، الشريعة للآجري ج5 ص1256.

(135) سورة إبراهيم: 2.

(136) لم أجد فيما لدي ذكر لهذا الخبر، غير هذه الرواية عن يزيد بن أبي زياد، قال: خرج النبي صلى الله عليه وسلم من بيت عائشة رضي الله عنها، فمر على بيت فاطمة، فسمع حسينا يبكي رضي الله عنه، فقال: ((**ألم تعلمي أن بكاءه يؤذيني؟**)). المعجم الكبير للطبراني ج3 ص116.

(137) سورة الصافات: 22-23.

(138) قال الشيخ أبو علي: فأما التشبيه فإنما كان سبب حدوثه في هذه الأمة أن قلوب العامة لا =

مذاهباً وفرقاً.

والخلاف الآخر: ظهر في القرآن؛ لأن المسلمين في الصدر الأول قالوا: القرآن هو هذه السور والآيات وإنه محدث وإنه كلام الله، وقالت الكفار: إنه كلام محمد، ثم ظهر بعده الأقاويل الباطلة في القرآن.

ثم ظهر القول بالإرجاء، وخالفوا في الأسماء والأحكام حتى صاروا فرقاً.

والخلاف الآخر: خلاف القرامطة، ووضع مذهبهم في مائتين وستين من الهجرة.

والخلاف الآخر: خلاف الروافض، ظهر في أيام المأمون، أظهره هشام بن الحكم، ثم زادوا بعد ذلك وقووه حتى صاروا فرقاً كثيرة.

وبقيت فرقة واحدة على ما كان عليه النبي -صلى الله عليه وآله وسلم- وأهل بيته وأصحابه، ونحن نذكر الآن المذاهب المحدثة ونعد رجال كل مذهب على سبيل الإيجاز والاختصار، ثم نبين مذهب أهل الحق ونذكر أئمتهم إن شاء الله -تعالى-.

تسبق إلا إلى ما تصوره، فلما تركوا النظر وركبوا طريقة التقليد، أداهم ذلك إلى ما قلنا. فضل الاعتزال وطبقات المعتزلة ص149.

الباب السابع: في بيان مذهب الخوارج ورجالهم ومبدأ ظهورهم

يقال لهم «الشُراة»[139]، و«الخوارج»[140]، و«الحرورية»[141]، و«المحكمة»[142]، و«المارقة»؛ لأخبار رويت فيهم لأن النبي -صلى الله عليه وآله وسلم- قال: ((**يمرقون من الدين كما يمرق السهم من الرمية**))[143] من خبر طويل.

وابتدأ هذا المذهب ظهر في صفين؛ لأن أمير المؤمنين -عليه السلام- ومعاوية حكّما حتى نظرا في ذلك الأمر، وكان أمير المؤمنين كالمكره في أمر الحكمين، ولكن قومه حملوا عليه فخاف الفتنة إن لم يفعل، وإلا كان الظفر له.

ومذهبهم: تكفير علي -عليه السلام[144]-، وتكفير عثمان[145]، وتكفير كل من ارتكب كبيرة[146]، ويرون الخروج على مخالفيهم[147]، وإنكار الحكمين[148].

---

(139) قال المؤلف: «قال ابن الأنباري: الشاري من يبيع الدنيا بالآخرة فسموا به» شرح عيون المسائل ج1خ.

(140) قال المؤلف: «لخروجهم على أمير المؤمنين» شرح عيون المسائل ج1خ.

(141) سموا بذلك لنزولهم بـ(حروراء) اسم قرية.

(142) سموا بذلك لإنكارهم التحكيم في صفين، وقالوا: لا حكم إلا لله. الحور العين ص200-201.

(143) صحيح البخاري ج4ص200، صحيح مسلم ج2ص743، سنن النسائي ج7ص119.

(144) قال الشيخ عبد الله السالمي: «فهذا دليل على كفر علي، وضلاله، وصواب أهل النهروان وعدلهم، ثم أن علياً خلعه الحكمان فلم يرض حكمهما، وفرق الله أمره فقتله عبد الرحمن بن ملجم غضبا لله وكان ذلك منه حلالاً لقتله الذين يأمرون بالقسط من الناس، فرحم الله عبد الرحمن» السير والجوابات ج2ص307.

(145) قال الشيخ سالم الحارثي: «وكل ما عددت عليك من عمل عثمان يكفر الرجل أن يعمل ببعض هذا» العقود الفضية في أصول الإباضية ص129.

(146) قال الشيخ صالح الخلاسي: «كفَّرت مرتكب الكبيرة مطلقًا ... مثل الزنى إلاَّ إذا ما تابا» إيضاح التوحيد بنور التوحيد.

(147) من ذلك الخروج على الإمام علي -عليه السلام-.

(148) قال الشيخ عبد الله القنوبي: «نعتقد اعتقاداً جازماً نتقرب به إلى الله تعالى بالحق الذي حكم به =

فأما أصول مذهبهم فخمس فرق: فرقة يقال لهم: «الأزارقة» منسوبة إلى نافع بن الأزرق(149)، وفرقة يقال لهم «الإباضية» منسوبه إلى يحيى بن عبد الله الإباضي(150)، و«الصُّفريَّة» منسوبة إلى زياد بن الأصفر(151)، و«البيهسية» منسوبة إلى بيهس(152)، و«النجدات» منسوبة إلى نجدة بن عامر الحروري(153)، ثم لهم شعب وفرق كثيرة.

وأول من وضع هذا كان عبد الله بن الكواء وعبد الله بن وهب(154)، ثم زادوا وكثروا، وناظرهم أمير المؤمنين واحتج عليهم فرجع قوم منهم، وقتل الباقين إلا شرذمة تفرقوا، ولهم كتب ورجال، وخرجوا الخرجة في كل موضع، وآخر خروجهم خروج [أبي] حمزة الشاري(155) خرج بخراسان فقتل

أصحابنا أهل النهروان رضوان الله عليهم، عندما أنكروا تحكيم الحكمين: عمرو بن العاص، وأبي موسى الأشعري» شرح غاية المراد.

(149) نافع بن الأزرق بن قيس الحنفي، رئيس الخوارج في البصرة والأهواز، كان شجاعاً ومقداماً، له مسائل إلى عبدالله بن عباس مشهورة مع جوابها، قُتل سنة 65هـ. حقائق المعرفة ص523، تاريخ الطبري ج5ص613، شرح نهج البلاغة ج4ص137.

(150) وقيل عبدالله بن يحيى بن إباض وقيل عبدالله بن إباض التميمي، نشأ في زمان معاوية بن أبي سفيان، وعاش إلى زمان عبد الملك بن مروان، ولم يمت حتى ترك قوله أجمع ورجع إلى القول بالعدل والتوحيد، توفي سنة 86هـ. الحور العين ص173.

(151) وقيل عبد الله بن الأصفر، وقيل سُمو بذلك لصفرة أبدانهم من الصيام والعبادة، وقيل: إنهم الصِّفرية، بكسر الصاد لأن رئيسهم خاصم رجلًا فقال له: أنت صِفر من الدين، فَسُمي الصِّفري. شمس العلوم ج6ص3761.

(152) أبو بيهس الهيصم بن جابر ويقال عامر، من بني سعد بن ضبيعة، قال المداني: طلبه الحجاج فهرب إلى المدينة، فلم يعرفه أحد، فطلبه الحجاج، فأعياه، فبلغ الوليد أنه بمكة، فكتب إلى عثمان بن حبان المري فيه، ووصفه له صفته، فظفر به عثمان وحبسه، وكان يسامره إلى أن ورد الكتاب من الوليد بقطع يديه ورجليه وصلبه، ففعل به ذلك. الحور العين ص177.

(153) نجدة بن عامر الحنفي، أحد الثوار على بني أمية حين قُتل الحسين -عليه السلام-، قُتل سنة 72هـ. تاريخ الطبري ج6ص174.

(154) عبد الله بن وهب الراسبي، قُتل يوم النهروان سنة 38هـ.

(155) أبو حمزة يحيى بن المختار الشاري، ظهر في المدينة سنة 130هـ في ولاية مروان. تاريخ دمشق =

وانقطعت رايتهم، وكانوا قد بايعوا في كل زمان أحدهم وسموه بأمير المؤمنين مثل القطري بن الفجاءة المازني(156) وأمثاله، وفي كل هذا العصر هم متفرقون وليس لهم إمام ولا عالم، وهكذا تكون البدعة تتوقد وتُضيء، ولكن بالعجلة تنطفئ.

لابن عساكر ج36 ص378.

(156) أبو نعامة قطري بن الفجاءة جعونة بن مازن بن يزيد الكناني المازني التميمي، بويع بالإمارة من قبل أصحابه واستفحل أمره في زمن مصعب بن الزبير، وبقي ثلاث عشرة سنة يقاتل ويسلم عليه بالخلافة، والحجاج بن يوسف يسير إليه جيشا بعد جيش، وهو يردهم ويظهر عليهم، توفي سنة 78هـ. الأعلام ج5 ص200.

الباب الثامن: في بيان مذهب الغُلاة والمفوضة[157]

هم ليسوا من أهل الإسلام ولكن لإقرارهم بالإسلام عددناهم في فرق المسلمين وهم على ثلاث فرق:

- فرقة منهم قالوا: إن الله -تعالى- ظهر على صورته التي كان عليها لم يزل.

- وفرقة قالوا: إن الله -تعالى- فوض أمر العالم إلى الأئمة، إلى علي والحسن والحسين وباقي الأئمة بعدهم، وهم يخلقون ويرزقون، ويميتون ويبعثون، ويثيبون ويعاقبون[158]، ثم اختلفوا:

- فقالت فرقة منهم: إن الله احتجب بالأئمة[159].

- وقالت فرقة: اتحد بالأئمة.

- وفرقة قالوا: ظهر عليهم وقالوا أول من ظهر عليه آدم، ثم الرسل إلى أمير المؤمنين والأئمة من أولادة[160].

- وقال قوم لعلي -عليه السلام-: هو الله والأئمة من بعده.

- وقال قوم لعلي -عليه السلام-: هو الله الذي ظهر في آدم، وفي الرسل والأئمة ظهر في كل وقت، ومحمداً كان رسولاً لعلي إلى الخلق، ومذهبهم في علي كان يقرب إلى مذهب النصارى في المسيح في اتحاده بالله، قالوا: إن الإله اتحد

---

(157) ذكر هذا الباب بنصه الفقيه العلامة محمد بن الحسن الديلمي رحمه الله في كتابه (قواعد عقائد آل محمد).

(158) تحكيم العقول في تصحيح الأصول ص81.

(159) يسمون المفوضة. تحكيم العقول في تصحيح الأصول ص81.

(160) العقد الثمين في تبيين أحكام الأئمة الهادين ص45.

بعلي، ثم قالوا أمور الإلهية فعليهما.

- وقالت فرقة منهم: أفعال البشر مثل الأكل والشرب هي تخيل وليست بحقيقة، ولهم خرافات كثيرة، وهؤلاء الذين قالوا بأن علياً هو الله.

- وفرقة منهم قالوا: ليس بإله ولكنه رسول الله غلط جبريل فجاء إلى محمد، ويقال لهم الغرابية(161).

وأكثر الغلاة يقولون بالتناسخ(162).

---

(161) وسُموا غرابية لقولهم بأن علياً أشبه بمحمد من الغراب بالغراب. المعراج إلى كشف أسرار المنهاج ج4ص164، وقيل إنهم منسوبون إلى رئيس لهم يسمى غراباً. البحر الزخار لابن المرتضى ج1ص45.

(162) التناسخ: خروج الإنسان من هيكله إذا مات إلى هيكل آخر، فقالوا: بأن الروح تنتقل في الهياكل فالمثاب يتلذذ، والمعاقب إلى بهيمة يتألم.

الباب التاسع: في بيان مذهب الباطنية

لمذهبهم [لقبان][163] ولذلك لا يكاد يعرف حقيقة مذهبهم[164]:

أحدها: أنهم يسترونه ولا يظهروه.

والآخر: أنهم يحدثون في كل زمان مذهباً آخر.

وليس غرضهم الدين، وإنما غرضهم الإلحاد وهدم الإسلام، وقد صُنف في أخبارهم ومذاهبهم كتب جمة.

وابتداء وضع هذا المذهب سنة خمسين ومئتين من الهجرة، ووضعه قوم كان في قلوبهم بغض للإسلام من المجوس، وبثوا الدعاة إلى الأطراف ليدعوا الناس إلى هذا المذهب؛ لعل المملكة ترجع إليهم، ويبطل دين النبي العربي -صلى الله عليه وآله وسلم-، ﴿وَيَأْبَى اللَّهُ إِلَّا أَن يُتِمَّ نُورَهُ﴾[165]، ولم يزل يبطل مرادهم.

وكان [أول][166] دعاتهم عبد الله بن ميمون القداح[167]، ولما وضعوا هذا ادعوا التشيع ومذهب الإمامية، حتى غروا الناس، وهم براء من مذهب الشيعة.

---

(163) في نسخة (ب): افنان.

(164) قال الأستاذ بجامعة (لندن) «برنارد لويس»: "... إذ ميزة هذه الفرقة السرية الشبيهة بالماسونية، أغلقت سبيل البحث على المؤرخين والباحثين". إسماعيليان در تاريخ3، لجماعة من الفضلاء، ترجمة يعقوب آزئد.

(165) سورة التوبة: 32.

(166) مكتوب: آخر، لعله خطأ من الناسخ.

(167) عبد الله بن ميمون بن داود القداح المخزومي، يقال أنه كان مجوسياً، توفي سنة 180هـ، روى عنه المحدثين كالترمذي، مع تضعيفهم له، وله مصنفات منها: مبعث النبي وأخباره، وصفة الجنة والنار. الملل والنحل، الأعلام ج4ص141.

ولهم أسماء كثيرة:

الإسماعيلية: لأنهم قالوا بإمامة إسماعيل بن جعفر[168]، وبإمامة ابنه محمد بن إسماعيل[169]، ويقولون هذا الدور دوره، ودور محمد -صلى الله عليه وآله وسلم- مضى.

والباطنية: لقولهم لكل ظاهر باطن هو المقصود.

والقرامطة: منسوبة إلى رجل اسمه حمدان بن القرمط[170].

والسبعية: لأنهم اعتبروا عدد السبع في كثير من الأشياء.

ولهم حيل وترتيب في الدعوة حتى يبلغوا أمر من يدعونه إلى الخروج من الدين.

وكان لهم خرجة قد ظهر بها أثر إلحادهم كما فعل أبو سعيد الجنابي[171] وابنه أبو الطاهر[172] بالحاج من القتل والمعرة[173]، وبالكعبة من قلع الحجر

---

(168) أبو محمد إسماعيل بن جعفر الصادق بن محمد الباقر، توفي صغيراً في حياة أبيه سنة 138هـ ولا أثر له.

(169) محمد بن إسماعيل بن جعفر الصادق، يعد عندهم أو المكتومين، ولد بالمدينة وتوفي ببغداد، ويقال: إنه ذهب إلى بلاد الروم. الأعلام ج6ص34.

(170) حمدان بن قرمط الكوفي، قيل كان يميل إلى الزهد، فصادفه أحد دعاة الباطنية في طريق، وهو متوجه إلى قرية، وبين يديه بقر يسوقها، وعلى يده دخل مذهبهم. المنتظم في تاريخ الملوك والأمم ج12ص291.

(171) أبو سعد الحسن بن بهرام وقيل الحسن بن أحمد ابن الحسن بن يوسف بن كوذكار الجنابي، كان ظهوره سنة ست وثمانين ومائتين في البحرين، وكثرت جموعه، وعظمت جيوشه، قتل سنة 301هـ. تجارب الأمم وتعاقب الهمم ج5ص9، تاريخ دمشق لابن عساكر ج13ص6.

(172) أبو الطاهر سليمان بن الحسن الجنابي، دخل البصرة سنة 311هـ، وأغار على مكة يوم التروية سنة 317هـ والناس محرمون، فاقتلع الحجر الأسود، وأرسله إلى «هجر» ونهب أموال الحجاج وقتل كثيرين منهم. تاريخ الطبري ج11ص238، الكامل في التاريخ ج6ص742.

(173) المعَرَّةُ: الإثم والأذى. القاموس المحيط ج1ص438.

الأسود وإغارة مكة، وما فعله زكرويه(174) وغيره، وآخر الأمر هلكوا وزهق الباطل وبقي الإسلام ظاهراً كما كان.

ولهم مقالات كلها بخلاف مقالات أهل الإسلام:

أما في التوحيد: قالوا إن الله لا يمكن أن يوصف بصفة، ولا يمكن أن يعلم ويخبر عنه، ويقولون إن الله -تعالى- لا يفعل شيئاً بالقصد، ولكن يقولون ظهر منه سببان روحانيان أحدهما السابق والآخر التالي، والسابق ظهر أولاً ثم ظهر التالي من السابق، ثم التالي خلق العالم وهو المدبر للعالم.

ويقولون: إن الأصل القديم لا يوصف بأنه موجود ولا لا موجود، ولا مذكور ولا لا مذكور، ولا معلوم ولا لا معلوم، ولا قادر ولا لا قادر، ولا عالم ولا لا عالم، ولا حي ولا لاحي، ولكنهم يقولون بالطبع وتأثير الطبائع.

وفي النبوات: ينكرون الوحي ومجيء الملائكة والمعجزات، ويقولون كلها رموز وإشارات لم يعلمها أهل الظاهر، فمعنى ثعبان موسى حجته، ومعنى إظلال الغمام أمره عليهم، وأنكروا أن يكون عيسى من غير آب، ومعنى لا أب له أنه لم يأخذ العلم من إمام وإنما أخذه من نائب إمام، ويقولون القرآن كلام محمد -صلى الله عليه وآله وسلم-، ونبع الماء من بين الأصابع إشارة إلى تكثير العلم، وطلوع الشمس من المغرب خروج الإمام.

وينكرون القيامة والآخرة والبعث والنشور، والجنة والنار على ما ورد به القرآن وما عُرف من دين الرسول -صلى الله عليه وآله وسلم- ضرورة، ويقولون إن معرفة المعاد واجب بخلاف ما عليه أهل الظاهر، ومعنى القيامة قائم الزمان،

(174) زكرويه بن مهرويه القرمطي، أغار على حجاج خرسان سنة 294هـ وأخذ أموالهم، واستباح حريمهم. تاريخ الطبري ج10ص132.

والمعاد عود كل شيء إلى أصله من الطبائع الأربع، وينكرون الجنة والنار ويقولون معناه خروج الروح من الشخص ونقله إلى مكانه، ولا يموت أبداً.

ويقولون: للشرائع باطن هو المقصود، ولكل كلام باطن غير الظاهر وآيات القرآن لها باطن لا يعرفه إلا الإمام أو من ينوب منابه، وكل ما حرمه الشرع يقولون إنه مباح.

ويظهرون في كل وقت مذهباً ويغرون الناس، ويبتدؤون يقولون: لا بد من معلم ونحن نحتاج إلى معلم في معرفة الله، ومثل هذا من الطامات والخرافات الكثيرة التي لا حدّ لها.

الباب العاشر: بيان مذهب الإمامية[175]

سموا إمامية؛ لقولهم إن الأمور الدينية كلها إلى الإمام، والإمام بمنزلة النبي، ولا بد في كل وقت من إمام، وإنه يحتاج إليه في كل أمور الدين والدنيا عند أكثرهم.

وسموا رافضة؛ لتركهم زيد بن علي، وقيل لتركهم نصرة النفس الزكية.

وهم فرق كثيرة، ويقولون بالنص الجلي على أمير المؤمنين والحسن والحسين -عليهم السلام- وسائر الأئمة -عليهم السلام-، وانقرض أكثرهم، وليس لهم كتاب ولا علم مثل: «الكيسانية»، و«الكاملية»، و«الكريفية»، و«المغيرية»، و«الجعفرية»، و«المنصورية»، و«الشمطية»، و«الواقفية»، و«العمارية»، و«الميمونية»، و«المفضلية»، و«الناووسية»، وهذه الفرق قد انقرضوا ولم يبقى قائل منهم، وباقي الإمامية ووجوههم هم «القطعية»[176] قطعوا على موت موسى بن جعفر -عليهما السلام-.

وكل فرقة ممن سميناهم أثبتوا غائباً وقالوا هو المنتظر:

فقالت الكيسانية: إن محمد بن الحنفية[177] هو المنتظر.

والجعفرية قالوا: جعفر[178].

---

(175) ذكر هذا الباب بنصه الفقيه العلامة محمد بن الحسن الديلمي رحمه الله في كتابه (قواعد عقائد آل محمد).

(176) قال القاضي نشوان الحميري: «يسمون: القطعية والإثني عشرية، وهم أكثر الشيعة عدداً على وجه الأرض» الحور العين ص166.

(177) أبو القاسم محمد بن علي بن أبي طالب، لقب بالحنفية نسبة إلى أمه خولة بنت جعفر الحنفية، من أعلام أهل البيت، كان كثير العلم شديد الورع والقوة حضر وقعت الجمل وصفين وله أخبار عجيبة، توفي سنة 73هـ. مشاهير علماء الأمصار ص103.

(178) أبو عبد الله جعفر الصادق بن محمد بن علي بن الحسين بن علي بن أبي طالب، من أعلام أهل البيت، ولقب بالصادق لصدقه في مقالته وفضله أشهر من أن يذكر، توفي سنة 148هـ. وفيات الأعيان ج1 ص327.

والواقفية قالوا: المنتظر هو موسى(179)، وأمثال ذلك.

وأما القطعية: هم الذين قالوا بالأئمة الاثني عشر، ويقولون المنتظر هو محمد بن الحسن العسكري(180)، وكان موت الحسن في سنة ستين ومائتين، ومن حينه يقولون سيخرج ولم يظهر له أثر ولا خبر، وهذه القطعية يقولون: بعصمة الإمام، وبالمعجز، وبالنص على الاثني عشر، ويقولون لا يصلح غيرهم للإمامة من أولاد رسول الله -صلى الله عليه وآله وسلم-، وليس لهم سلف من الصحابة والتابعين وبعدهم، وكان أول من وضع هذا المذهب هشام بن الحكم(181)، وأبو عيسى الوراق(182)، ونصره ابن الروندي(183) وصنف فيه، ثم كثروا بعد ذلك وهم فرقتان، وكان أكثر سلفهم قالوا بالجبر والتشبيه كهشام بن الحكم، والبابويه وأمثالهم.

---

(179) أبو الحسن موسى الكاظم بن جعفر الصادق، من أعلام أهل البيت، كان موسى يدعى العبد الصالح، من عبادته واجتهاده، توفي سنة 183هـ. وفيات الأعيان ج5ص308.

(180) قال الفقيه محمد بن الحسن الديلمي: «أعلم أنه قد ثبت من روايات أئمة الهدى أن الحسن العسكري ما كان له ولد، وذلك هو المشهور عن الناصر للحق -عليه السلام-؛ لأنه كان عند الحسن العسكري عند وفاته وهو الذي دفنه رحمه الله» قواعد عقائد آل محمد خ، وقال الإمام المنصور عبد الله بن حمزة: «وإن عدم الولد من الحسن بن علي -عليه السلام- معلوم، ولهذا اقتسم أخوه جعفر مع سائر ورثته ميراثه، ولم ينكر أحد من المسلمين، ولا علم فيه مخالف بعد استبراء حال جاريته نرجس بحبس أربع سنين» العقد الثمين ص263.

(181) أبو محمد هشام بن الحكم الشيباني الكوفي، متكلم إمامي بارع، ولد بالكوفة، ونشأ بواسط، اشتهر بمقالات التشبيه والتجسيم، له مصنفات منها: الإمامة، والرد على الزنادقة، والدلالات على حدوث الأشياء، توفي بعد نكبة البرامكة بمدة مستترا وقيل في خلافة المأمون. الفهرست ص217.

(182) أبو عيسى محمد بن هارون الوراق، متكلم، من اصحاب الروندي، له مصنفات منها: الإمامة، والعلات، والمجالس، توفي سنة 247هـ. مروج الذهب ومعادن الجوهر ج4ص23.

(183) أحمد بن يحيى بن إسحاق الراوندي، فيلسوف شهير، كان أولا من متكلمي المعتزلة، اشتهر بالإلحاد وقيل: إنه كان لا يستقر على مذهب، وَلا يثبت على شيء ويقال: أنه كان غاية في الذكاء، له مصنفات منها: فضيحة المعتزلة، والتاج، والزمرد، توفي سنة 298هـ. لسان الميزان ج1ص695، الأعلام ج1ص267.

والفرقة الأخرى قالوا: بالتوحيد والعدل كالنوبختية[184] والمرتضى[185] وصار هذا المذهب مذهباً بالمرتضى؛ لأنه صنف الكتب في الأصول والفروع والإمامة، ونصره وخلط التوحيد والعدل به، وكذلك أكثر متأخريهم يقولون: بالتوحيد والعدل، ويخالفون في الإمامة[186]، ومسألة القياس[187]، والاجتهاد[188]، والإجماع[189]، والرجعة[190]، والبداء[191].

(184) أبو محمد الحسن بن موسى النوبختي، فيلسوف متكلم، له علم واطلاع على المذاهب، وهو منسوب الى نوبخت رجل، له مصنفات منها: الآراء والديانات، وفرق الشيعة، والفرق والمقالات، توفي سنة 310هـ. طبقات المعتزلة ص104، الأعلام ج2ص224.

(185) الشريف المرتضى علي بن موسى بن محمد العلوي، نقيب الطالبيين، وأحد الأئمة في علم الكلام والأدب والشعر، له مصنفات منها: الشافي في الإمامة، والغرر والدرر، وتنزيه الأنبياء، توفي سنة 436هـ. الأعلام ج4ص278.

(186) قال الشيخ محمد رضا المظفر: «إن الإمامة لا تكون إلا بالنص من الله تعالى على لسان النبي أو لسان الإمام الذي قبله» عقائد الإمامية ص66.

(187) قال الشريف المرتضى: «والذي نذهب إليه أن القياس محظور في الشريعة استعماله؛ لأن العبادة لم ترد به، وإن كان العقل مجوزاً ورود العبادة باستعماله» الذريعة إلى أصول الشريعة ج2ص675.

(188) قال العلامة الحلي: «وأما العلماء فيجوز لهم الاجتهاد، باستنباط الأحكام من العمومات، في القرآن والسنة، وترجيح الأدلة المتعارضة» مبادئ الأصول ص241.

(189) قال الشهيد الثاني: «والحق أن الإجماع أيضاً ليس بحجة على حده. قال العلامة – الحلي – في التهذيب: الإجماع إنما هو حجة عندنا لاشتماله على قول المعصوم، فكل جماعة كثرت أو قلت كان قول الإمام في جملة أقوالها، فإجماعها حجة لأجله لا لأجل الإجماع» حقائق الإيمان ص194.

(190) قال الشيخ المفيد: «إن الله تعالى يرد قوما من الأموات إلى الدنيا في صورهم التي كانوا عليها فيعز منهم فريقا ويذل فريقا ويديل المحقين من المبطلين والمظلومين منهم من الظالمين، وذلك عند قيام مهدي آل محمد -عليهم السلام-» أوائل المقالات ص77-78.

(191) قال الشيخ ابن بابويه القمي: «يقول العرب: بدا لي شخص في طريقي أي ظهر، قال الله -عز وجل-: ﴿وَبَدَا لَهُم مِّنَ ٱللَّهِ مَا لَمۡ يَكُونُواْ يَحۡتَسِبُونَ ٤٧﴾[الزمر:47] أي ظهر لهم، ومتى ظهر لله تعالى ذكره من عبد صلة لرحمه زاد في عمره، ومتى ظهر له منه قطيعة لرحمه نقص من عمره، ومتى ظهر له من عبد إتيان الزنا نقص من رزقه وعمره، ومتى ظهر له منه التعفف عن الزنا زاد في رزقه وعمره» التوحيد ص336.

فأما الذى عليه جميع الإمامية: هو النص الجلي على اثني عشر[192]، وعصمة الأئمة[193]، وإثبات المعجز لهم[194]، وتكفير أكثر الصحابة، وتكفير من لا يقول بإمامة ائمتهم[195]، وتكفير الزيدية[196] وأئمتهم[197] وتكفير العدلية[198]، ويقولون: لا يخلو العالم من إمام، وينبغي أن يكون عالماً بجميع الأشياء، ويساوي في جميع الخصال مع النبي إلا الوحي، ويجوزون التقية[199] على الإمام ويقولون قد مضى من هذه الأئمة إحدى عشر ولم تظهر في أيامهم أحكام

---

(192) أوائل المقالات ص38.

(193) قال العلامة المجلسي: «اعلم أنّ الإماميّة -رضي الله عنهم- اتّفقوا على عصمة الأئمّة -عليهم السلام- من الذّنوب صغيرها وكبيرها، فلا يقع منهم ذنب أصلاً لا عمدًا ولا نسيانًا ولا الخطأ في التّأويل، ولا للإسهاء من الله -سبحانه-» بحار الأنوار ج25 ص209.

(194) قال أبو الصلاح الحلبي: «ومن الحجة على إمامة أعيان الأئمة -عليهم السلام-، أنا قد دللنا على وقوف تعيين الإمام على بيان العالم بالسرائر -سبحانه- بمعجز يظهر على يديه، أو نص يستند إليه، وكلا الأمرين ثابت في إمامة الجميع» تقريب المعارف ص174.

(195) قال العلامة المجلسي: «اعلم أن إطلاق لفظ الشرك والكفر على من لم يعتقد إمامة أمير المؤمنين والأئمة من ولده -عليهم السلام- وفضل عليهم غيرهم يدل أنهم مخلدون في النار» بحار الأنوار ج23 ص290.

(196) قال المجلسي: «كتب أخبارنا مشحونة بالأخبار الدالة على كفر الزيدية وأمثالهم من الفطحية والواقفة وغيرهم من الفرق المضلة المبتدعة» بحار الأنوار ج37 ص34.

(197) روى النعماني عن «أبو عبد الله جعفر -عليه السلام-: من ادعى مقامنا - يعني الإمامة - فهو كافر، وقال: مشرك» الغيبة ص115.

(198) قال العلامة المامقاني: «وغاية ما يستفاد من الأخبار جريان حكم الكافر والمشرك في الآخرة على من لم يكن اثني عشرياً» الانتصار للعاملي ج9 ص125.

(199) قال المحقق البحراني: «فلم يعلم من أحكام الدين على اليقين إلا القليل؛ لامتزاج أخباره بأخبار التقية، كما قد اعترف بذلك ثقة الإسلام ولهم الأعلام (محمد بن يعقوب الكليني نور الله تعالى مرقده) في جامعه الكافي، حتى إنه (قدس اسره) تخطأ العمل بالترجيحات المروية عند تعارض الأخبار، والتجأ إلى مجرد الرد والتسليم للأئمة الأبرار فصاروا صلوات الله عليهم - محافظة على أنفسهم وشيعتهم - يخالفون بين الأحكام وإن لم يحضرهم أحد من أولئك الأنام، فتراهم يجيبون في المسألة الواحدة بأجوبة متعددة، وإن لم يكن بها قائل من المخالفين. الحدائق الناظرة ج1 ص5.

الإسلام، وأجروا للكفار أحكام الكفار وهم صامتون، وكذلك أيام أمير المؤمنين أجروا أحكام الكفار، وما أنكروه تقيةً، ويروى عن أكثرهم الزيادة والنقصان في القرآن[200]، واختلفوا في الصحابة:

فقال بعضهم :كانوا مسلمين لكن ارتدوا لمخالفة الإمام[201].

وقال بعضهم: ما كانوا مسلمين ولكن منافقين أبداً[202].

وقالوا: أبو بكر، وابنته عائشة، وعمر، وابنته حفصة كانوا منافقين، ونكاح الرسول -صلى الله عليه وآله وسلم- ابنتيهما كان تقية، وقالوا: عثمان كان كافراً وزوَّجه رسول الله -صلى الله عليه وآله وسلم- تقية.

وقالوا: زوج علي ابنته عمر وهو كافر تقية، وقالت طائفة: ما كانت ابنة علي ولكن كانت حفصة بنت عمر على صورة ابنة علي فزوجه، وقال قوم منهم: كانت شيطانة، وقال قوم: كانت ابنة علي ولكن كانت كافرة فلذلك زوجه.

وقالوا الإمام يعلم الغيب[203]، وإذا وقعت للإمام مسألة لا يعرفها تكلم جبريل بذلك.

فأما قولهم بالنص الجلي على اثني عشر فمعلوم من مذهبهم أنهم اختلفوا عند موت كل إمام[204] من أئمتهم، فلو كان هناك نص ظاهر لم يختلفوا،

(200) قال العلامة الفيض الكاشاني: «إن القرآن الذي بين أظهرنا ليس بتمامه كما أنزل على محمد صلى الله وآله وسلم منه ما هو خلاف ما أنزل الله ومنه ما هو مغير ومحرف وإنه قد حذف عنه أشياء كثيرة» تفسير الصافي ج1 ص49.

(201) روى المفيد عن «أبا عبد الله -عليه السلام- يقول: إن النبي صلى الله عليه وآله لما قبض ارتد الناس على أعقابهم كفاراً، إلا ثلاثاً: سلمان، والمقدد، وأبو ذر الغفاري» الاختصاص ص6.

(202) قال الكاشاني: «ولم يعلموا أن أكثرهم - أي الصحابة - كانوا يبطنون النفاق ويجترئون على الله ويفترون على رسول الله في عزة وشقاق» تفسير الصافي ج1 ص9.

(203) أنظر كتاب الكافي ج6 ص42 «باب أن الأئمة -عليهم السلام- يعلمون علم ما كان وما يكون وأنه لا يخفى عليهم الشيء».

(204) ولهذا ظهرت هناك فرق متفرعة من الإمامية.

وروي أن أول من وضع المذهب[205] كان المأمون؛ حتى لا يخرج الناس مع من يدعي الإمامة من العلوية ولا يعينوه، وقال: ينبغي أن يكون الإمام على هذه الصفة، ولزم واحداً من أولاد الرسول -صلى الله عليه وآله وسلم- وراعاه كما لزم علي بن موسى الرضى -عليه السلام- لتسلم مملكتهم، والله أعلم.

ومن مصنفيهم: هشام بن الحكم، وهشام بن سالم[206]، وعلي بن منصور[207]، وعلي بن ميثم [208]، وشيطان الطاق[209]، والفضل بن

(205) وقال العلامة عبد الصمد الدامغاني: «وإنما هو موضوع مصنوع من المنصور الدوانيق من بعد أن قتل جماعة منهم من فضلاء العلوية منهم: محمد بن عبد الله بن الحسن الملقب بالنفس الزكية، وأخاه الإمام إبراهيم بن عبد الله في عدة من الذرية الطاهرة النبوية، فظن أبو الدوانيق أنه لا يزال يخرج عليه من العلوية قائم بالخلافة... ورأى جماعة ينكرون قيام القائم بالإمامة، ويعتقدون أن إمامها منصوص عليه، وأنه غائب عنها، وهم الكيسانية، فلاحت له الحيلة فأعملها في جماعة من أصحابه، وبعث إلى الأقطار التي يظن أن فيها من جهال الشيعة من تطرأ عليه الشبهة، وأمر ببث هذا المذهب فيهم ولا يشعرون أنه حيلة، وصنع لهم نسخة وجعلها مع بعض أتباعه وأمرهم بإظهار التشيع وإلقائها إلى جهال الشيعة ومضمون ما في النسخة: أن بني إسرائيل كان لهم إثنى عشر نقيباً، وبعد عيسى اثنا عشر في أمته، وأن جبريل نزل بلوح فيه أسماء الخلفاء على الأمة، وأنهم إثنا عشر بعد محمد صلى اللّه عليه وآله وسلم، فقد مضى منهم خمسة إلى جعفر بن محمد الصادق، وهذا جعفر سادسهم لَمَّا علم أن جعفراً متزهد لا يقوم بالخلافة فالستة الباقون من ولده فاعتقد الجهال منهم ذلك المذهب، ولما سمع به جعفر الصادق أنكر على الشيعة فأبوا وقالوا: إن جعفراً ينكر علينا تقية على نفسه فاستمروا على ذلك، وكل من يزعم الخلافة من العلوية بعد هذا يكونون أعداء الأعداء له وأحرص الناس على إتلافه وأخذل الناس له لإعتقادهم أن النص على غيره» الجوهرة الخالصة ص92.

(206) هشام بن سالم الجوالقي، كوفي مولى بشر بن مروان، وكان من سبي الجوزجان، ثقة عند الإمامية، اشتهر بالتشبيه والتجسيم. معجم رجال الحديث للخوئي ج20ص325، مجموع الإمام القاسم الرسي ج1ص519.

(207) أبو الحسن علي بن منصور الكوفي، من أصحاب هشام، له مصنفات منها: التدبير في التوحيد والإمامة. معجم رجال الحديث ج13ص201.

(208) أبو الحسن علي بن إسماعيل بن شعيب بن ميثم التمار، فقيه إمامي متكلم، كلم أبا الهذيل والنظام، له مجالس وكتب، منها: كتاب الإمامة، كتاب الطلاق، كتاب النكاح، كتاب مجالس هشام بن الحكم، كتاب المتعة. رجال النجاشي ص251.

(209) أبو جعفر محمد بن علي بن النعمان بن أبي طريفة، الأحول الملقب بشيطان الطاق وتلقبه الإمامية بمؤمن الطاق، متكلم إمامي، له مصنفات منها: الإمامة، والمعرفة، والرد على المعتزلة =

شاذان(210).

في إمامة المفضول. معجم رجال الحديث ج18 ص35.
(210) أبو محمد علي بن شاذان الخليل الأزدي النيسابوري، فقيه متكلم إمامي، له مصنفات منها: الرد على ابن كرام، والإيمان، ومحنة الإسلام، توفي سنة 260هـ. الأعلام ج5 ص149.

الباب الحادي عشر: في بيان مذهب المشبهة

هم فرقة ليس لهم كتاب في الأصول وإن كان فهو قدر من الأخبار، وهم مختلفون.

فِرقة يقولون: إن الله -تعالىٰ- يجوز عليه المجيء والذهاب(211)، ويثبتون لله -تعالىٰ- الصورة(212) والأعضاء(213) والمكان(214).

وفرقة أثبتوا المكان فقط.

وأجمعوا علىٰ القول بأن القرآن هو هذا المكتوب في المصاحف مائة وأربعة عشر سورة، ومع هذا يقولون إنه قديم(215)، وأوردوا في الكتب والأخبار أن لله أعضاء اليد(216)، والساق(217)، والعين(218)، والأذن(219)،

(211) قال الشيخ محمد الهراس: «في هذه الآيات إثبات صفتين من صفات الفعل، وهما صفتا الإتيان والمجيء، والذي عليه أهل السنة والجماعة الإيمان بذلك علىٰ حقيقته، والابتعاد عن التأويل الذي هو في الحقيقة إلحاد وتعطيل» شرح العقيدة الواسطية ص112.

(212) قال العلامة ابن رشد: «قد ذهب ابن قتيبة إلىٰ التمسك بظاهر الحديث فقال: إن لله صورة لا كالصور، وكما أنه شيء لا كالأشياء؛ فأثبت لله تعالىٰ صورة قديمة زعم أنها ليست كالصور، ثم قال: إن الله جل ذكره خلق آدم علىٰ تلك الصورة، فتناقض في قوله وتوغل في تشبيه الله -عز وجل- بخلقه، فهو خطأ من القول لا يلتفت إليه ولا يعرج عليه» البيان والتحصيل ج18 ص511.

(213) أنظر كتاب التوحيد لابن خزيمة وما ذكر من عضواً عضواً.

(214) ألف الشيخ الذهبي كتاب (العلو للعلي الغفار) وذكر فيه نقول تثبت المكان ومن ذلك نقل عن أحدهم: «من أنكر أن الله -عز وجل- فِي السَّمَاء فقد كفر» ص136.

(215) ذكر أبو عبد الله الجورقاني في كتابه (الأباطيل والمناكير والصحاح والمشاهير) باباً بعنوان «في أن القرآن قديم غير مخلوق ولا مربوب» ج2 ص338.

(216) قال الشيخ ابن عثيمين: «فالمراد باليد يد حقيقية تأخذ وتتصرف وتقبض وتبسط، وكذلك أيضا المراد بالأصابع أصابع حقيقية يأخذ الله بها ما أراد من خلقه، وكذلك المراد بالعين، وهكذا بقية الصفات» شرح العقيدة السفارينية ص107.

(217) قال الذهبي: «فعند ذلك يكشف الله عنه ساقه، فيخر كل كان بظهره طبق» الأربعين في صفات رب العالمين ص137.

(218) قال ابن خزيمة: «لربنا الخالق عينان يبصر بهما» التوحيد ج1 ص113.

(219) روي: ((ما أذن الله لشيء كأذنه لنبي يتغنىٰ بالقرآن)) مسند أحمد بن حنبل ج15 ص500، ((لله أشد أذَناً إلىٰ الرجل الحسن الصوت)) سنن ابن ماجه ج1 ص425.

والوجه[220] وغيرها، ولا يجيزون الجدال في هذا الباب[221]، ويروون الأخبار في التوحيد والتشبيه أيضاً، ويروون في العدل والجبر، وفي الوعيد والارجاء، وأمثال ذلك ينقض بعضها بعضاً، ويقولون أمروها كما جاءت[222]، ويطعنون في المتكلمين والفقهاء، ويدَّعون أن السلف كانوا على هذا المذهب ويفترون الكذب، ومن رجال هذه الفرقة: يحيى بن معين[223]، وأحمد بن حنبل[224]، والكرابيسي[225]، وإسحاق بن راهويه[226]، وداود الاصفهاني[227]، ومحمد بن إسحاق بن خزيمة[228] وأمثالهم[229].

(220) قال الجرجاني: «ويثبتون أن له وجها، وسمعا، وبصرا، وعلما، وقدرة، وقوة، وكلاما، لا على ما يقوله أهل الزيغ من المعتزلة وغيرهم» اعتقاد أئمة الحديث ص55.

(221) نقل الغزالي: «لا تجادلوا أهل الأهواء ولا تجالسوهم ولا تسمعوا منهم وقد اتفق أهل الحديث من السلف على هذا» إحياء علوم الدين ج1 ص95.

(222) تحريم النظر في كتب الكلام ص38.

(223) أبو زكريا يحيى بن معين بن عون بن زياد المري بالولاء، البغدادي، من أئمة الحديث ومؤرخي رجاله، له مصنفات منها: التاريخ والعلل، ومعرفة الرجال، والكنى والأسماء، توفي سنة 233هـ. الأعلام ج8 ص172.

(224) أبو عبد الله أحمد بن حنبل الشيباني الوائلي، محدث وإمام المذهب الحنبلي، له مصنفات منها: المسند، وفضائل الصحابة، والتاريخ، والمناسك، توفي سنة 241هـ. الأعلام ج1 ص203.

(225) أبو علي الحسين بن علي بن يزيد الكرابيسي البغدادي، محدث وفقيه، من أصحاب الإمام الشافعي، له تصانيف في الأصول والفروع والجرح والتعديل، توفي سنة 248هـ. الأعلام ج2 ص244.

(226) أبو يعقوب إسحاق بن إبراهيم بن مخلد ابن راهويه الحنظلي التممي، فقيه ومحدث خرسان، له تصانيف منها: المسند، توفي سنة 238هـ. الأعلام ج1 ص292.

(227) أبو سليمان داود بن علي بن داود بن خلف الأصفهاني البغدادي، فقيه مجتهد، ينسب إليه المذهب الظاهري، له تصانيف منها: الإيضاح، والإفصاح، والدعوى والبينات، توفي سنة 270هـ. الفهرست ص267.

(228) أبو بكر محمد بن إسحاق بن خزيمة السلمي، فقيه ومحدث نيسابور، له تصانيف منها: صحيح ابن خزيمة، والتوحيد، ومختصر المختصر، توفي سنة 311هـ. الأعلام ج6 ص29.

(229) وأشهرهم أبو العباس أحمد بن عبد الحليم بن عبد السلام بن تيمية الحراني، إمام الحنابلة في عصره، له تصانيف منها: مجموع الفتاوى، ومنهاج السنة، وبيان تلبيس الجهمية، توفي سنة 728هـ. الأعلام ج1 ص144.

ويقولون: نحن نميز بين الأخبار(230) الصحيحة والفاسدة، والصدق والكذب، وبينهم وبين هذه بَون بعيد، وحدث مذهبهم بعد الصدر الأول بزمانٍ كثير، وروايات الصحابة والتابعين ظاهرةً في نفي التشبيه والجبر، وخاصة كلمات أمير المؤمنين -عليه السلام- ولكن غلب عليهم الجهل.

---

(230) يسمون أنفسهم لأجل هذا بأهل الجرح والتعديل.

الباب الثاني عشر: في بيان مذهب المجبرة

يسمون المجبرة، والقدرية، وهم ينفون عن أنفسهم كل ذلك، ويتَسَمَّوْن بأهل السنة ولا نسلم لهم ذلك.

وهذا المذهب ظهر في أيام بني أمية، ابتداؤه كان من معاوية، ثم ازداد بعده حتى كثر، وهم فرق، وأجمعوا أن المعاصي كلها مخلوقة لله -تعالى- وبقضائه وإرادته، منهم:

الضرارية: وهم أصحاب ضرار بن عمرو(231)، ومما اختص به من بين سائر المجبرة: أن الاستطاعة قبل الفعل وأنها بعض المستطيع، وأن الله -تعالى- يُرى بحاسة سادسة غير الحواس الخمس، وأن الجسم أعراض مجتمعه، إلى غير ذلك من الجهالات.

والجهمية: أصحاب جهم بن صفوان(232)، ومما تفرد به: أنه لا فعل للعبد البتة وأن العباد فيما ينسب إليهم كحركة الشجرة إلى الشجرة، والجنة والنار يفنيان، وأن الإيمان هو المعرفة فقط.

ومنهم النجارية: يقولون: بنفي الرؤية، وبأن القرآن مخلوق، ويقولون بالجبر وبخلق أفعال العباد، ويجوزون تكليف ما لا يطاق.

---

(231) ضرار بن عمرو الغطفاني، ينسبه البعض إلى المعتزلة مع نفيهم إياه واعتباره من المجبرة كما قال الحاكم، له تصانيف منها: ردود على المعتزلة والخوارج وآراء له، شهد عليه الإمام أحمد بن حنبل عند القاضي سعيد بن عبد الرحمن الجمحي فأفتى بضرب عنقه، فهرب، وقيل: إن يحيى بن خالد البرمكي أخفاه، توفي نحو سنة 190هـ. الأعلام ج3ص215.

(232) أبو محرز جهم بن صفوان السمرقندي، رأس الجهمية، كان يقضي في عسكر الحارث بن سريج، الخارج على أمراء خراسان، فقبض عليه نصر بن سيار، فطلب جهم استبقاءه، فقال نصر: (لا تقوم علينا مع اليمانية أكثر مما قمت) وأمر بقتله، فقتل سنة 128هـ. الأعلام ج2ص141.

قال أبو القاسم البلخي: قال النجار: قطب الرحى[233] يتحرك ولا ينتقل، وهذا فساد في الحس، ويُجوّز القول بالبدل[234]، والنجار[235] كان في أيام خلفاء بني العباس وأظهر هذه البدع، والمتكلمون من أهل الإسلام كأبي الهذيل وأمثاله ردوا عليه مقالته، ومذهب جهم كان ابتداء ظهوره في أيام الظاهرية فقُتل جهم.

ومن المجبرة: الكُلَّابية[236]، والأشعرية[237] من متأخريهم أحدثوا مذهب في الجبر كإضافة خلق أفعال العباد إلى الله -تعالى-، وأن الاستطاعة مع الفعل، وأن الله -تعالى- يكلف عباده ما لا يطيقون، وجوزوا على الله أن يعاقب العبد ابتداء بلا جرم.

ومنهم البكرية[238]: ومما اختصوا به أنهم قالوا إن الطفل لا يألم.

---

(233) قطب الرحى: هو المسمار الذي تدور عليه الأرحية التي يطحن عليها بالحيوانات والماء. الديباج الوضي ج2ص984.

(234) هو القول بوجود البدل عن المبدل منه حال وجود المبدل منه، نحو وجود الإيمان حال الكفر، ومذهب العدلية وغيرهم أنه لا يجوز البدل عن الموجود الحاصل، لكن ما من موجود له ضد إلا وكان يصح وجود ضده بدلاً عنه قبل وجوده، والذي دعا النجار إلى القول بالبدل: هو الفرار من أن يلزم على قاعدته في إيجاب القدرة تكليف ما لا يطاق. المعراج إلى كشف أسرار المنهاج ج3ص38.

(235) حسين بن محمد بن عبد الله النجار الرازي، من متكلمي المجبرة، له تصانيف منها: البدل، والإرجاء، والقضاء والقدر، توفي نحو سنة 220هـ. الأعلام ج2ص253.

(236) نسبة إلى أبو محمد عبد الله بن محمد بن كلاب القطان، من بابية الحشوية، له مع عباد بن سليمان مناظرات، وله مصنفات منها: الصفات، وخلق الأفعال، والرد على المعتزلة، توفي بعد سنة 240هـ. الفهرست ص224.

(237) نسبة أبو الحسن علي بن إسماعيل بن أبي بشر الأشعري، بصري كان معتزلي أولاً، ثم خالف شيخه أبو علي الجبائي، له تصانيف منها: اللمع، والموجز، وإيضاح البرهان، توفي سنة 324هـ. الفهرست ص225.

(238) نسبة إلى أبي بكر، قيل لادعائهم النص على أبي بكر، واختصوا أن لا توبة للقاتل، وأن النبي صَلَّى الله عَلَيْهِ وآله وَسَلَّم نص على أبي بكر في الإمامة، ومنهم عبدالله بن عيسى البكري.
=

ومن جملتهم الكرّامية: وهم فرق جمعوا بين التشبيه والجبر، وقالوا إن الله على العرش، وإنه جسم محدود وإنه محل الحوادث، ثم بينهم اختلافات كثيرة وفرقهم: الحيدية[239]، والرزينية[240]، والعابدية[241]، والهيصمية[242]، والنوتية[243].

وأول من وضع هذا أبو عبد الله بن كرام[244]، في أيام الظاهرية بنيسابور، وكان رجلاً جاهلاً يتكلم بكلام متناقض فاسد، ويدعو العوام إلى ما هو أسهل عليها حتى اغترت به طائفة كثيرة.

الشافي.

(239) نسبة إلى حيد بن سيف.

(240) نسبة إلى رزين، رجل من غرسيبان.

(241) نسبة إلى عثمان العابد.

(242) نسبة إلى محمد بن الهيصم.

(243) نسبة إلى أحمد النوتي.

(244) أبو عبد الله محمد بن كرام بن عراق بن حزابة السجزيّ، إمام الكرامية، وورد نيسابور، فحبسه طاهر بن عبد الله، ثم انصرف إلى الشام وعاد إلى نيسابور فحبسه محمد بن طاهر، وخرج منها (سنة 251 هـ إلى القدس، فمات فيها سنة 255 هـ. الأعلام ج7 ص14.

الباب الثالث عشر: في بيان مذهب المرجئة واختلافهم

وهم فرقتان:

فرقة: تقول بالعدل والإرجاء.

وفرقة: تقول بالجبر والإرجاء.

وهذا المذهب يوجد في كل فرقة إلا في الزيدية، ويروى عن الحسن بن محمد بن الحنفية[245]، وعن كثير من السلف القول بالإرجاء.

وهم فرق:

1- فرقة يقولون: لا وعيد لأهل القبلة، فإذا آمن فما يفعل بعده يكون مغفوراً له، وهذا ليس بإرجاء؛ لأنهم يقطعون في الفساق أنهم من أهل الجنة ويثابون، وهذا خلاف كتاب الله ودين النبي -صلى الله عليه وآله وسلم-.

2- وفرقة يقولون: الوعيد يعم جميع أهل القبلة ولكن جوزوا خلف الوعيد وهذا عظيم؛ لأنه لا يخرج من أن يكون وعيد الله للعصاة كذباً وقد قال الله -تعالى-: ﴿مَا يُبَدَّلُ ٱلۡقَوۡلُ لَدَيَّ وَمَآ أَنَا۠ بِظَلَّٰمٖ لِّلۡعَبِيدِ ٢٩﴾[246].

3- وفرقة يقولون: وعيد أهل القبلة ثابت ويعذب الفساق ولكن ينقطع عقابهم ويخرجون من النار ويدخلون الجنة، وهذا القول أيضاً باطل.

4- وفرقة قالوا: في آيات الوعيد استثناء لا نعرفه، يغفر الله لمن يشاء ويعذب من يشاء.

---

(245) أبو محمد الحسن بن محمد (الحنفية) بن علي بن أبي طالب، من أعلام العدلية، شيخ غيلان بن مسلم في العدل والتوحيد، قيل إنه خالف في الإرجاء وصنف كتاباً، ثم تاب منه، توفي سنة 99هـ. تهذيب التهذيب ج2ص320.

(246) سورة ق: 29.

5- وفرقة يقولون: آيات الوعد والوعيد متعارضة والله -تعالى- يعلم مراده في كل مكلف، وعلى المكلف أن يتوقف ولا يقطع في أهل الكبائر من أهل القبلة -كالزاني والسارق- بعفو أو عقاب إذا مات ولم يتب، وهذا القول أقرب(247) لكن إذا كان المراد بالوعد والوعيد تعريف المكلف فإذا لم يمكن أن يعرف المكلف مراد الله في الوعد والوعيد لم يصح خطابه، ويبطل الوعد والوعيد والخوف والرجاء، وبطلان ذلك معلوم بالقرآن وسنة النبي -صلى الله عليه وآله وسلم-.

_____

(247) يعني مما سبقه من الآراء كونه متوسطاً بين القول بنفي الوعيد وجواز الخلف والقطع بعدمه.

الباب الرابع عشر: في بيان مذهب أهل الحق ورجالهم

هم الذين أقاموا على دين النبي -صلى الله عليه وآله وسلم- وأهل بيته وأصحابه، واجتنبوا البدع.

إذا صح أن هذه المذاهب التي ذكرناها كلها محدثة بدعة لم يبق إلا مذهب واحد وهو مذهب رسول الله -صلى الله عليه وآله وسلم- ومذهب أهل بيته وأصحابه، وتفصيله يكون موافقاً للجملة التي ذكرناها؛ لأنه إذا صح من دين الرسول -صلى الله عليه وآله وسلم- أن الله واحد لا مثل له ولا شبيه فإذا قال أهل الحق: إنه ليس بجسم، ولا جوهر، ولا عرض، ولا تجوز عليه الجوارح والأعضاء، ولا قديم معه سواه، وأنه موجود فيما لم يزل ولا يزال، وأنه قادر لم يزل ولا يزال، يكون تفصيله موافقاً لتلك الجملة.

فإذا قلنا: إنه -تعالى- لا يُدرك بشيء من الحواس باللمس، والسمع، والبصر، والشم، والذوق، نزهناه من ذلك، ونفينا عنه المكان والجهة، وهذا التفصيل يكون موافقاً لتلك الجملة.

وإذا قلنا: لا تجوز عليه الجوارح والأعضاء لا يكون مناقضاً للجملة.

وإذا قلنا: إن عبادة الصنم، والكفر، وسوء الثناء على الله -تعالى-، وقتل النفس بغير الحق مثل قتل الرسل والأئمة والأولياء ليس من خلق الله وقضائه وإرادته، ولا يجوز أن يعاقب أحداً بغير جرم، ولا يأخذ أحداً بذنب غيره، ولا يكلف أحداً ما لا يطيق، وإذا كلّف يثيب من أطاعه بالثواب الجزيل، ويعاقب العصاة؛ لأنه حسن في الحكمة، وهذا كله يوافق الجملة، وما قاله مخالفونا سفه ومخالف للأصل ومعلوم من دين الرسول -صلى الله عليه وآله وسلم- أن الله -تعالى- حكيم محسن، وقولنا وتفصيلنا يوافق تلك الجملة.

وإذا قلنا: وعد الله -تعالى- ووعيده صدق، ولا يجوز خلاف ما وعد وأوعد،

وما يبدل القول لديه، يوافق هذا كتاب الله -تعالى- ودين الرسول -صلى عليه وعلى آله-، وخلافه لا يوافق الكتاب والدين.

وإذا كانت الرسل -صلوات الله عليهم- معصومين وحجج الله -تعالى- على الناس، قلنا: أنه لا يجوز عليهم الكبائر، وبلّغوا جميع ما أمرهم الله بتبليغه ولم يكتموا شيئاً من الشرائع، وبيّنوا وأظهروا، وهذا التفصيل يوافق تلك الجملة.

ومن جوّز الكفر والكبيرة على الأنبياء -عليهم السلام- لا يوافق تفصيله تلك الجملة؛ لأنه إذا جوز الكذب على إبراهيم -عليه السلام- كيف يعتمد على قوله؟!

ومن جوز على داود -عليه السلام- أنه نظر في دار «أوريا» حتى رأى امرأته وعشق، وأمر أمير الجيش حتى يأمر «أوريا» أن يتقدم في القتال حتى يقتل ويتزوج بامرأته ومثل ذلك.

وإذا جوز أن يعبد الصنم في دار سليمان -عليه السلام-، ثم يجوز أن يجلس الشيطان على سريره ويجري الأحكام ويصاحب أهله، كيف يبقى الأمان؟! وكيف يؤمن على الرسل؟!

وإذا جوز أن يوسف -عليه السلام- قصد الزنا، وأراد أن يزني ويضيف إلى سائر الرسل مثل هذه الفواحش.

وإذا جوز أن خاتم الأنبياء صلوات الله عليه وعلى آله نظر في دار زيد حتى رأى امرأته وعشقها، ثم أوقع بينهما التفريق حتى طلقها وتزوج بها(248)، ويقول كان رسول الله صلى الله عليه يقرأ في صلاته والنجم فإذا بلغ إلى قوله:

---

(248) قال الفقيه بحرق الشافعي: كذا روى ابن إسحاق وغيره من حديث قتادة عن أنس ما تقدّم من أنّ النّبيّ صلى الله عليه وسلم رأى زينب متزيّنة فأعجبته، فرغب في نكاحها لو طلّقها زيد. روى ذلك جمع من المفسّرين بأسانيد قويّة. حدائق الأنوار ومطالع الأسرار في سيرة النبي المختار ص318-319.

الباب الرابع عشر: في بيان مذهب أهل الحق ورجالهم - 103 -

﴿أَفَرَءَيْتُمُ ٱللَّٰتَ وَٱلْعُزَّىٰ ﴿١٩﴾ وَمَنَوٰةَ ٱلثَّالِثَةَ ٱلْأُخْرَىٰٓ ﴿٢٠﴾﴾[249] قرأ: تلك الغرانيق العُلا منها الشفاعة ترتجى، حتى نزل جبريل -عليه السلام- وقال: ما ذا الذي قد فعلت![250].

وأمثال هذه كثيرة من الروايات التي هي من دسيس الملحدة قد دسوها بين جهلة الأمة، والله -تعالى- قد نزّه أنبياءه عن جميع هذه الأشياء، وهم منزهون عن جميع المنفرات، وهم حجج الله على الخلق معصومون عن جميع ما ينفر الخلق عنه، وقد قال الله لرسوله -صلى الله عليه وآله وسلم-: ﴿فَبِمَا رَحْمَةٍ مِّنَ ٱللَّهِ لِنتَ لَهُمْ ۖ وَلَوْ كُنتَ فَظًّا غَلِيظَ ٱلْقَلْبِ لَٱنفَضُّوا۟ مِنْ حَوْلِكَ ۖ﴾[251]، بعّد عنه الفضاضة ونزهه عنها؛ كيلا ينفر النافر عنه، والكفر والكبائر أولى أن ننزهه عنها، وليس في كتاب الله شيء مما رووه، ولو ذكرناها هنا جميعاً لطال الكتاب وقد ذكرناه في كتاب (تنزيه الأنبياء)[252].

وإذا صح أن تفصيل مذهبنا يوافق هذه الجملة التي عُلم من دين الرسول -صلى الله عليه وآله وسلم- ضرورة عرفنا أنه الحق ودين الرسول -صلى الله عليه وآله وسلم-.

ومعلوم أن أهل بيت النبي -صلى الله عليه وآله وسلم- كانوا على هذا ولم يكن بينهم في هذه الجملة خلاف، وكلام أمير المؤمنين وخطبه مشحونة بالتوحيد والعدل، وكذلك أولاده الحسن والحسين، ومحمد بن الحنفية، وولده أبو هاشم، وولده الآخر الحسن، وزين العابدين، وأولاده مثل محمد بن علي الباقر، وزيد بن علي، وأولادهم مثل يحيى بن زيد، والحسن بن الحسن، وجعفر

---

(249) سورة النجم: 19-20.

(250) تفسير الطبري ج16ص614، تفسير السمرقندي ج2ص465، المعجم الكبير للطبراني ج12ص53.

(251) سورة آل عمران: 159.

(252) كتاب للمؤلف لا يزال مخطوطاً.

الصادق، وعبد الله بن الحسن، وأولاده النفس الزكية، وإبراهيم، ويحيى، وجميع العترة -عليهم السلام- كلهم قالوا بالعدل والتوحيد، والرواية ظاهرة عنهم في هذا، وذكر جميعهم لا يمكن هاهنا.

فإذا ثبتت إمامة زيد بن علي -عليهما السلام-، وإمامة من خرج من بعده وساروا على سيرته وسنته وكانت طريقتهم طريقة الحق، أردنا أن نذكر فصلاً في مذاهبهم في هذا الباب ليعرف تفصيل ما كانوا عليه -صلوات الله عليهم-، فأما مذهبهم الذي كانوا عليه لم يزل عليه المتقدمون منهم والمتأخرون وقد صنفوا فيه الكتب، مثل كتب القاسم، ويحيى، وأحمد بن عيسى بن زيد -عليهم السلام- وغيرهم، وكلهم اتفقوا على ذلك المذهب، وليس بينهم خلاف في التوحيد والعدل، والنبوات والإمامة، والوعد والوعيد، والأسماء والأحكام، والمنزلة بين المنزلتين، والأمر بالمعروف والنهي عن المنكر، وكلهم على مذهب واحد في أصول الدين، فأما في الفروع فلهم اختلافات في المسائل وذلك شيء يكون كل منهم مصيباً فيه.

فأما ما يجب في الأصول كما أورده القاسم، ويحيى، وابنه المرتضى، والناصر، والناصر للحق، والسيد أبو عبد الله الداعي، والسيد الإمام أبو طالب، والسيد الإمام أبو الحسين، في الكتب نذكرها هنا على طريق الاختصار ثم نذكر بعد ذلك التفصيل مع الأدلة.

أما في التوحيد: فيقولون: إن العالم محدث، حدث بعد أن لم يكن، خلقه الله -تعالى- من غير شيء، وأخرجه من العدم إلى الوجود، الجواهر والأعراض، وخلق الأحياء وجميع ما يحدث في العالم مما لا يقدر العباد عليه، فهو فعل الله -تعالى- باختياره وإرادته وقصده، ولا يقولون بالطبائع وتأثير الطبائع، والنجوم وتأثير النجوم، ويقولون لا يقدر أحد سِوى الله -تعالى- على خلق الجواهر وكثير من الأعراض، وهو -تعالى- منفرد بها، بخلاف قول المفوضة والغلاة.

ولله -تعالى- صفات ذاتيه، موجود لذاته، وقديم لذاته، لم يزل ولا يزال ولا

يجوز عليه العدم والتغير في حال من الأحوال، قادر لم يزل ولايزال على جميع أجناس المقدورات التي لانهاية لها، لا يحتاج إلى قدرة وآلة، ولا يحتاج في خلقها الى أحد، وتجب هذه الصفة له.

ولا يجوز عليه العجز، والمنع، وعالم بجميع المعلومات لم يزال ولا يزال، وهذه الصفة واجبة له -تعالى-.

ولا يحتاج إلى علم ولا يجوز عليه الجهل والشك والظن، ومحال أن تكون له قدرة قديمة، وعلم قديم؛ إذ لا قديم سوى الله -تعالى-، وهو حي لم يزل ولا يزال، ويجب أن تكون هذه الصفة واجبة له.

لا يحتاج إلى بنية وحياة ولا يجوز عليه الموت والآفة، سميع بصير لم يزل ولا يزال، لا يحتاج إلى سمع وبصر، مدرك بشرط وجود المدرك، لا يحتاج إلى الحواس، غني لم يزل ولايزال، لا تجوز عليه الحاجة والشهوة والنفار والمنافع والمضار.

ليس بجسم، ولا عرض، ولا تجوز عليه كل صفة تختص بالأجسام والأعراض، كالجهة، والمكان، والحلول، والكون في الأماكن، والمجيء والذهاب، والنزول والصعود، والانتقال، والزوال، والاستواء، ولا تأخذه سِنة ولا نوم، ولا تجوز عليه الجوارح والأعضاء، يعلم بلا قلب، يفعل بلا يد، وأنه يرى بلا عين، سميع بلا أذن، يدرك بلا حاسة، ولا يُدرك بالحواس، ولا يقاس بالناس، ولا يُرى بالعين، ولا يُسمع بالأذن، ولا يجوز عليه شيء من صفات النقص، لا شريك له ولا نظير، ﴿لَيۡسَ كَمِثۡلِهِۦ شَيۡءٞۖ وَهُوَ ٱلسَّمِيعُ ٱلۡبَصِيرُ ١١﴾[253]، ﴿يُحۡيِۦ وَيُمِيتُۖ وَهُوَ عَلَىٰ كُلِّ شَيۡءٖ قَدِيرٌ ٢﴾[254]، ليس بنور ولا ظلمة، بل خالق الظلمات والنور.

وأما في العدل يقولون: إن الله -تعالى- قادر على جميع أجناس المقدورات،

---

(253) سورة الشورى: 11.

(254) سورة الحديد: 2.

من المحسنات والمقبحات إلا أنه لا يفعل القبيح ويفعل الحسن، وجميع ما يفعل مع العباد يكون حسناً ونعمة؛ لأن النفع والضرر لا يجوز عليه، فما يفعله يكون لنفع العباد، وكما لا يخلق القبيح لا يريده ولا يرضاه ولا يأمر به، بل يكرهه ويزجر عنه كما قال الله -تعالىٰ-: ﴿وَلَا يَرْضَىٰ لِعِبَادِهِ ٱلْكُفْرَ﴾(255)، ويفعل الحسنات ويقضي بالحق والإحسان للخلق، ولا يضل أحداً عن الدين بل يهدي إلىٰ الحق والدين، ويبين طريق الحق والدين، فمن ضل فمن جهة نفسه وسوء اختياره ضل لا من جهة ربه.

وأنه -تعالىٰ- صادق لا يجوز عليه الكذب والتلبيس، وأن القرآن كلامه وهو المتلو بلغة العرب مائة وأربعة عشر سورة، نزل به جبريل -عليه السلام- علىٰ رسول الله -صلىٰ الله عليه وآله وسلم- معجزة له، وبلغه إلىٰ الخلق، وجميع ما فيه صدق، وحجة، وليس فيه زيادة ولا نقصان، ولا يقدر أحد أن يزيد فيه وينقص منه، وجعل بعضه محكماً وبعضه متشابهاً؛ لطفاً للمكلفين لينظروا ويرجعوا إلىٰ القرآن ويتفكروا فيه ويعرفوا الحق، وأنه خلق الخلق وكلفهم؛ تعريضاً للثواب، ليعرفوا الحق ويعملوا به؛ ليستحقوا الثواب الدائم.

وأنه -تعالىٰ- أنعم علىٰ خلقه بثلاثة أنعم:

أولها: تفضل: وهو خلقه حياً لينتفع به ورزقه وأمثال ذلك والتكليف من هذا.

والثانية: الثواب: علىٰ فعل العبد إذا أطاع واجتنب المعاصي.

والثالثة: العوض: المستحق علىٰ الآلام، والأمراض، والغموم من جهة الله أو من جهة غيره.

وإذا علم أن الثواب والعوض لا يصح بغير التكليف، كلّف حتىٰ يصل المكلَّف إلىٰ هذه النعم الثلاث، والغرض بالتكليف ليستحق المكلف الثواب العظيم الدائم.

---

(255) سورة الزمر: 7.

ولا يجوز أن يخلق أحداً للكفر والمعاصي والنار، بل هم يستحقون النار لسوء اختيارهم، ولما كلّف العبد أعطاه كل ما يحتاج إليه في أدائه من الآلة، والقدرة، وإزاحة العلة، - والقدرة تكون قبل الفعل -، ويلطف له حتى يقربه إلى الطاعة، وإذا آلمه أو أمرضه يعطيه من العوض أكثر منه أضعافاً مضاعفة، فمن أطاعه يستحق الثواب، ومن عصاه يستحق العقاب.

وفي الوعد والوعيد: يقولون: أفعال العباد لا تخلو من ثلاثة أوجه:

- إما أن تكون طاعة فيستحق بها الثواب.

- أو معصية فيستحق بها العقاب.

- أو مباحاً فلا يستحق لا ثواباً ولا عقاباً، وفعله وتركه سواء.

فإذا كان ثواب الطاعة أكثر من عقاب المعصية تكون صغيرة وينقص من ثوابه بقدر عقاب المعصية، ويكون ما يبقى مطيعاً ومثاباً في الجنة، وإن كان العقاب أكثر من الثواب يكون معاقباً في النار، ولكن ينقص من العقاب بقدر الثواب، ويعاقب بزيادة العقاب دائماً، وإذا استحق العقاب وأراد ان ينجو من العقاب ويفوز بالثواب تاب إلى الله -سبحانه- وللتوبة شرائط:

- أولها: الندم على ما مضى من القبائح والمعاصي وترك الواجبات.

- والثاني: العزم على ألا يعود الى أمثالها أبداً؛ لأنها كانت قبيحة ومعصية يجب التوبة عنها.

ثم إن كان عليه حق من حقوق الله كالصلاة، والزكاة، والصوم، والحج، وغيرها، يقضي ويؤدي ما يمكن، وكذلك إن كان له خصم من الآدميين من أي وجه كان يرضي خصمه كما أمر الشرع، فإذا تاب على هذه الشرائط تقبل الله

توبته، وينجو من العقاب ويستحق الثواب، والثواب والعقاب يكونان على سبيل الدوام، ولا بد من الإحباط والتكفير يعني إذا كان الثواب أكثر بطل العقاب، وإذا كان العقاب أكثر بطل الثواب .

ولما كانت أحكام الله -تعالى- في عباده مختلفة بقدر أعمالهم، وأحوالهم، وأسمائهم، وجب أن يكون في الشرع ما يوافق ذلك، فيسمى بعضهم بأسماء المدح وبعضهم بأسماء الذم، فللمطيعين الأسماء الحسنة كالأنبياء والمعصومين فهم المستحقون للثواب العظيم الذي لا يشاركهم فيه أحد من أمتهم، وهم أيضاً مختلفون في الثواب والدرجات بقدر أعمالهم، ويفارقون في أحكامهم فيجب على الأمة متابعتهم، ومخالفتهم تكون كفراً، ويجب تعظيمهم، والاستخفاف بهم يوجب الكفر، ويجب على الأمة قبول ما يأمرونهم به وينهونهم عنه، ورد أمرهم ونهيهم يكون كفراً، وتكون موالاتهم ونصرتهم واجبة، وخذلانهم يكون كفراً.

وإذا فارقوا جميع المطيعين بأحكامهم في الدنيا والآخرة يجب أن يفارقوا أيضاً بأسمائهم:

يقال لأحدهم الرسول والنبي والمصطفى، والرسول والنبي بمعنى واحد، ومن كان رسولاً كان نبيئاً، ومن كان نبيئاً كان رسولاً.

والثاني: المؤمنون ولهم في الجنة ثواب ودرجات دون درجات الأنبياء -عليهم السلام-، وأحكامهم في الدنيا يجب محبتهم وتعظيمهم ومعونتهم، ولهم أيضاً أسماء حسنة يقال لأحدهم مؤمن وبر وتقي وصالح، ثم هم مختلفون في درجاتهم في الدنيا والآخرة بقدر أعمالهم:

فالأول: أئمة الحق: يجب على جميع المكلفين طاعتهم، وترك طاعتهم فسق وبغي، وهم مقدمون عليهم في الدنيا والآخرة، وثوابهم بعد ثواب الأنبياء أعظم.

والثاني: العلماء والزهاد، ثم باقي المؤمنين، لكل واحد اسم في الدنيا وثواب

على قدر أعمالهم في الآخرة.

والثالث: أسماء الذم فمن يستحق العقاب العظيم الذي لا عقاب أعظم منه هم مفارقون في الأسماء والأحكام وهم الكفار، يقال كافر ومشرك ومنافق، وأحكاهم في الدنيا القتل والسبي والجزية، ويحرم التناكح معهم ولا تؤكل ذبيحتهم وغير ذلك كثير من الأحكام، ثم لهم أسماء مختلفة وأحكام مختلفة: كاليهود، والنصارى ولهم أحكام، والمجوس لهم أيضاً أحكام، والملحد، والزنديق، وعابد الوثن، ولكل واحد منهم حكم، والمنافق هو الذي يبطن الكفر ويظهر الإيمان.

والرابع: أسماء ذم دون ذلك وأحكام دونها كالفاسق والفاجر والظالم والمعتدي والمجرم وغير ذلك، وأحكاهم أن يبغضوا ويتبرأ منهم ولا تجري عليهم أحكام الكفار والمنافقين في الدنيا ولا أحكام المؤمنين، ولا يعاقبون في الآخرة عقاب الكفار بل عقابهم أقل من عقاب الكفار ولا يثابون وتجري عليهم بعض أحكام المؤمنين.

ولهذا قلنا إن له منزلة بين المنزلتين وأنه فارق الفريقين في الاسم والحكم، فالإيمان اسم لجميع الطاعات والاجتناب عن جميع الكبائر، والمؤمن اسم مدح؛ ولهذا لا يطلق على الكافر هذا الاسم فيقال لليهودي مؤمن بموسى -عليه السلام- وللنصراني مؤمن بعيسى -عليه السلام-، ولهذا قال -تعالى- للكفار: ﴿يُؤْمِنُونَ بِٱلْجِبْتِ وَٱلطَّٰغُوتِ﴾(256) وأراد بذلك الإيمان اللغوي، وقال قوم من أصحابنا(257): إن الفاسق كافر نعمة، ومرادهم ما ذكرنا(258).

(256) سورة النساء: 51.

(257) منهم الإمام الناصر للحق، لأن فعل الطاعات واجتناب المعاصي كالشكر على نعم الباري تعالى، فإذا ارتكب العبد شيئاً من هذه المعاصي كان كمن لم يشكر نعمة الله. الإيضاح في شرح المصباح ص274.

(258) وهو أن كفر النعمة يقابل شكرها، وشكر نعمة الله تعالى إنما هو بإظهارها والاعتراف بها، واعتقاد تعظيمه عليها، والعزم على إظهار ذلك عند التهمة، فيجب أن يكون كفر النعمة ما =

ويقولون: إن **الأمر بالمعروف والنهي عن المنكر** واجبان على قدر الطاقة باللسان، واليد، والسيف، والقلب، ويرون الخروج على الظلمة واجباً؛ ولهذا خرج كثير من أهل البيت -عليهم السلام- وإن لم يكن فيهم شرائط الإمامة - بالأمر بالمعروف والنهي عن المنكر، ودفع الظلمة عن المظلومين غير من خرج منهم من كبار الأئمة الذين كانوا مجمّعين لخصال الإمامة وشرائطها.

وأما في الإمامة: يقولون أن الإمامة لا تجب عقلاً وإنما تجب بالشرع، وقالوا المعجز ليس بشرط في الإمامة، ولا يجب أن يكون الإمام معصوماً في جميع عمره، وليس الإمام مثل درجة النبي، وقالوا طريق الإمامة هو النص من جهة الله -تعالى- أو من جهة الرسول -صلى الله عليه وآله وسلم-، أو من جهة إمام(259)، أو بالدعوة والانتصاب مع وجود الخصال، والنص من جهة الله -تعالى- ورسوله -صلى الله عليه وآله وسلم- على أمير المؤمنين -عليه السلام-، كان نصاً استدلالياً ولم يكن ضرورياً؛ ولذلك يحتاج إلى النظر والاستدلال في معرفة إمامته، ويدخل فيه الشك والشبهة ولذلك انصرف أكثرهم عن إمامته، فلو كان ضرورياً لم ينصرفوا، وإذا لم يكن نصٌّ فبالانتصاب والدعوة يصير إماماً.

فإذا حصلت الشرائط والانتصاب والدعوة يكون إماماً من جهة الله -تعالى- ومن جهة رسوله -صلى الله عليه وآله وسلم-، ويجب على الخلق مبايعته وتختص بالإمام أحكام شرعية:

- كالحدود.

يقابل شكر هذه الأمور، من الستر لها والجحود والاستخفاف بحقه تعالى، والعزم على ترك الإظهار المذكور عند التهمة، والله أعلم. المعراج إلى كشف أسرار المنهاج ج4 ص57.

(259) لعله خطأ في النسخ أو من الترجمة يريد: لا من جهة إمام، كما هو عند الإمامية؛ لأن الزيدية لا تقول به، ولأنه سيأتي ما ينفي ذلك من قوله: «وإذا لم يكن نص فبالانتصاب والدعوة يصير إماماً».

- وحفظ البيضة.
- وأخذ الخراج، والزكوات، والعشر، ومال بيت المال.
- وقسمة الغنائم، والزكوات.
- ونصب القضاة، والأمراء.
- ودفع الظلمة عن المظلومين، وغير ذلك.

أما معرفة الديانات وأداء العبادات لا تحتاج إلى الإمام، والإمام ليس بلطف عام في التكليف وإنما هو لطف خاص، كالصلاة والصوم والحج، يجوز أن يتغير بالمكان والزمان ومصلحة المكلفين، ويجب أن يكون إمام في كل عصر ما دام التكليف، أو من يصلح للإمامة وإن لم يقم لأجل المنع.

والإمام بعد الرسول -صلى الله عليه وآله وسلم- كان أمير المؤمنين -عليه السلام- بالنص من جهة الله -تعالى- ومن جهة رسوله -صلى الله عليه وآله وسلم-، ثم الحسن ثم الحسين -عليهما السلام-، ثم زيد بن علي، ثم ابنه يحيى بن زيد، ثم النفس الزكية محمد بن عبد الله بن الحسن بن الحسن، ثم أخوه إبراهيم بن عبد الله بن الحسن، ثم الحسين بن علي الفخي، ثم يحيى بن عبد الله أخو النفس الزكية، ثم محمد بن إبراهيم، ثم أخوه القاسم بن إبراهيم، ثم الهادي إلى الحق يحيى بن الحسين، ثم ابنه المرتضى محمد، ثم الناصر الكبير، ثم الناصر أحمد بن يحيى، ثم المهدي لدين الله أبو عبد الله محمد بن الحسن الداعي، ثم السيد المؤيد بالله أبو الحسين، ثم السيد الناطق بالحق أبو طالب -عليهم السلام-، ثم من بعدهم من حصل فيه شرائط الإمامة من أولاد الحسن والحسين -عليهما السلام- فهو الإمام.

وطلحة والزبير وعائشة كانوا على الباطل في مخالفة أمير المؤمنين -عليه السلام-، ولم يكونوا كفاراً، وروي إنهم تابوا والله أعلم، ومعاوية وعمرو بن

العاص كانوا مخطئين ضلالاً باغين على الباطل.

ومخالفة الإمام لا تكون كفراً، ولكن تكون بغياً وظلماً وفسقاً.

والخوارج كانوا فساقاً، ومن تأخر عن مبايعة أمير المؤمنين عليه السلام كانوا مخطئين، ومن تأخر عن مبايعة الأئمة بلا عذار كانوا مخطئين.

فأما الصحابة فلم يكونوا كفاراً بل كانوا على دين الإسلام، وأبدوا الإسلام وأضمروا في قلوبهم الإسلام، ولم يضمروا النفاق؛ ولذلك تعامل أمير المؤمنين -عليه السلام- معهم معاملة الموافقين، والنقصان كان في حقه لا في حق الإسلام.

فأما في النص على أمير المؤمنين -عليه السلام- بالإمامة كانوا على أصناف:

- بعضهم نظروا فيه فعرفوا إمامته وبايعوه.

- وبعضهم لم ينظروا وأخذوا بظاهر قول الصحابة.

- وبعضهم تأولوا وتابعوا الشبهة.

- وبعضهم عرفوا الحق ولم يعملوا به.

ولم يكن حكمهم سواء.

وأما في أحكام الشرع: فمنها الفرائض، والنوافل، والمباحات، وليس للمباح مدخل في التكليف وفعله وتركه سواء في المدح والذم والثواب والعقاب، وهو كمنافع الدنيا.

وأما الفرائض: فهو «ما يستحق المكلف بفعله الثواب ويستحق بتركه العقاب»، وربما يجب ابتداءً، وربما يجب عند سبب مثل القضاء والكفارات وغير ذلك، والفريضة على وجهين:

فرض على الأعيان: تجب على جميع المكلفين كالصلاة، والصوم، والزكاة عند بلوغ النصاب، والحج عند الاستطاعة.

والثاني: فرض على الكفاية: كالأمر بالمعروف والنهي عن المنكر، ودفن الموتى والصلاة عليهم، وهذا أيضاً يجب على الجميع، ولكن إذا قام به البعض سقط عن الباقين.

وربما يكون الفرض حقاً للآدميين، وربما يكون حقاً لله -تعالى-:

الأول: كالقصاص، ورد الوديعة.

والثاني: كالصلاة، والصوم وغير ذلك.

ومن الفرائض ما إذا فات وجب القضاء، ومنها ما لا يجب القضاء إذا فات، وتختلف الشرائع فيها.

وأما النوافل: فهي «ما يستحق المدح والثواب بفعلها ولا يستحق الذم والعقاب بتركها»، ومنها ما يكون تابعاً للفريضة ومنها ما يكون ابتداء:

الأول: كسنن الصلاة.

والثاني: التطوع، والاعتكاف، وصدقة النفل وغير ذلك.

ومنها ما إذا لم يفعل يعاقب عليه ويؤمر به كصلاة الجماعة، ومثلها ينكر عليهم ويؤمروا بإقامة الصلاة جماعة.

وجميع الواجبات العقلية والشرعية التي تجب على الأبدان، وفي الأموال كثيرة وتفصيلها يطول.

والمعاصي: «هي التي يستحق عليها العقاب، وبتركها يستحق الثواب»، ولها درجات.

أما الفرائض على الجملة فهي على قسمين: علم، وعمل.

والمعاصي على ضربين: بعضها فعل القلب كالجهل وغيره، وبعضها فعل سائر الأعضاء، وربما تكون كفراً وربما تكون فسقاً وربما تكون صغيرة كما قال الله -تعالى-: ﴿وَكَرَّهَ إِلَيْكُمُ ٱلْكُفْرَ وَٱلْفُسُوقَ وَٱلْعِصْيَانَ﴾(260)، ونحن نبين الطاعات الواجبات والنوافل على سبيل الجملة، والمعاصي والمباحات.

فأما الواجبات: النظر في الدليل لمعرفة الحق؛ حتى يعرف الله -تعالى- ورسوله -صلى الله عليه وآله وسلم-.

- ويعرف الشرائع كما ذكرنا.

- ويوالي أهل الحق ويحبهم.

- ويعادي أهل الباطل ويبغضهم.

- ويأمر بالمعروف وينهى عن المنكر.

- ويباين أهل البدعة والظلم والفسق، ولا يواليهم ولا يحبهم.

- ويشكر الله -تعالى- على نعمه، ويشكر الناس أيضاً على نعمهم، وأن جميع النعم من الله وهو المنعم لجميعها ويستحق من الشكر العظيم والعبادة؛ لأن أصل النعم منه.

- ويتوكل على الله ويأتمر بأوامره.

- ويؤمن بجميع الملائكة، والكتب، والنبيين -صلوات الله عليهم-.

- ويحب أهل بيت النبي -صلى الله عليه وآله وسلم- ويتابعهم، ويوافق من وافقهم وأحبهم من الصحابة والتابعين ومن بعدهم، من كان موافقاً لهم واعتقد إمامة أئمتهم وتابعهم.

_____
(260) سورة الحجرات: 7.

- ويعتاد تعلم القرآن وقراءته.

- ويشتغل بتعلم العلم وتعليمه الناس ويعمل به.

- ويقيم الصلاة بشرائطها.

- ويصوم شهر رمضان وسائر الصيام إذا حصلت شرائطه.

- ويحج البيت إن استطاع إليه سبيلاً.

- ويجاهد الكفار والبغاة والفسقة متى وجب وقدر عليه.

- ويصلي صلاة الجماعة، وصلاة العيد، وصلاة الكسوف والخسوف، وصلاة الجمعة إن وجبت.

- ويعطي الزكوات والصدقات والحقوق التي تجب.

- ويراعي حقوق الآدميين كحق الوالدين، والأقارب، والجيران، والأهل، والأولاد، والعلماء، والزهاد، وعامة المسلمين.

- ويعطِ الناس ويحسن إلى ما ملكت يداه من العبيد والإماء يراعي جميع ذلك.

- ويعظم الشهور وكل شيء ورد الشرع بتعظيمه مثل شهر رمضان، ورجب، وشعبان، ويوم الجمعة، ويوم العيد، وأيام التشريق، وأيام العشر، ومكة، والمدينة، والمساجد يراعي حقوق جميع هذه كلها.

- والمخالفة لأعداء الله في أيامهم وأمكنتهم مثل أعياد اليهود، والنصارى، والنيروز، والمهرجان، والكبيسة، وغير ذلك مما تجري فيه المعصية.

- ويقدم أمور الدين على أمور الدنيا.

- ويعتاد الموعظة وسماعها، ويعتبر في الأحوال كلها.

- وينظر في الدين إلىٰ من هو فوقه، وفي الدنيا إلىٰ من هو دونه.

- ويبعد نفسه من وسواس الشياطين من الإنس والجن.

- ويقنع بما رزقه الله -تعالىٰ-، ولا يشتغل بجمع الدنيا والضياع والدور والأنهار والبساتين.

- ويتواضع ولا يتكبر علىٰ الناس، ويراعي حق المسلمين، ويعينهم في الخير والطاعة، وعيادة المريض، وعتق الرقبة والمعاونة عليه، وإدخال السرور في قلوب المؤمنين، وقضاء حوائجهم بما يمكن، والإحسان إلىٰ الفقراء، ويمضي جميع أيامه في الطاعة.

- ويحمل النفس علىٰ مشقة الطاعة؛ للراحة الدائمة، وترك الشهوات الباطلة، ومتابعة العقل والشرع، وغض البصر عن النظر في الحرام، وإرادة فعل الإحسان والعزم عليها، والبعد عن إرادة فعل الشر والعزم عليه.

- والمخالطة لفقراء المسلمين، والبعد من الفسقة وأهل الدنيا، وكسب الحلال.

- وتعويد النفس الطاعة واستواء الباطن والظاهر، ومجانبة الرياء والنفاق، وتعليق القلب بأمر الآخرة؛ لأنها دار الإقامة.

- وتعويد قيام الليل، وصيام النهار، والاعتكاف، وإجراء اللسان بالتسبيح والتهليل، واشتغال القلب بمعرفة الله -تعالىٰ- علىٰ المداومة، وإخراج محبة الدنيا وكثرة المال، والتقدم والرئاسة من قلبه، واختيار الصلاح والورع، والاعتزال عن أهل الشر، والصبر علىٰ الحق والطاعة، وحفظ النفس عن المعاصي والصبر عنها.

- والاجتهاد في فعل الخير، والإحسان إلىٰ الأهل والعيال، فإن لم يكن صاحب عيال وأمن من الوقوع في الفساد يجوز أن لا يتزوج، وإن خاف من

الوقوع في المعصية فالتزويج يكون [واجباً][261].

- وملازمة الدعاء والمسألة إلى الله -تعالى-، والرجاء له واليأس من الخلق، وملازمة التوبة والاستغفار، وقول الحق في كل وقت ومكان، إلا أن يخاف على النفس فيعرض، وتقويم القلب على الحق، وتعويد اللسان بقول الخير والصدق في جميع الأحوال.

- والعادة بفعل الخير والخلق الحسن، والمواساة للفقراء والمساكين وأهل الحاجة، والاجتهاد في كل ما يفرح المسلمون بفعله، ولا يظن بالخلق ظن السوء، والتواضع للمسلمين.

- وأداء الأمانة فيما بينه وبين الله -تعالى-، وفيما بينه وبين الخلق من العهود والعقود، والحلم مع الناس، وكظم الغيظ، والمدارة للناس، وطلب القرين الصالح، وأمثال ذلك كثيرة ينبغي أن تجتمع في المؤمن؛ حتى يكمل إيمانه.

فأما المعاصي: فأولها الجهل لما يجب معرفته، ثم منه ما يكون كفراً، ومنه ما يكون فسقاً.

والجهل: «اعتقاد الشيء على خلاف ما هو به»، ويدخل فيه التوحيد، والعدل، والنبوات، والشرائع، فالجهل بجميع هذه المعارف يكون كفراً وبدعة وضلالة، والكفر والنفاق وكتمان الحق من أعظم الكبائر والجرائم.

- وإظهار البدعة والضلالة والاستخفاف بالشرع والقرآن والرسول وكتب العلم كفر.

---

(261) مكتوب: مستحباً.

- وقتل النفس بغير حق، وعقوق الوالدين، والزنا، والظلم، كلها كبائر، والظلم على المسلم والكافر والصغير والكبير واليتيم والبالغ سواء في كونه ظلماً.

- وقذف المحصن والمحصنة، والغيبة، وأخذ المال الحرام، وجمع المال الحرام بأسباب الحرام مثل: الظلم، والغصب.

- والنياحة، والغناء والمعازف، وأخذ الرشا على المعصية أو على الطاعة.

- وشرب الخمر، والجلوس مع شارب الخمر، والمعاونة على شرب الخمر وبيعه وشرائه، والجرأة على المعصية، والقنوط من رحمة الله -تعالى-، وأكل لحم الخنزير والميتة والدم.

- والخيانة في الأمانة، والنفقة في المعصية والباطل، ونقض العهد.

- وترك الصلاة، ومنع الزكاة، وترك صيام الفرض، والتصغير في الفرائض والسخرية، وسوء الظن بالمسلمين، والتجسس [على](262) عورات الناس.

- والمحاسدة، وترك الواجبات والتصغير فيها، ومجالسة الظلمة ومعاونتهم والملجأ إليهم والموالاة لهم.

- وقطيعة الرحم، وشهادة الزور، والكذب وأخذ الرشا عليه، وكتمان الشهادة، والمكر والخديعة، وسوء القول للمسلمين في الظاهر والباطن.

- والغمز، والسعاية بالناس إلى السلطان الظالم.

- ويمين الغموس، وقول الكذب، وأخذ مال الناس بالسرقة والغصب، وقطع الطريق، والمخالفة للمسلمين، والإسراف في الأموال.

- والمجادلة والمناظرة بالباطل، وموالاة أعداء الله، والنبز باللقب، وكفران النعمة، والنقص في الكيل والوزن، وبخس حق الناس.

---

(262) مكتوب: عن.

- وفعل اللواطة، وإتيان النساء في أدبارهن، ووطؤ الحائض والنفساء.

- واللعب بالنرد والشطرنج.

- والإصرار على المعصية، والعزم على فعل المعصية والتعدي فيها والمعاونة عليها.

- وإيذاء المؤمنين، وفعل النميمة، وتحقير أيتام المسلمين، وزجر الفقراء، والمن في الصدقة على المساكين وإيذائهم.

- والقول بالباطل، وفعل الباطل، والدخول في دار الناس بغير الاستئذان.

- ومخالفة أمر الإمام ونائب الإمام.

- وإرادة القبيح والرضا بالقبيح والأمر به.

وكشف العورة لغير أهله وأمته، والنظر في عورة الحرام.

والتصرف في الأرض المغصوبة بغير إذن مالكها، والتصرف في المال الحرام.

- والبيع الفاسد، والنكاح الفاسد.

وتطليق المرأة في حال الحيض، وترك نفقة الواجب، والظهار من المرأة.

وأمثال ذلك كثيرة من المعاصي، بعضها كبيرة، وبعضها يجوز أن تكون صغيرة.

وكل طاعة يستحق عليها الثواب إلى أن يبطلها بالمعصية أو بالندامة على فعلها، وكل معصية يستحق عليها العقاب إلى أن يبطلها بالتوبة أو بطاعة أعظم منها، ومن ترك فريضة أو ارتكب معصية فالطريق إلى إسقاط العقاب هو التوبة، ولها شرائط كما نذكرها في بيان التوبة إن شاء الله -تعالى-، وجملتها الندم على ما مضى، والعزم على أن لا يعود إلى أمثاله أبداً، وكل فعل يمكن به إدراك ما فاته يجب عليه فعله، ويجب أن يكون الغرض بالتوبة عن المعاصي لكونها معصية وقبيحة، وإن تاب لغير هذا لم يصح ولا يسقط بها العقاب.

فأما المباح: فلا مدخل له في التكليف؛ لأنه ما[263] أمر الله به ولم ينه عنه، ولا يستحق بفعله الثواب ولا العقاب، ولا المدح ولا الذم، وهو التصرف في أمور الدنيا، ويجوز أن لا يفعل، وإن فعل فله شروط في الشرع يجب أن يفعل كما أجازه الشرع، وإن فعل بخلاف الشرع يستحق الذم والعقاب بفعله، وهو مثل طلب الدنيا والتكسب في طلبها، والتصرف فيها كالأكل والشرب والنكاح والطلاق، وأمثال ذلك ونحن نشير إلى بعضها حتى يقاس عليه جميعها.

فالأول جمع الأموال الحلال: ولكن يجب أن يكون عين المال حلالاً والسبب مباحاً؛ حتى تتعلق به الأحكام، ويجب أن يطلب على حكم الشرع حتى يكون حلالاً، والبيع والشراء مباحاً في الشرع ولكن من أراد أن يشتغل بهما يجب أن يكون على موافقة الشرع؛ حتى يجوز بيعه وشراؤه، والتجارة ينبغي أن تكون هكذا، وكذلك الذبائح والمشاركة والمحارثة.

وكذلك كل شيء فيه مقصود دنيوي يتعلق به أحكام الشرع، فإذا فعل ذلك يلزم عليه أحكامه ومن نظر في واحد واحد يعرف حقيقته كما قلنا إن البيع مباح إن أراد، ويجوز بيع السلم، ويجوز بيع النقد والمنفعة، وبيع الفاسد حرام، والربا حرام، وجميع العقود تكون على هذا الوجه وتفصيل ذلك يطول، فإذا طلب بسبب مباح يكون مباحاً، وإذا طلب بسبب حرام يكون حراماً، ويحصل العقاب على الأصل والسبب.

وأما رجال الزيدية من العلماء وفقهاء التابعين ومن بعدهم: سفيان الثوري، وفقهاء الكوفة، وجماعة من فقهاء البصرة، ومكة، والمدينة، وكانوا جميعاً في بيعة

---

(263) أي لم يأمر به.

زيد بن علي، وبعده كانوا في بيعة النفس الزكية، وأخيه إبراهيم -عليهم السلام-، وجُلّ المعتزلة[264] كانوا متابعين لهم وفي بيعتهم ومختصين بهم، ولو ذكرنا تفاصيلهم لطال الكتاب، وكذلك من رجال الزيدية من رواة الأخبار كثير ممن أثبت أسماءهم في الكتب، فكان عمرو بن عبيد، ومطر الوراق، وبشير الرحال، كانوا مختصين بإبراهيم بن عبد الله -عليهما السلام-، وحكم المعتزلي كان مختصاً بعيسى بن زيد، وغيرهم كثير من العلماء.

فأما من خرج من سادات العترة من الأئمة وممن كانوا أمروا بالمعروف ونهوا عن المنكر ولم يكونوا أئمة، وممن بايعهم ولم يتمكن خروجهم، ومن قتل في المعركة أو قتل في السجن أو قتل في بالسم، نذكرهم في باب معين، ونشير إلى أسمائهم بعد هذا؛ حتى يعرف من قرأ الكتاب من أحوالهم على سبيل الجملة، ولا يكون غافلاً عن أخبارهم.

---

(264) نقل عن بعض المعتزلة قولهم: «نحن زيدية» الحور العين ص186، وقال أبو الحسين محمد بن عبدالرحمن الملطي العسقلاني - المتوفى سنة 377هـ -: «والفرقة الرابعة من الزيدية هم معتزلة بغداد يقولون بقول الجعفرية جعفر ابن مبشر الثقفي وجعفر بن حرب الهمداني ومحمد بن عبد الله الإسكافي وهؤلاء أئمة معتزلة بغداد وهم زيدية» التنبيه والرد على أهل الأهواء والبدع ص34-35.

الباب الخامس عشر: في بيان ما يجب معرفته من أصول الدين

أصول الدين أربعة:

أولها: مسائل التوحيد.

والثانية: مسائل العدل.

والثالثة: مسائل النبوات.

والرابعة: أصول الشرائع.

ويجب أن يعرف التوحيد أولاً؛ لأنه إذا لم يعرف الله وصفاته وعدله لا يمكن معرفة النبوات والشرائع، وهذه العلوم لا تحصل ضرورة، والتقليد ليس بطريق إلى المعرفة، فيجب أن ينظر في الدليل حتى يعرف الله، ولابد من معرفة مقدمات قبل الخوض في المسائل ونحن نذكر هذه المقدمات فصلاً فصلاً، ثم نورد أبوابها وفصولها على طريق الايجاز والاختصار إن شاء الله -تعالى-.

فصل : إن سأل سائل فقال: كم يجب من هذه الأصول، وما أول ما يجب ؟

قيل: الفرائض على ضربين:

- ضرب على جميع المكلفين: وهو أصول الدين: التوحيد، والعدل، والنبوات، وأصول الشرائع كالصلاة وشرائطها، والصوم وشرائطه، ثم هذا القسم على قسمين: قسم يجب العلم به فقط، وقسم يجب العمل به والعلم، فالأول التوحيد والعدل والنبوات، ثم ربما يكون الإقرار به يجب عقلاً عند التهمة، وربما يجب القول به شرعاً كالشهادتين وغيرهما.

ثم ما يكون من أصول الشرائع ربما يكون المقصود به العمل: كالصلاة، والصيام، والزكاة، والجهاد، والحج، وربما يكون المقصود به الترك: كقتل النفس

بغير حق، والزنا، والربا، والكفر، والفسق.

والمقصود من الشرع شيئان: ما يجب فعله، وما يجب تركه.

- والقسم الآخر: فرض على الكفاية: كالعلم بفروع الكلام، وكالعلم بفروع الشرع، فإذا قام به بعضهم سقط عن الباقين، وإن كان في الابتداء يجب على الكل.

فصل: فأول ما يجب على المكلف النظر في الدليل؛ ليعرف الله -تعالى-، ثم يعرف صفاته وعدله، ثم يعرف النبوات والشرائع.

فإن قيل: ولـِمَ قلت إن النظر في معرفة الله -تعالى- أول الواجبات؟

قيل له: لأن سائر الواجبات من العلم والعمل لا تصح إلا بمعرفة الله -تعالى-؛ لأنه إذا لم يعرف الله -تعالى- لم يمكن أن يعرف صفاته وعدله، والنبوات، والشرائع.

فإن قيل: رد الوديعة وقضاء الدين وترك إرادة القبيح وإرادة النظر تجب قبل النظر فلِمَ قلتم إن أول الواجبات النظر؟

قيل: مرادنا واحد يجب فعله ولا يخلو المكلف منه في حال من الأحوال، ورد الوديعة وقضاء الدين ربما يخلو المكلف من وجوبهما، وترك القبيح ليس بفعل واجب، فالواجب أن لا يفعل القبيح، وإرادة القبيح وإرادة النظر تبع حتى لو حصل النظر بغير إرادة لم تجب الإرادة.

فصل: فإن قال: فما أول ما أنعم الله على العبد وما كمال نعمه؟

قيل له: خلقه إياه حياً لينفعه، والمنفعة التي خلق المكلف لأجلها ثلاثة:

أولها: التفضيل: وهو خلقه إياه حياً وإعطاءه الحواس، والآلة والقدرة، ورزقه من أنواع النعم، وخلق فيه الشهوة ومكّنه من أنواع اللذات، وأكمل عقله وكلّفه ليصل به إلى الجنة، فعند ذلك كله يلزمه معرفته؛ ليشكره على نعمه

ويعبده، ويتبع رضاه ويتجنب معاصيه.

وثانيها: الثواب: الذي لا يصل إليه إلا بفعل ما كلفه.

والتكليف على ثلاثة أقسام: فعل القلب، وفعل اللسان، وفعل سائر الأعضاء.

وثالثها: العوض: على الآلام والغموم من جهته -تعالى- كالآلام والأمراض ونقص الأموال والأنفس بالموت وغير ذلك، وكذلك ما يصل إليه من الآلام والتعب من جهة المخلوقين بغير إذن الله -تعالى- فيستحق العوض على المخلوقين، والله -تعالى- إذا علم أن الثواب والعوض لا يصحان إلا بالتكليف كلّف؛ ليكون معرضاً لجميع النعم.

فأما كمال نعمة الله -تعالى- فلا يمكن معرفتها بالتفصيل، ويجب أن يعرف على الجملة أن جميع النعم منه -تعالى- سواء وصلت إليه من جهته -تعالى- أو من جهة غيره.

فإن قال: هل يجب شكر النعمة وكيف يجب الشكر؟

قيل له: يجب الشكر على سبيل الجملة على جميع نعم الله -تعالى- كما عرفنا نعمه على سبيل الجملة.

ثم شكر النعمة على ثلاثة أوجه: إقرار بالنعم في جميع الأحوال، وتعظيم المنعم، وطاعته فيما أمر ونهى.

ويجب الشكر أيضاً لمن أنعم عليه غير الله -تعالى-، ولكن معظم الشكر له؛ لأن أصول النعم منه، وكذلك يستحق العبادة دون غيره.

فإن قال: كيف يكون الشكر عبادة؟

قيل له: هو أن يعرفه حق معرفته، ويعرف صفاته وعدله، ويعرف كتابه، ويعرف رسوله -صلى الله عليه وآله وسلم-، ويعرف شرعه ويعمل به؛ حتى يصح الشكر

ويكون عبادة، وذلك يحصل بأن يعرف الحق فيتبعه، ويعرف الباطل فيتجنبه.

فصل: فإن قيل: بماذا يعرف الحق من الباطل؟

قلنا: بالدليل وهو أربعة: حجة العقل، وكتاب الله -تعالى-، وسنة النبي -صلى الله عليه وآله وسلم-، وإجماع الأمة.

1- أما العقل: فهو أول حجة؛ لأن معرفة الله لا تحصل إلا بالعقل، وإذا لم يعرف الله -تعالى- لا يمكن معرفة الرسول، وإذا لم يعرف الرسول لا يمكن معرفة الكتاب.

2- وأما الكتاب: فهو حجة؛ لأنه كلام حكيم صادق لا يجوز عليه الكذب.

3- وسنة الرسول -صلى الله عليه وآله وسلم-: حجة؛ لأنا عرفنا بالمعجز أنه رسول حكيم لا يجوز أن يبعث رسولاً إلى الخلق كاذباً، فيجب أن ما صح منه يكون صدقاً وحجة.

4- وإجماع الأمة: حجة؛ لأن الله -تعالى- قال: **﴿وَمَن يُشَاقِقِ ٱلرَّسُولَ مِنۢ بَعۡدِ مَا تَبَيَّنَ لَهُ ٱلۡهُدَىٰ وَيَتَّبِعۡ غَيۡرَ سَبِيلِ ٱلۡمُؤۡمِنِينَ نُوَلِّهِۦ مَا تَوَلَّىٰ وَنُصۡلِهِۦ جَهَنَّمَۖ وَسَآءَتۡ مَصِيرًا ١١٥﴾**[265]، وقال: **﴿فَإِن تَنَٰزَعۡتُمۡ فِي شَيۡءٖ فَرُدُّوهُ إِلَى ٱللَّهِ وَٱلرَّسُولِ﴾**[266]، **﴿وَكَذَٰلِكَ جَعَلۡنَٰكُمۡ أُمَّةٗ وَسَطٗا لِّتَكُونُواْ شُهَدَآءَ عَلَى ٱلنَّاسِ﴾** الآية[267]، وقال النبي -صلى الله عليه وآله وسلم-: ((**لا تجتمع أمتي على الضلالة**))[268]، وقال: ((**عليكم بالجماعة؛ فإن يد الله عليهم**))[269]، يعني جماعة المسلمين.

---

(265) سورة النساء: 115.

(266) سورة النساء: 59.

(267) سورة البقرة: 143.

(268) المستدرك على الصحيحين للحاكم ج1 ص200.

(269) مسند أحمد بن حنبل ج38 ص220.

وأما أصل جميع الأشياء فهو العقل وبه يعرف الله، ويعرف الكتاب، والرسول، والسنة، والإجماع، ولا خلاف بين العقلاء أنما عرف صحته بالعقل فهو حجة، غير أنه ظهر قوم وقالوا: لا يعرف بالعقل شيء، وقالوا: نحتاج إلى واحد يعرف بقوله الأشياء، وهذا باطل.

قلنا: بماذا نعرف أنا لا نعرف بالعقل شيئاً؟

فإن قال: بالعقل، بطل قوله إنا لا نعرف بالعقل شيئاً.

وإن قال: بالسمع.

قلنا: ليس في السمع أن ما نعرف بالعقل يكون باطلاً.

ويقال لهم: هل يصح أن يعلم بالعقل شيء؟

فإن قالوا: لا.

قلنا: هذا يوجب أن لا يعرف أحد المشاهدات إلا بالسمع، ويجب أن من لا يؤمن بالسمع لا يعرف شيئاً.

ويقال لهم أيضاً: بماذا نميز بين الحق والباطل، وبين من يقول بالحق وبين من يقول بالباطل؟

فإن قالوا: بقول آخر.

قلنا: هذا يؤدي إلى ما لا يتناهى، وكل ما يؤدي إلى ما لا نهاية له فهو باطل.

وإن قالوا: بالعقل، بطل قولهم.

فصل: فإن قال بناء هذه الجملة(270) على أن معرفة الله -تعالى- واجبة، فلِمَ قلتم إن معرفته واجبة؟

―――――――――――――
(270) أي المعرفة بالعقل.

قلنا: لوجوه كثيرة:

أحدها: أنه قد تقرر في عقل كل عاقل أن التحرز من المضار المعلومة والمظنونة واجب، وكذلك المعالجة إذا خاف من تركها مضرة، ويشربون الدواء الكريه، ويمتنعون من الاشربة والأطعمة اللذيذة، ويحتجمون ويقطعون الأعضاء، ويوجبون ذلك إذا خافوا من ضرر أعظم منه، وكذلك سلوك الطريق إذا خافوا أن يكون فيه لص أو سبع يوجبون التحرز عن سلوكه ويسلكون طريقاً آخر وإن كان أبعد منه، فإذا صحت هذه الأشياء وحسن في عقل كل عاقل، وخطر ببال العاقل أن له صانعاً صنعة ومدبراً دبره وإنه حسن في عقله المحسنات، وقبح في عقله المقبحات، إن عرفه [أنه إن] أطاعه أثابه، وإن عصاه عاقبه، كان أقرب إلى فعل الواجبات وترك المقبحات، وإن لم يعرفه كان أقرب إلى فعل القبائح، وأبعد من فعل الواجبات، فيجب أن يعرفه؛ ليصل إلى الثواب وينجو من العقاب.

دليل آخر: وهو أنه إذا سمع اختلاف العقلاء في الديانات والمذاهب ويدعو كل واحد إلى مذهبه وطريقه، ويخوف من كان على خلاف مذهبه بالعقاب الدائم، يصير خائفاً، والخوف ضرر، ودفع الضرر واجب، فيجب أن ينظر ويعرف الحق؛ لينجو من الخوف والعقاب.

وأيضاً: فإنه يرى على نفسه نعماً كثيرة ظاهرة وباطنة في الأيام والليالي، وتقرر في عقل كل عاقل وجوب الشكر للمنعم، ولا يصح الشكر إلا بعد معرفة المنعم فيجب أن يعرفه؛ ليشكره على نعمه.

فصل: فإن قال: ولِمَ قلت إن معرفة الله -تعالى- لا تحصل إلا بالنظر في الدليل؟

قلنا: لأنه لا يعرف بالمشاهدة ولا يحصل العلم به ضرورة؛ لأن للعلم الضروري علامات:

أحدها: أن لا يختلف العقلاء فيه.

والثاني: أن لا يحتاج إلىٰ النظر في معرفة الضروري.

الثالث: أنه يحصل بغير مراد العاقل واختياره.

والرابع: أنه لا يمكن دفعه بشك ولا شبهة.

ومعرفة الله -تعالىٰ- بخلاف هذه الجملة، فعلمنا أنها ليست تحصل ضرورة، ولا يجوز أن تحصل بالتقليد؛ لأن التقليد ليس بطريق للعلم، لأن التقليد «قبول قول الغير بغير دليل ولا حجة»، فلم يكن تقليد المحق أولىٰ من تقليد المبطل، ولأن المقلد لا يكون آمناً من أنه علىٰ باطل، فثبت بطلانه.

وإذا كانت معرفة الله -تعالىٰ- واجبة ولا يمكن تحصيلها بهذه الطريق لم يبق إلا أن يعرف بالنظر في الدليل.

فإن قيل فما الدليل الذي ينظر العاقل فيه ليحصل له العلم بالصانع؟

قلنا: أفعاله -تعالىٰ- التي لا يقدر عليها غيره من الجواهر وكثير من الأعراض إذا نظر فيها وعرف حدوثها، عرف أن لها محدثاً وصانعاً، ثم يعرف صفاته.

باب حدوث الأجسام

الدليل علىٰ أن العالم محدث: أنه حدث بعد أن لم يكن، وأن العالم أجسام، والأجسام لا تخلو من الأعراض: كالحركة والسكون، والاجتماع والافتراق، وهذه الأعراض محدثة، فيجب أن تكون الأجسام أيضاً محدثة، كتوأمين إذا وُلدا معاً وعرف أن لأحدهما سنة، عرف أيضاً أن للآخر سنة، وهذا الدليل مبني علىٰ أربع دعاوىٰ:

أحدها: أن في الجسم معنى غيره، وهو العرض.

والثانية: أن العرض محدث.

والثالثة: أن الجسم لا يخلو منه.

والرابعة: أن حكم الجسم في الوجود كحكم العرض.

أما الدعوى الأولى في إثبات الأعراض: فالدليل على أن في الجسم معنى غيره وهو العرض، أنا وجدنا الجسم في جهة ثم انتقل إلى جهة أخرى مع جواز ألا ينتقل، فإذا انتقل فلا بد من أمر يوجب انتقاله، وكذلك إذا كان متحركاً فصار ساكناً، أو يكون مجتمعاً فصار متفرقاً، فلا بد من أمر ومؤثر يصير له الجسم أولى بهذه الصفات من التي كان عليها، وذلك الأمر لا يخلو من ثلاثة: إما أن يكون ذاته وصفاته، أو الفاعل، أو وجود معنى لا يجوز أن يكون لذات الجسم وصفاته؛ لأن الأجسام باقية كما كانت وهذه الصفة قد تغيرت، وأيضاً فإن هذه الصفات متضادة والعلة الواحدة لا توجب صفتين ضدين ولا صفات متضادة، فبطل أن يكون لذاته.

والوجه الثاني: أنه لا يكون بالفاعل؛ لأن القدرة على صفة الذات تتبع القدرة على الذات، ونحن لا نقدر على ذات الجسم، فلا نقدر على صفاته بغير واسطة توجد فيه وهو المعنى، ألا ترى أن أحدنا لما لم يقدر على إيجاد ذات كلامه قدر على صفته إن شاء جعله أمراً أو نهياً وإن شاء جعله خبراً، ولما لم يقدر على كلام غيره لم يقدر على صفة كلامه أيضاً كذلك هذا.

دليل آخر: وهو أنه قد تقرر في العقل حسن الأمر والنهي كما يأمر أحدنا غيره بمناولة جسم، لا بد أن يكون الأمر بشيء حتى يحسن لا يجوز أن يكون أمراً

بإيجاد الجسم؛ لأنه موجود وليس بمقدور له فلم يبق إلا أن يكون الأمر بفعل يفعله وهو المعنى الذي يوجده.

فإن قالوا: ولم قلتم لا يجوز أن يكون الجسم مجتمعاً لعدم الافتراق ومفترقاً لعدم الاجتماع؟

قلنا: لأن العدم لا يوجب الصفة بل يحتملها، ولأنه لو كان كذلك لوجب إذا عدم المعنيان عن الجسم أن يكون مجتمعاً مفترقاً في حالٍ واحدة، وهذا محال، وما أدى إليه وجب أن يكون محالاً.

ويقال لهم ما قال الشيخ أبو الهذيل (271) لأبي بكر الأصم (272) – وكان ينفي الأعراض –: كم حدّ الزاني؟

قال: مائة جلدة.

قال: كم حد القاذف؟

قال: ثمانون جلدة.

قال: أليس يزيد جلد الزاني على جلد القاذف بعشرين جلدة؟

قال: بلى.

قال: فهو عبارة عن ماذا؟ عن الجلاد، أو المجلود، أو السوط، أو الهوى، أو الأرض؟

---

(271) محمد بن محمد بن الهذيل بن عبد الله بن مكحول العبدي، أبو الهذيل العلاف، من أئمة المعتزلة، له كتب كثيرة، منها كتاب سماه (ميلاس) على اسم مجوسي أسلم على يده. الأعلام ج7ص131.

(272) عبد الرحمن بن كيسان، أبو بكر الاصم. فقيه معتزلي مفسر، له تفسير الأصول، ومناظرات مع ابن الهذيل العلاف. الأعلام ج3ص323.

فقال: لا.

فقال: هل هاهنا غير هذه الأشياء؟

قال: لا.

قال: كأنك تقول لا شيء أكثر من لا شيء بعشرين وهذا بيِّن.

وأما الدعوى الثانية: أن الجسم لم يخل من هذه المعاني: فالدليل عليه: أن الجسم لم يخل قط من أن يكون مجتمعاً أو مفترقاً أو متحركاً أو ساكناً، وهذه الصفات صدرت عن هذه المعاني، فيجب ألا يخلو من هذه المعاني.

وأيضاً: فإن الجسمين إما أن يكونا مجتمعين أو مفترقين، فإذا كانا مجتمعين فلا يخلوان من اجتماع، وإذا كانا مفترقين فلا يخلوان من افتراق.

فإن قال: كان الجسم فيما لم يزل خالياً عن الاجتماع والافتراق والحركة والسكون، ثم حدثت فيه هذه المعاني.

قلنا: لو جاز أن يعرى الجسم فيما لم يزل عن هذه المعاني لجاز أن يعرى الآن، ولو جاز ذلك لجاز أن يأتي أحد من أقصى العالم ويقول إنه شاهد هناك جسماً لا مجتمعاً ولا مفترقاً، ولا متحركاً ولا ساكناً، فلا يشك العاقل في تكذيبه، والعقلاء بأسرهم لا يشكون في تكذيبه، وإذا ثبت استحالة خلو الجسم الآن من المعنى ثبت استحالة خلوه منه فيما لم يزل.

ويقال لهم: إذا حدث الاجتماع والافتراق في الجسم بعد خلوه منهما فأيهما سبق إليه؟

فإن قال: الاجتماع.

قلنا: كيف يجتمع ما لم يكن مفترقاً؟

وإن قال: الافتراق.

قلنا: فكيف يفترق ما لم يكن مجتمعاً.

فلا بد من أن يكون في الأزل على إحدى الصفتين.

وأما الدعوى الثالثة: في أن هذه الأعراض محدثة: هو أن هذه الصفات متجددة، فوجب أن تكون المعاني التي توجب هذه الصفات متجددة أيضاً، ولأن الجسم إذا كان مجتمعاً فافترق فحال الاجتماع لا يخلو من ثلاثة: إما أن يكون باقياً كما كان، وهذا لا يجوز؛ لأنه يؤدي إلى جمع الضدين، وإما أن ينتقل، وهذا أيضاً باطل؛ لأن الانتقال من صفات الأجسام، فلا يجوز أن يكون العرض منتقلاً؛ لأنه يؤدي إلى قلب ذات العرض، وهذا محال، فلم يبق إلا أن يكون قد بطل الاجتماع وعدِمَ، والعدمُ والبطلانُ لا يجوز على القديم، فوجب أن يكون محدثاً.

وأما الدعوى الرابعة: إذا ثبت أن في الجسم معنى وأن الجسم لا يخلو منه، وثبت أن هذا المعنى محدث، وجب أن يكون الجسم أيضاً محدثاً، كزيد وعمرو إذا ولدا معاً ولم يسبق أحدهما الآخر، وعلم أن لزيد عشر سنين، علم أيضاً أن لعمرو كذلك، ولو قال قائل لأحدهما عشر سنين وللآخر عشرين سنة عدّه العقلاء مناقضاً كاذباً، كذلك قول من أقرّ بأن في الجسم معانٍ محدثة والجسم لا يخلو منها، ولكن الجسم قديم مناقضاً كاذباً؛ لأن القديم «لم يزل، ولا أول لوجوده»، والمحدث «ما وجد بعد أن لم يكن، ويكون لوجوده أول».

فالجسم والعرض إذا كانا معاً ولم يتقدم أحدهما على الآخر وجب أن يكون حكمهما واحد، فإذا كان العرض محدثاً وجب أن يكون الجسم محدثاً وهذا ظاهر.

فصل: والدليل على أن للعالم صانعاً أحدثه بعد أن لم يكن: أنه ثبت حدوث العالم، والمُحدَث يحتاج إلى مُحدِث؛ لعلمنا أن أفعالنا تحتاج إلينا في حدوثها لكونها

محدثة تحصل بحسب قصودنا ودواعينا، وتمتنع بحسب كراهتنا وصوارفنا، فدل أنها محتاجة إلينا، والحاجة للحدوث؛ لأنها لا تحتاج إلينا في حال عدمها وبقائها ولذلك موتنا لا يؤثر فيها، فإذا شاركت الأجسام أفعالنا في الحدوث وجب أن تشاركها في الحاجة إلى المحدث، فإذا صح هذا ثبت أن للعالم صانعاً وهو الله -تعالى-.

باب في أن صانع العالم ليس بجسم ولا يشبه شيئاً من الأشياء وفي أن الأجسام لا تحصل بالطبع ولا بتأثير النجوم:

والدليل على أن صانع العالم ليس بجسم: هو أن الجسم لا يقدر على إيجاد نفسه؛ لأن الواحد منا في حال قدرته وعلمه وحياته لا يقدر على تغيير بعض أعضائه بتسوية معوج، أو إعادة فائت نحو أن يكون أعمى يعيد بصره، أو يكون أصم فيجعله سميعاً أو غير ذلك، ففي حال عدمه أولى ألا يقدر على إيجاد نفسه، ولأن الفعل لا يحصل إلا من حي قادر، ومحال أن يكون المعدوم حياً قادراً.

والدليل على أنه لا يجوز أن تكون الأجسام وأكثر الأعراض من فعل جسم آخر: [أن](273) الواحد منا مع تمام قدرته وآلته وعلمه لو أراد لنفسه ولداً لا يقدر عليه، ولو أراد أن يوجد جسماً آخر لتعذر عليه، وأيضاً لو وضعت نطفة بين يدي واحدٍ من الأجسام لم يقدر أن يجعل منها صورة حية، فعلمنا بذلك أن الصانع الذي خلق من النطفة في الرحم، ومن بيض الطيور صوراً مختلفة حيواناً لا يشبه بعضها بعضاً - يكون مخالفاً للأجسام؛ لأنه لو كان جسماً لما قدر على خلق الأجسام كما لا يقدر سائر الأجسام.

وأيضاً فقد تتغير أحوال العالم بخلاف مراد الأجسام، فعلمنا أن تغيرها بخلاف الأجسام، وأيضاً فإن الجسم يقدر بقدرة، والقادر بالقدرة لا يقدر على

---

(273) مكتوب: كان.

فعل الجسم، فعلمنا أن فاعل الأجسام مخالفٌ لها وهو الله سبحانه، وبهذه الأدلة يبطل قول المفوضة وغيرهم.

والدليل على أن هذه الأجسام لا يجوز أن تكون من تأثير النجوم: أن النجوم كلها أجسام وقد بيّنا أن الجسم لا يقدر على فعل الجسم.

وأيضاً: فإن النجوم ليست بحيّة، ومالم يكن حياً لم يكن قادراً عالماً، ولا يجوز أن يحصل الفعل إلا من حي قادر، فثبت بهذه الأدلة أن العالم ليس بتأثير النجوم.

والدليل على أن العالم لا يحصل بالطبع: أن الطبع ليس بمعقول على ما قاله، وإن كان معقولاً فلا يصح أن يكون حياً قادراً فلا يجوز أن يكون سبباً لوجود العالم، ولوكان الطبع علّة لوجود الأشياء لوجب أن تكون معلولاته [لا تحصل به](274)؛ لأن العلة لا يجوز أن تتقدم المعلول، ولأن العالم أجسام وأعراض، وأجناس وجمادات، ومتضادات ومختلفـ[ـات]، والشيء الواحد لا يكون علة لوجود أشياء.

وأيضاً فإنهم قالوا: الطبائع الأربع متضادات، ومحال أن يكون أربعة اضداد علّة في شيء واحد؛ لأن الضد لا يجوز أن يكون علّة في إيجاد ضده، مثاله أن السواد ضد البياض فلا يجوز أن يوجد البياض بل يجب عدم البياض لوجود السواد، وما كان موجباً لعدم الشيء لا يجوز أن يكون علّة في وجوده.

ويقال لهم: الطبع قديم أم محدث؟

فإن قالوا قديم.

---

(274) مكتوب: تحصل له.

قلنا: ما يحصل منه يجب أن يكون قديماً؛ لأن العلّة لا يجوز أن تتقدم المعلول.

وإن قالوا: محدث.

قلنا: يجب أن يحتاج إلى مُحدِث إلى ما لا نهاية، وهذا محال.

باب في صفات الصانع -تعالى-

اعلم أن صفات الله -تعالى- على ثلاثة أضرب:

[الأول]: صفات تجب له لم يزل ولا يزال، ولا يجوز عليه أضدادها، ولا يجوز خروجه منها.

والثاني: صفات يجوز أن يكون عليها ولا تجب.

والثالث: صفات محال، لا يجوز أن يوصف بها.

[الفصل الأول: في الصفات الواجبة لله ـ تعالى-]:

فالأول: صفات الذات: نحو كونه قادراً؛ لأن الفعل يحصل من القادر كخلق العالم وما فيه من العجائب، والفعل لا يحصل ممن ليس بقادر فيجب أن يكون الله -تعالى- قادراً.

ويعلم أنه -تعالى- عالم؛ لأن الفعل المحكم المتقن لا يحصل إلا من عالم قادر، فإذا حصل منه -تعالى- الأفعال المحكمة المتقنة وجب أن يكون عالماً.

ويجب أن يعلم أنه حي؛ لأنه قد ثبت كونه قادراً عالماً، وإذا ثبت كونه قادراً عالماً وجب كونه حياً.

وإذا كان حياً لا تجوز عليه الآفات، وجب أن يكون سميعاً بصيراً مدركاً بشرط وجود المدركات، وكونه موجوداً.

والدليل على أنه -تعالى- موجود؛ أن المعدوم لا يجوز أن يكون قادراً عالماً فاعلاً، وقد ثبت كونه بهذه الصفات، ولأن المعدوم لا تأثير له في وجود الأشياء.

وإذا كان موجوداً لا يخلو من أن يكون قديماً، أو محدثاً، لا يجوز أن يكون محدثاً؛ لأنه يحتاج إلىٰ محدث ومحدثه يحتاج إلىٰ محدث إلىٰ ما لا يتناهىٰ، وهذا محال، فثبت أنه قديم.

فهذه الصفات واجبة لله -تعالىٰ- لم يزل ولا يزال ولا يجوز خروجه منها، ولا يحتاج إلىٰ قدرة وعلم وحياة وسمع وبصر، ويجب أن يكون قادراً علىٰ جميع المقدورات وعالماً بجميع المعلومات.

والدليل علىٰ أنه -تعالىٰ- لا يجوز أن يكون قادراً بقدرة وعالماً بعلم وحياً بحياة: أنه لو كان كذلك لم تخل هذه المعاني إما أن تكون معدومة، أو موجودة، وإذا كانت موجودة لا تخلو من أن تكون محدثة أو قديمة، لا يجوز أن يكون قادراً بقدرة معدومة وعالماً بعلم معدوم؛ لأنه لو كان كذلك لجاز أن يعجز بعجز معدوم ويجهل بجهل معدوم، وهذا محال، وما أدىٰ إليه وجب أن يكون محالاً.

ولا يجوز أن يكون قادراً بقدرة محدثة؛ لأنه قبل حدوث القدرة لا يكون قادراً ولم يصح منه إحداث القدرة فيؤدي إلىٰ أن لا يكون قادراً أبداً؛ لأن كونه قادراً يكون موقوفاً علىٰ وجود القدرة، ووجود القدرة يكون موقوفاً علىٰ كونه قادراً، وهذا محال، فثبت أنه لا يجوز أن يكون علىٰ هذه الصفات لمعانٍ محدثة، وهي: القدرة والحياة والسمع والبصر والقِدَم، ولا يجوز أن يكون علىٰ هذه الصفات لمعانٍ قديمة.

والدليل علىٰ ذلك: أنه لو كان قادراً بقدرة قديمة، عالماً بعلم قديم، حياً بحياة قديمة، سميعاً بسمع قديم، بصيراً ببصر قديم، فهذه المعاني يجب أن تكون أمثالاً للقديم -تعالىٰ- وأشباهاً له؛ لأن القديم قديم لذاته فما شاركه في القدم يجب أن يكون مثلاً له، ويلزم عليه وجوهٌ من الفساد:

أحدها: أن تكون القدرة والعلم والحياة كل واحد أمثال ذات الباري -تعالىٰ-.

والثاني: أن يكون الله -تعالىٰ- مثل هذه المعاني.

والثالث: يجب أن تكون هذه المعاني كل واحدة بصفة الأخرىٰ.

والرابع: أن تكون ذات القديم -تعالىٰ- بصفة جميع هذه المعاني فيؤدي إلىٰ أن تكون ذات القديم -تعالىٰ- قدرة وعلماً وحياة.

والخامس: أن يكون كل واحد من هذه المعاني إلهاً.

وإذا كان الله -تعالىٰ- بصفة جميع هذه المعاني فيجب أن يستغني عن هذه المعاني، فإذاً يجب أن تُنفىٰ عنه جميع هذه المعاني أصلاً.

فإن قيل: ولِمَ قلتم إن القِدم من صفات الذات؟

قلنا: لأن القدم لو كان بالفاعل فلا بد أن يكون الفاعل متقدماً عليه، والقديم لا يتقدمه أحد، وما يكون بالفاعل فلا يكون قديماً، ولا يجوز أن يكون قديم لمعنىٰ قديم؛ لأن ذلك المعنىٰ يجب أن يحتاج إلىٰ معنىٰ آخر في قدمه فيؤدي إلىٰ ما لا نهاية له، وما لا نهاية له فهو محال، فما يؤدي إليه يجب أن يكون محالاً.

دليل آخر: يقال لهم كونه -تعالىٰ- قادراً واجب أم جائز؟

فإن قالوا: واجب.

قلنا: ما يكون واجباً لا يحتاج إلىٰ معنىٰ وفاعل ومؤثر؛ ككونه -تعالىٰ- موجوداً لما كان واجباً فلا يحتاج إلىٰ موجد ومؤثر.

دليل آخر: لو كان الله -تعالىٰ- عالماً بعلم وعلمه يتعلق بالشيء علىٰ الوجه الذي يتعلق به علمنا في الوقت الواحد وجب أن يكون علمه مثل علمنا؛ لأن العلمين إذا تعلَّقا بمعلوم واحد في الوقت الواحد علىٰ الوجه الواحد كانا مثلين،

ويلزم على هذا أن يكون علمه -تعالى- محدثاً أو علمنا قديم، وكان علمه لا يتعلق بمعلوم واحد، وكان علمنا(275) يتعلق بجميع المعلومات، وهذا باطل فثبت أنه عالم لذاته.

[الفصل الثاني: في الصفات التي لا تجوز عليه ـ تعالى ـ]:

وأما الصفات التي لا تجوز عليه -تعالى- ولا يجوز أن يوصف بها فيما لم يزل وفيما لا يزال: فهي ضد هذه الصفات التي ذكرناها وهو: العجز، والجهل، والشك، والظن، والندم، والموت، والآفة، وهذه الصفات لا تجوز على الله -تعالى- لم يزل ولا يزال.

ويعلم أنه: غني لم يزل ولا يزال ولا تجوز عليه الحاجة؛ لأن الحاجة تتبع النفع والضر، والنفع والضر تتبع الشهوة والنفار، والشهوة والنفار لا يجوزان على الله -تعالى-؛ لأنهما من صفات الأجسام، والله -تعالى- ليس بجسم، فيجب أن يكون غنياً.

والدليل على أنه -تعالى- ليس بجسم: أنه لو كان جسماً لكان مثلاً للأجسام، ولكان محدثاً كسائر الأجسام وقد ثبت أنه -تعالى- قديم، فلا يجوز أن يكون جسماً، ولأن الجسم يكون قادراً بقدرة، والقادر بالقدرة لا يقدر على فعل الأجسام، فإذا ثبت أنه -تعالى- خالق لجميع الأجسام ثبت أنه ليس بجسم، ولأن الجسم أجزاء مجتمعه مؤلفة، والله -تعالى- لا بعض له ولا جزء فلا يجوز أن يكون جسماً.

فإن قالوا: نقول إنه جسم بمعنى أنه قائم بنفسه، ومعناه أنه لا يحتاج في وجوده إلى محل ومكان.

قلنا: (الجسم) في لغة العرب عبارة عن الطويل العريض العميق، فإذا قالوا:

―――――――――――
(275) المفترض من كونه قديماً.

الباب الخامس عشر: في بيان ما يجب معرفته من أصول الدين

إنه (جسم) بمعنى أنه قائم بنفسه، لا يكون هذا بلغة العرب، ولو جاز ذلك لجاز للآخر أن يقول أُسمّيه (إنساناً)؛ لأنه عالم، وغير ذلك من الأسماء، وهذا بخلاف الدين.

ويعلم أنه -تعالى-: ليس بجوهر؛ لأن الجوهر متحيز، والمتحيز لا يخلو من الكون، والكون عرض، والعرض محدث، وإذا لم يخل من المحدث يجب أن يكون محدثاً، ولا يجوز أن يكون -تعالى- عرضاً؛ لأن الأعراض كلها محدثة، وقد دللنا على أنه -تعالى- قديم.

وإذا ثبت أنه -تعالى- ليس بجسم ولا جوهر ولا عرض، ثبت أن كل صفة تخص الجسم والعرض لا تجوز عليه -تعالى-، كالمكان والجهة، والمجيء والذهاب، والنزول والصعود، والفوق والتحت، والاستواء والانتقال، وقوله -تعالى-: ﴿وَجَاءَ رَبُّكَ﴾ (276) معناه: وجاء أمر ربك، وقوله -تعالى-: ﴿الرَّحْمَٰنُ عَلَى الْعَرْشِ اسْتَوَىٰ﴾ (277) المراد به: استولى، أي: قادر على خلق العرش والتصرف، وهذا مشهور في لغة العرب وأشعارهم كما قيل:

قـــد استـــوى بِشْـــرٌ عـــلى العــراق

مــن غيــر ســيف ودمٍ مهــراق (278)

والمراد: استولى، وقيل: هو العرش المعروف كما قال الله -تعالى-، وقيل: إن السموات والأرض مع عظمهما في جنب العرش كحلقة ملقاة في فلاة، فلذلك خصه الله -تعالى- بالذكر، قال -تعالى-: ﴿رَبُّ الْعَرْشِ الْعَظِيمِ﴾ (279)، فإذا كان قادراً على خلق العرش مع عظمته فأولى أن يكون قادراً على ما دونه،

---

(276) سورة الفجر: 22.
(277) سورة طه: 5.
(278) للشاعر البعيث بن بشر المجاشعي، وقيل للأخطل بن غالب المجاشعي.
(279) سورة التوبة: 129.

وقيل: العرش بناء السموات والأرض قال الله -تعالى-: ﴿وَدَمَّرْنَا مَا كَانَ يَصْنَعُ فِرْعَوْنُ وَقَوْمُهُۥ وَمَا كَانُوا۟ يَعْرِشُونَ ﴿١٣٧﴾﴾[280] يعني بنيانهم، وقيل: العرش الملك، ويدل عليه قول الشاعر:

إذا ما بنو مروان ثلت عروشهم

وأودت كما أودت إياد وحمير[281]

أراد بعروشهم: مملكتهم.

فإن قال قائل: أين الله؟

قلنا: هذه إشارة إلى المكان، والمكان لا يجوز عليه -تعالى-.

فإن قال: إنكم تقولون إنه بكل مكان.

قلنا: لا نقول إنه بالذات في كل مكان، لكن نقول إنه قادر على كل مكان عالم به حافظ له مدبر فيه.

فإن قال: متى كان؟

قلنا: هذه إشارة إلى وقت وجوده، والله -تعالى- قديم لا أول لوجوده ولا آخر، فلا يقال متى كان.

فإن قال: كيف هو؟

قلنا: هذا السؤال يوجب تشبيهه -تعالى- بغيره، والله -تعالى- لا مثل له ولا شبيه.

فإن قال: كيف صفته؟

---

(280) سورة الأعراف: 137.

(281) قال ابن الأعرابي في رثاء ابن جرير الطبري:

إن يندبوك فقد ثلت عروشهم　　　وأصبح العلم مرثيا ومندوبا

تاريخ دمشق لابن عساكر ج52 ص207.

قلنا: موجود، قادر، عالم، حي، سميع، بصير، لم يزل ولا يزال.

فإن قال: أنتم تقولون هو شيء لا كالأشياء، فنحن نقول جسم لا كالأجسام؟

قلنا: (الشيء): اسم لما يعلم ويخبر عنه، وهو اسم يقع على مختلف، ومتماثل، ومتضاد، ومعدوم، وموجود، وجسم، وعرض، وقديم، ومحدث، والله -تعالى- يعلم ويخبر عنه، إذا قلنا: إنه -تعالى- شيء لا كالأشياء، لا يكون متناقضاً.

فأما (الجسم): فهو اسم للطويل العريض العميق، فإذا قلنا: إنه -تعالى- جسم، أثبتنا أنه طويل عريض عميق، وإذا قلنا: لا كالأجسام، قلنا أنه ليس بطويل عريض عميق، فهذه مناقضة ظاهرة، فلا يجوز أن يسمى جسماً.

ويعلم أنه -تعالى-: لا يدرك بشيء من الحواس الخمس، خلافاً لمن قال إنه -تعالى- يدرك بحاسة البصر والسمع، والدليل على أنه ليس يُرى قوله -تعالى-: ﴿لَّا تُدْرِكُهُ ٱلْأَبْصَٰرُ وَهُوَ يُدْرِكُ ٱلْأَبْصَٰرَ﴾[282]، فتمدح بنفي الرؤية عن ذاته، وإثبات الرؤية يكون نقصاً له، والنقص لا يجوز على الله -تعالى- لا في الدنيا ولا في الآخرة، وقال في جواب موسى: ﴿لَن تَرَىٰنِي﴾[283]، و(لن) تكون في لغة العرب للتأبيد، فيجب أن لا يُرى أبداً لا في الدنيا ولا في الآخرة.

ولأن الله -تعالى- على الصفة التي لو رُأي لكان يُرى عليها؛ لأن التغير لا يجوز عليه -تعالى-، ونحن على الحال الذي لو رأيناه ما رأيناه إلا عليها، من صحة الحاسة والموانع المعقولة من الرؤية التي تستحيل عليه -تعالى-، كالبعد المفرط، والقرب المفرط، والحجاب والرقة واللطافة، فكان يجب أن يُرى، فلو جاز أن نراه مع هذه لجاز أن يكون بين أيدينا فيلة عظيمة وجبال لا نراها، ولو جاز لبطلت الحقائق والدلائل، وهذا محال.

ولأنه لو كان مرئياً لوجب أن يكون مقابلاً أو في حكم المقابل أو حالّاً في

(282) سورة الأنعام: 103.

(283) سورة الأعراف: 143.

المقابل، ولو كان كذلك لكان جسماً أو عرضاً، وقد ثبت أنه ليس بجسم ولا عرض، وأما قوله -تعالى-: ﴿وُجُوهٌ يَوْمَئِذٍ نَّاضِرَةٌ ﴿٢٢﴾ إِلَىٰ رَبِّهَا نَاظِرَةٌ ﴿٢٣﴾﴾[284]، ليس المراد به الرؤية، وإنما المراد به: النظر والانتظار، ونحن نحمله عليها؛ لأن أهل الجنة ينظرون في النعم التي يتناولونها في الحال، وينتظرون أمثالها في المستقبل، وكِلا التأويلين مرويات عن أمير المؤمنين -عليه السلام-، وجماعة من الصحابة وخلق من التابعين.

وأما سؤال موسى: ﴿قَالَ رَبِّ أَرِنِي أَنظُرْ إِلَيْكَ﴾[285]، إنما سأل عن سؤال قومه بإذن الله حتى يبين لهم الحجة أنه لا يُرى؛ لأنهم سألوا موسى فقالوا: ﴿لَن نُّؤْمِنَ لَكَ حَتَّىٰ نَرَى اللَّهَ جَهْرَةً﴾[286]، وقال -تعالى-: ﴿يَسْأَلُكَ أَهْلُ الْكِتَابِ أَن تُنَزِّلَ عَلَيْهِمْ كِتَابًا مِّنَ السَّمَاءِ فَقَدْ سَأَلُوا مُوسَىٰ أَكْبَرَ مِن ذَٰلِكَ فَقَالُوا أَرِنَا اللَّهَ جَهْرَةً فَأَخَذَتْهُمُ الصَّاعِقَةُ بِظُلْمِهِمْ﴾[287]، ولذلك قال موسى: ﴿أَتُهْلِكُنَا بِمَا فَعَلَ السُّفَهَاءُ مِنَّا﴾[288]، فثبت أنه سأل عن قومه.

وأما الخبر الذي يروى عن النبي -صلى الله عليه وآله وسلم-: ((**سترون ربكم يوم القيامة..**)) لو صح الخبر فالمراد به العلم، يعني: أنكم ستعلمون ربكم بالضرورة من غير كلفة نظر، ومن غير دخول شك أو شبهة، والرؤية تكون بمعنى العلم قال الله -تعالى-: ﴿أَلَمْ تَرَ كَيْفَ فَعَلَ رَبُّكَ بِعَادٍ ﴿٦﴾﴾[289]، أي ألم تعلم، و﴿أَلَمْ تَرَ إِلَىٰ رَبِّكَ كَيْفَ مَدَّ الظِّلَّ﴾[290]، وأمثال ذلك كثيرة في القرآن.

---

(284) سورة القيامة: 22-23.

(285) سورة الأعراف: 143.

(286) سورة البقرة: 55.

(287) سورة النساء: 153.

(288) سورة الأعراف: 155.

(289) سورة الفجر: 6.

(290) سورة الفرقان: 45.

فإن قال: إذا كان الله -تعالى- موجوداً كان مرئياً؟

قلنا: كثير من الموجودات لا يصح أن تُرى كالعلم، والقدرة، والحياة، والشهوة، والطعوم، والروائح وغيرها، وهو -تعالى- في هذه الصفة مخالف للأشياء، يرى ولا يُرى كما قال -تعالى-: ﴿لَّا تُدْرِكُهُ ٱلْأَبْصَٰرُ وَهُوَ يُدْرِكُ ٱلْأَبْصَٰرَ﴾[291]، يُنوّم ولا ينام كما قال: ﴿لَا تَأْخُذُهُۥ سِنَةٌ وَلَا نَوْمٌ﴾[292]، وكما قال: ﴿يُطْعِمُ وَلَا يُطْعَمُ﴾[293]، فلو جاز أن يُرى وقد قال: ﴿لَّا تُدْرِكُهُ ٱلْأَبْصَٰرُ﴾ لكان قوله كذباً -تعالى- الله - وهذا باطل، وهو -تعالى- يرى بغير بصر، ويسمع بغير أذن، ويعلم بغير قلب، ويفعل بغير آلة؛ لأنه خالق هذه الأعضاء والحواس والآلات، فلو احتاج إلى هذه الأشياء لما قدر عليها كما لا نقدر عليها.

ويعلم أنه -تعالى-: واحد لا ثاني له؛ لأنه لو كان معه ثانٍ وأراد أحدهما خلاف ما يريده الآخر كما أنه لو أراد أحدهما تحريك جسم والآخر تسكينه، أو أراد أحدهما حياة شخص والآخر موته، فلا يخلو من ثلاثة أوجه:

- إما أن يوجد مرادهما وهذا محال؛ لأنه جمع الضدين.

- أو لا يوجد مرادهما، وهذا أيضاً محال؛ لأنه يؤدي إلى أن يكونا عاجزين.

- فلم يبق إلا أن يوجد مراد أحدهما دون الآخر، فمن وجد مراده فهو الإله، والآخر يكون عاجزاً، والعاجز لا يكون إلهاً.

وبهذا القول يبطل قول الثنوية الذين يقولون: بالنور والظلمة، ويسمون النور (يزدان) والظلمة (اهرمن).

---

(291) سورة الأنعام: 103.

(292) سورة البقرة: 255.

(293) سورة الأنعام: 14.

ويقولون: النور خير يفعل الخير ولا يحصل منه الشر، والظلمة شر تفعل الشر ولا يقع منه الخير، ولأن النور والظلمة جسمان، والأجسام كلها محدثة، والمحدث لا يحصل منه خلق الأجسام.

وأيضاً: فإنه يجوز أن يحصل من النور الشر ويحصل من الظلمة الخير، كما أن ظالماً لو طلب مظلوماً لقتله فجنّ عليه الليل فلم يجده لكان ينجو، وإذا طلع القمر أو الفجر فوجده وقتله، فحصل من الليل وهو الظلمة الخير، وحصل من القمر أو الفجر وهو النور الشر، فبطل قولهم إن النور لا يحصل منه الشر، وإن الظلمة لا يحصل منه الخير.

وأيضاً: فإنه يجوز أن يعصي العالم ويتوب العاصي، والعالم خير فحصل منه شر، والعاصي شر، فحصل من الشر خير.

فإن أضاف المعصية إلى الظلمة، والتوبة إلى النور؟

قلنا: فقد تاب غير من أذنب، وهذا محال.

وأما قول النصارى: الذين قالوا: ثلاثة أقانيم قدماء: (الله -تعالى-، وعيسى، والكلمة) فيبطل قولهم بما قدمنا من ذلك التمانع.

فإن قالوا: إن عيسى اتحد مع الله، ومعنى الاتحاد: هو أن يصير الشيئان شيئاً واحداً، فهذا ليس بمعقول؛ ولأن الاتحاد لا يصح إلا بالحلول، والحلول من صفة العرض، وعيسى كان جسماً، والله -تعالى- ليس بمحل حتى يحل فيه شيء، فبطل قولهم من كل وجه.

ويبطل أيضاً بنفي الاثنين جميع الأقوال المتوسطات كعبدة الأصنام، والنجوم، والنار، ولأن الصنم والنجوم والنار؛ أجسام متماثلة، ولا يجوز أن تكون آلهة، ولأن هذه الأشياء جمادات لا تنفع فبما يستحقون العبادة؟!

الفصل الثالث: في الصفات التي يوصف الله -تعالى- بها في حال ولا يوصف بها في حال:

نحو كونه مريداً أو كارهاً، وخالقاً، ورازقاً؛ لأن الله -تعالى- فيما لم يزل لا يوصف بهذه الصفات، وإنما وصف بها عند خلق العالم والحيوان، فإذا أراد شيئاً يوصف بأنه مريد، وإذا كره شيئاً يوصف بأنه كاره، وإذا خلق يوصف بأنه خالق، وإذا رزق يوصف بأنه رازق، وهذا لا يتصور فيما لم يزل، فلا يوصف بها فيما لم يزل.

والدليل على أن الله -تعالى- مريد وكاره: أنه آمر ومخبر، أمر بأشياء وأخبر عن أشياء ونهى عن أشياء، والأمر لا يكون أمراً إلا بإرادة الآمر المأمور به، والخبر لا يكون خبراً إلا بإرادة المخبر عنه، والنهي لا يكون نهياً إلا لكراهة الناهي المنهي عنه.

والصفة الأخرى كونه متكلماً: وهذه أيضاً صفة الفعل، ومرادنا بكونه متكلماً هو فاعل الكلام لا أنه جسم يحدث فيه شيء، لكنه يخلق الكلام في محل كما خلقه في الشجر فسمعه موسى -عليه السلام-، فالشجر كان محلاً للكلام، والمتكلم هو الله -تعالى- لا الشجر، كما أن أحدنا يتكلم باللسان، واللسان محل الكلام، والمتكلم هو الإنسان لا اللسان، والقرآن كلام الله -تعالى- وهو هذه السور والآيات المسموع المتلو بلغة العرب، ومعجزة الرسول -صلى الله عليه وآله وسلم-، وإنه محدث ليس بقديم، قال الله -تعالى-: ﴿مَا يَأْتِيهِم مِّن ذِكْرٍ مِّن رَّبِّهِم مُّحْدَثٍ إِلَّا اسْتَمَعُوهُ وَهُمْ يَلْعَبُونَ ۝٢﴾[294] وصفه بأنه محدث مسموع، وقال: ﴿إِنَّا أَنزَلْنَاهُ﴾[295]، والنزول لا يجوز على القديم، ولأن القرآن حروف منظومة متوالية حرف بعد حرف، وهذه علامة الحدوث.

---

(294) سورة الأنبياء: 2.

(295) سورة يوسف: 2.

فإن قالوا: هذا الذي بيننا محدث، ولكنه ليس بكلام الله -تعالىٰ-، وكلامه -تعالىٰ- قائم بذاته.

قلنا: هذا ليس بمعقول ولا معلوم!

باب العدل

العدل: هو الفعل الحسن، سواء كان نفعاً للمفعول به أو ضرراً.

ولذلك يقال عقاب العصاة حسن؛ لأنه عدل من الله -تعالىٰ-، وأفعال الله -تعالىٰ- كلها عدل وتفضل، ولا يجوز أن يفعل الظلم والعبث.

والدليل علىٰ أنه لا يجوز أن يفعل القبيح: أنه عالم بقبح القبيح، مستغن عنه، عالم باستغنائه عنه أبداً، ومن كان بهذه الصفة لا يكون له داعٍ إلىٰ فعل القبيح فلا يفعله أبداً، ألا ترىٰ أن أحدنا إذا كان بهذه الصفة لا يفعل القبيح، كما أن أحدنا لو خُيِّر بين الصدق والكذب فقيل: لو صدقت نعطيك درهماً ولو كذبت أيضاً نعطيك درهماً، لاختار الصدق علىٰ الكذب لأن فائدتهما سواء، ويعلم أن الصدق حسن والكذب قبيح فاستغنىٰ بالحسن عن القبيح، ألا ترىٰ أنه لو لم يعلم قبح الكذب أو كان في الكذب زيادة نفع بأن قال: (إن صدقت نعطيك درهماً، وإن كذبت نعطيك دراهم كثيرة) يجوز أن يختار الكذب علىٰ الصدق؛ لزيادة النفع.

فأما الحسن فقد يفعل لحاجة ويفعل للإحسان إلىٰ الغير، ألا ترىٰ أن أحدنا يرشد ضالاً ويفرق بين كونه محسناً أو مسيئاً من غير منفعة، ولكن يفعل ذلك لحسنه، فالله -تعالىٰ- يفعل الحسن للإحسان إلىٰ العبد؛ لأنه لا تجوز عليه المنافع والمضار، فأما القبيح فلا وجه في فعله إلا الجهل والحاجة، وقد ثبت أنهما لا يجوزان علىٰ الله -تعالىٰ-، فلا يجوز أن يفعله -تعالىٰ- في حالٍ من الأحوال.

فإن قال: لا نقول إن الله -تعالىٰ- يفعل القبيح، ولكن نقول إن القبيح يقبح منا؛ لأنا مملوكون، ولا يقبح منه -تعالىٰ- بل يحسن منه؛ لأنه مالك.

قلنا: القبيح قد يقبح لوجه يرجع إليه لا لوجه يرجع إلى الفاعل؛ لأنه يقع على وجه يكون قبيحاً، فمن أي فاعل وقع على ذلك الوجه كان قبيحاً سواء كان مالكاً أو مملوكاً، كما أن الظلم قبيح فمن أي فاعل وقع الظلم يكون قبيحاً، وكذلك الكذب يكون قبيحاً لكونه كذباً، فمن أي فاعل وجد يكون قبيحاً سواء كان مالكاً أو مملوكاً.

وأيضاً: يجوز على أصلكم أن يظهر المعجز على أيدي الكذابين، ويعذب الأنبياء والمؤمنين، ويثيب الفراعنة والكافرين، ولا يقبح منه، ولو جاز ذلك لم نثق بقول الرسول وشككنا في الشريعة، ومن جوز ذلك فلا شك في خروجه من الدين.

وأيضاً: لو كان القبيح قبيحاً للنهي لوجب أن يكون الحسن أيضاً حسناً للأمر، فإذا لم يكن القبيح قبيحاً من الله -تعالى- لأنه ليس بمنهي، وجب أن لا يحسن منه شيء؛ لأنه ليس بمأمور، ولا خلاف بين المسلمين أن أفعاله -تعالى- كلها حسنة، ولأنه لوكان القبيح قبيحاً للنهي لكان من لا يقر بالنهي لا يعرف قبح القبيح كالملحدة، ومعلوم ضرورة قبح الظلم والكذب والعبث وسائر القبائح في عقل كل عاقل، فعلمنا أن كون القبيح قبيحاً لأمر يرجع إليه، وهو كونه ظلماً وكذباً.

فإن قال: يجوز أن يكون الشيء منا قبيحاً ومن الله -تعالى- حسناً كإيلام الغير والإمراض.

قلنا: نجيب عن هذا السؤال من بعد إن شاء الله -تعالى-.

باب في خلق الأفعال

اختلف الناس في خلق الأفعال على ثلاثة أقوال:

[القول الأول]: قال جهم بن صفوان: هي مخلوقة لله لا تأثير للعبد فيها

كالصورة، واللون، والحياة، والموت، والذكر، والأنثى، وإضافتها إلى العبد كإضافة الحركة إلى الشجرة.

والقول الثاني: الكلابية والنجارية: هي خلق الله -تعالى- كسب للعبد.

والقول الثالث: قول أهل العدل من الزيدية والمعتزلة: هي فعل العبد ليست بخلق الله -تعالى-، وإن كانت آلة القدرة مخلوقة لله -تعالى-.

والكلام في هذه المسألة يكون في موضعين:

أحدهما: أن فعل العبد ليس بخلق لله -تعالى-.

والثاني: الكلام في الكسب(296).

أما الأول: فالدليل على أن أفعال العباد فعلهم: أن وجودها موقوف على حسب قصودهم ودواعيهم، وانتفائها بحسب كراهتهم وصوارفهم، حتى إذا أرادوا وجودها وقصدوها تحصل، وإذا كرهوا وجودها ولم يقصدوها لم تحصل، فلو كانت فعلاً لله -تعالى- لم يقف وجودها على اختيارهم وقصدهم، وانتفاؤها على كراهتهم وصوارفهم كسائر ما خلقه الله -تعالى- في العبيد من الطول، والعرض، والقصر، واللون، والصحة، والمرض والحياة، والموت، ولأن في أفعال العباد الكفر وقتل النفس بغير الحق والزنا وسائر القبائح، فلو كانت خلقاً لله -تعالى- لكانت لا تخلو من أن تحسن منه أو تقبح، وفي كلتا الحالتين كان يجوز أن يخلقها وكان يجب الرضا بخلقها، وإذا جاز أن يخلق الظلم وسائر القبائح كان يجوز أن يظهر المعجز على الكذابين، وفي تجويز ذلك خروج عن الدين؛ لأن الله -تعالى- أمر العباد بالطاعة ووعد عليها الثواب، ونهاهم عن المعصية وأوعد عليها بالعقاب، فلو كانت أفعالهم خلقاً لله -تعالى- لما صح الأمر والنهي، والمدح والذم، والوعد والوعيد، والثواب والعقاب.

---

(296) لم يرد الكلام عنه.

الباب الخامس عشر: في بيان ما يجب معرفته من أصول الدين - 149 -

وفي صحة هذه الجملة دليل على أنها ليست مخلوقة لله -تعالى-، ولأنها لو كانت مخلوقة لله -تعالى- لجاز أن يشتق له منها اسماً فلو فعل الظلم كان يسمى ظالماً، ولو خلق الكذب كان يسمى كاذباً، كما أنه لما فعل العدل سُمّي عادلاً، وبالإجماع أنه لا يجوز أن يسمى الله -تعالى- ظالماً كاذباً، فعلمنا أنها ليست بمخلوقة لله -تعالى-.

ولأن الله -تعالى- من أول القرآن إلى آخره أضاف أفعال العباد إليهم كما قال: ﴿جَزَآءَۢ بِمَا كَانُواْ يَعۡمَلُونَ ١٤﴾(297)، و﴿يَفۡعَلُونَ﴾، و﴿يَكۡسِبُونَ﴾ وأمثال ذلك كثيرة، فلو لم يكن فعلهم لكان كذباً -تعالى- الله عن ذلك -، وقال أيضاً: ﴿ٱلَّذِيٓ أَحۡسَنَ كُلَّ شَيۡءٍ خَلَقَهُۥۖ﴾(298)، وبالإجماع أن الكفر وسائر القبائح ليست بحسنة.

فأما قوله -تعالى-: ﴿وَٱللَّهُ خَلَقَكُمۡ وَمَا تَعۡمَلُونَ ٩٦﴾(299)، أراد بذلك أنه خلق الحجر والخشب التي ينحتون منها الصنم، وأما قوله -تعالى-: ﴿خَٰلِقُ كُلِّ شَيۡءٖ﴾(300)، أراد بذلك ما كان من أفعاله من الأجسام وكثير من الأعراض، ولا يطلق اسم الخلق على أفعال العباد فلا تدخل في هذه الآية.

باب في الإرادة

الله -تعالى- يريد ما أمر به من الطاعة، ويكره ما نهى عنه من المعصية، وأما المباح فلا يريده ولا يكرهه؛ لأنه لم يأمر به ولم ينه عنه، وعند المجبرة الله -تعالى- يريد جميع المعاصي، ويريد من الطاعات ما علم أنه يكون.

---

(297) سورة الأحقاف: 14.

(298) سورة السجدة: 7.

(299) سورة الصافات: 96.

(300) سورة الأنعام: 102.

والدليل على بطلان قولهم: أن إرادة القبيح قبيحة، فكما لا يجوز أن يفعل القبيح لا يجوز أن يريده، وأيضاً لا فرق بين أن يريد القبيح وبين أن يأمر به، فكما لا يجوز أن يأمر بالقبيح لا يجوز أن يريده، وقال -تعالى-: ﴿وَمَا ٱللَّهُ يُرِيدُ ظُلۡمٗا لِّلۡعِبَادِ ٣١﴾[301]، وقال بعد ما عد المعاصي: ﴿كُلُّ ذَٰلِكَ كَانَ سَيِّئُهُۥ عِندَ رَبِّكَ مَكۡرُوهٗا ٣٨﴾[302]، والإرادة والكراهة لا يجتمعان في شيء واحد.

فإن قال: لو حصل شيء في الدنيا مما لا يريده الله -تعالى- لدل ذلك على عجزه.

قلنا: هذا باطل بالأمر؛ لأنه أمر الكافر بالإيمان ولم يؤمن ولا يدل على عجزه، كذلك هذا، وأيضاً يدل على عجزه إذا كان له في وجوده قوة[303] فإذا لم يكن له قوة لا يدل على عجزه، وهذا لا يجوز على الله -تعالى-.

وقوله: ﴿وَلَوۡ شَآءَ رَبُّكَ لَأٓمَنَ مَن فِي ٱلۡأَرۡضِ كُلُّهُمۡ جَمِيعًاۚ﴾[304]، أراد به مشيئة الإكراه يعني: إن شاء يكرههم على الإيمان لقدر عليه؛ ولذلك قال عقِبه: ﴿أَفَأَنتَ تُكۡرِهُ ٱلنَّاسَ حَتَّىٰ يَكُونُواْ مُؤۡمِنِينَ ٩٩﴾[305].

فإن قال: كيف تصفه بكونه مريداً؟

قلنا: الله -تعالى- يخلق إرادة محدثة لا في محل ويصير بها مريداً.

فإن قال: كيف إرادة لا في محل؟

قلنا: لأن إرادة الباري لو كانت في محل فلا يخلو: إما أن يكون محلها الباري،

---

(301) سورة غافر: 31.

(302) سورة الإسراء: 38.

(303) على نحو المغالبة.

(304) سورة يونس: 99.

(305) سورة يونس: 99.

وهذا لا يجوز؛ لأنه -تعالى- ليس بجسم حتى يكون محلاً للإرادة، وإما أن يخلق إرادته في قلب أحدنا ويصير بها مريداً، وهذا أيضاً لا يجوز؛ لأن الإرادة إذا كانت في قلب أحدنا توجب الصفة له لا لله -تعالى-، أو يخلق الإرادة في جماد، وهذا أيضاً لا يجوز؛ لأن الجماد ليس بحي فلا يصح أن يخلق فيه الإرادة، فلم يبق إلا أن يخلق الإرادة لا في محل ويصير بها مريداً.

وإرادة الله -تعالى- تكون مع الفعل لا تتقدمه، إذا أراد شيئاً يحدث الإرادة والمراد معاً وتعدم الإرادة؛ لأن البقاء لا يجوز على الإرادة والكراهة سواء كان من فعلنا أو من فعل الله -تعالى-.

باب في التكليف

الله -تعالى- خلق الخلق؛ تعريضاً للثواب ليبلغهم إلى درجة في النعيم لا درجة فوقها، ولا يمكن وصولها إلا بالاستحقاق، ولا يستحقها إلا بالتكليف.

والتكليف: أداء الواجبات، واجتناب المقبحات.

واعلم أن التكليف نعمة من الله -تعالى- على العباد، ولذلك قال الله -تعالى-: ﴿وَمَا خَلَقْتُ ٱلْجِنَّ وَٱلْإِنسَ إِلَّا لِيَعْبُدُونِ ﴿٥٦﴾﴾(306).

فأما قوله -تعالى-: ﴿وَلَقَدْ ذَرَأْنَا لِجَهَنَّمَ كَثِيرًا مِّنَ ٱلْجِنِّ وَٱلْإِنسِ﴾(307)، فالمراد بهذه الآية: لام العاقبة يعني خلقهم للجنة والثواب ولكن عاقبتهم المصير إلى جهنم بكفرهم وعصيانهم، ولام العاقبة معروفة في اللغة كما قال الله -تعالى-: ﴿فَٱلْتَقَطَهُۥٓ ءَالُ فِرْعَوْنَ لِيَكُونَ لَهُمْ عَدُوًّا وَحَزَنًا﴾(308)، وإنما التقطوه ليكون لهم فيه نفع، وقال الشاعر:

(306) سورة الذاريات: 56.

(307) سورة الأعراف: 179.

(308) سورة القصص: 8.

لِدُوا للموتِ وابنُوا للخرابِ

[فكلكُم يصيرُ إلى ذهابِ]

وإنما يولد الولد للنفع ويبني للمنفعة، ولكن ذكر ذلك؛ لأن عاقبة الولد الموت، والبناء الخراب.

وتكليف من يعلم أنه يكفر نعمه لأنه أعطاه الآلة، والقدرة، ومكنه، وأزاح علّته، لطف له، وهداه، وبعث الرسل، فمن كفر فمن جهة نفسه أُتي لا من قبل ربه، فاللوم عليه لا على المنعم، كمن قدم طعاماً إلى جائع فلم يأكل حتى مات، فاللوم عليه لا على من قدم إليه الطعام.

وإذا كلّف الله -تعالى- العبد يجب(309) عليه أن يعطيه جميع ما يحتاج إليه من الآلة، والقدرة، والتمكين، وإزاحة العلة، واللطف.

واللطف: «هو ما يكون العبد عند وجوده أقرب إلى فعل الطاعة».

والتوفيق: «لطف يقارب الطاعة»، يعني تحصل الطاعة عند وجوده.

والعصمة: «لطف - عندنا - يمنع عن المعصية بالاختيار لا بالإجبار».

وإذا كان المعلوم من حال العبد أن له لطفاً لأداء الطاعة يجب(310) على الله -تعالى- أن يفعله، وكذلك العصمة، واللطف على ثلاثة أوجهٍ:

أحدها: من فعل الله -تعالى- كالصحة والمرض والغناء والفقر وغير ذلك، إذا كان فيه صلاح للعبد يجب على الله -تعالى- أن يفعله لا محالة، وإذا كان الصلاح في المرض والآلام يفعله لا محالة، ويعوض على الألم فيخرج الألم للمصلحة والاعتبار من كونه عبثاً، وبالعوض من كونه ظلماً.

---

(309) يعني أوجب على نفسه نحو قوله تعالى: ﴿كَتَبَ رَبُّكُمْ عَلَىٰ نَفْسِهِ ٱلرَّحْمَةَ أَنَّهُۥ مَنْ عَمِلَ مِنكُمْ سُوٓءًۢا بِجَهَٰلَةٍ ثُمَّ تَابَ مِنۢ بَعْدِهِۦ وَأَصْلَحَ فَأَنَّهُۥ غَفُورٌ رَّحِيمٌ ٥٤﴾ [الأنعام:54].

(310) يعني اللطف.

والثاني: من فعل العبد فيعلم الله -تعالىٰ- أن في فعله مصلحة ولطفاً يجب أن يأمره به حتىٰ يفعله، فإن فعل حصل له الثواب، وإن لم يفعل حصل العقاب من جهته، وهو كالصلاة والزكاة والصيام وسائر الشرعيات.

والثالث: هو من فعل الغير وهو أن يعلم الله -تعالىٰ- أنه لو كلف زيداً بفعل ويعلم أنه يفعل ذلك الفعل ويكون في فعله لطف لعمرو كلّفه، وإن علم أن زيداً لا يفعله لا يكلفه.

فأما الآلات كالأعضاء والحواس وغيرها فيجب علىٰ الله -تعالىٰ- أن يعطيه؛ لأن أداء الطاعات واجتناب المقبحات يحتاج إلىٰ هذه الأشياء، فإذا كلّف ولم يعطه ما يحتاج إليه في أداء التكليف فالتكليف يكون قبيحاً، والله -تعالىٰ- لا يفعل القبيح.

باب في الاستطاعة

الاستطاعة: «هي القدرة والقوة».

والله سبحانه و-تعالىٰ- أعطىٰ جميع المكلفين القدرة علىٰ الخير والشر، والقدرة تصلح للضدين الخير والشر، والكفر والإيمان، والقدرة باقية، وهي قبل الفعل بخلاف قول المجبرة.

والدليل علىٰ أن القدرة قبل الفعل: أنها لو كانت مع الفعل لكان غير قادر علىٰ الإيمان في حال كفره وهو مأمور؛ فكان تكليفه تكليفاً بما لا يطاق، وتكليف ما لا يطاق قبيح، وما أدىٰ إليه يجب أن يكون قبيحاً، قال الله -تعالىٰ-: ﴿**لَا يُكَلِّفُ ٱللَّهُ نَفْسًا إِلَّا وُسْعَهَا**﴾[311]، و﴿**إِلَّا مَآ ءَاتَىٰهَا**﴾[312].

أيضاً: لو كان المكلف غير قادر علىٰ الضدين لكان القادر كالمضطر والممنوع ولم

(311) سورة البقرة: 186.

(312) سورة الطلاق: 7.

يكن بين المختار والمضطر فرق، وعند جميع العقلاء فرق بين المختار والمضطر.

وأيضاً: لو كان القادر غير قادر على الضدين لكان في ترك الواجبات وفعل المقبحات معذوراً؛ لأنه في حال فعل المقبحات لم يكن قادر على أداء الطاعات، وبطلان ذلك معلوم بالإجماع.

وأيضاً: فإن للفعل حالتين: حال وجود، وحال عدم، وفي حال الوجود لا يحتاج إلى القدرة؛ لأنه مستغن بوجوده عن القدرة، فوجب أن يحتاج إليها في حال العدم؛ ليخرجه من العدم إلى الوجود ولهذا يجب تقدمها للفعل.

وأيضاً: فكل فعل يحتاج إلى آلة أو حاسة أو علم ولا يمكن حصوله إلا بها، فلا يجوز أن يأمر بذلك الفعل إلا بعد أن يعطيه ما يحتاج إليه في ذلك الفعل، والفعل إلى القدرة أحوج من حاجته إلى الآلة والحاسة والعلم؛ لأنه لو حصلت هذه الأشياء ولم تحصل القدرة لم يحصل الفعل وهذا يوجب ألا يأمر المكلف بشيء إلا بعد كونه قادراً، وإجماع المسلمين أن من لا يقدر أن يصلي قائماً جاز له أن يصلي قاعداً، فلو كان الصحيح []⁽³¹³⁾ غير قادرٍ على القيام لجاز أن يصلي قاعداً، وبالإجماع لا تجوز صلاة الصحيح قاعداً إذا كانت صلاته فريضة، وهذا دليل على كونه قادراً قبل الصلاة بالإجماع.

وأيضاً: فإن القدرة تؤثر في حدوث الفعل فإذا وجدا معاً فلا تأثير لها في إيجاد الفعل.

فإن قال: فعل العبد خلق لله كسب للعبد.

قلنا: الكسب للعبد كما تقولون ليس بمعقول؛ لأن الله -تعالى- إذا خلق القدرة الموجبة للفعل يحصل الفعل لا محالة، فأي شيء يبقى يضاف إلى العبد حتى يكون كسباً له؟ وهذا تلبيس ظاهر.

___
(313) مكتوب: القاعد.

باب في الآلام والأعواض

الآلام على وجهين: بعضها حسن، وبعضها قبيح.

فالحسن منها: ما يكون فيه نفع زائد عليه أو دفع ضرر أعظم منه أو استحقاق، كما يتحمل العاقل من المشقة لطلب النفع في قطع الأسفار، وركوب البحار، واكتساب الأعمال الشاقة لنفع مطلوب، وكما يشرب المريض الأدوية الكريهة، ويفصد ويحتجم لدفع ضرر يخاف منه، ولا فرق بين أن يكون إيصال النفع أو خوف الضرر معلوماً أو مظنوناً.

والألم المستحق: هو أن يحصل بسبب فعل قبيح أو معصية يفعلها أو ترك واجب فيذم عليه في الدنيا، ويعاقب في الدنيا كإقامة الحد عليه والتعزير، وكعقاب الآخرة، وهذا هو المستحق.

والله -تعالى- يوصل الآلام والأمراض إلى الأجسام فيحسن منه لوجهين:

أحدهما: الاستحقاق كعقاب أهل النار.

والثاني: الاعتبار والعوض.

فبالاعتبار يخرج من كونه عبثاً، وبالعوض يخرج من كونه ظلماً.

مثاله: كمن يستأجر أجيراً في عمل بأجرة معلومة لا بد أن يكون فيه فائدتان:

إحداهما: أجرة الأجير.

والثاني[ـة]: أن يكون في ذلك غرض ما استأجره.

فإن استأجره ولم يعطه الأجرة يكون ظالماً، وإن وفاه الأجرة ولكن أمره بعمل لا نفع له فيه يكون عبثاً، كمن يستأجر أجيراً ليروح الهوى أو ليصب الماء في النهر من جانب إلى جانب آخر.

فكذلك يجب أن يكون في الآلام التي يوصلها الله -تعالى- إلى الأحياء فائدتان:

إحداهما: اعتبار المكلفين فتكون لطفاً لهم في الطاعات واجتناب المعاصي، فيخرج بالاعتبار من كونه عبثاً.

ثم يعوض المؤلم عوضاً يوفي على الألم بحيث لو خُيّر المؤلم بين الألم والعوض، وبين العافية بغير عوض لاختار الألم لأجل ذلك العوض.

ولا يجوز أن يؤلم للعوض؛ لأنه قادر على أن يوصله إلى ذلك العوض من غير ألم فإيصال الألم يكون قبيحاً، والأصل في إيصال الألم الاعتبار والمصلحة ولكن إذا آلمه للمصلحة فيجب أن يعوضه على ذلك؛ ليخرج من حد الظلم.

والعوض على وجهين:

أحدهما: على الله -تعالى-.

- للآلام والأمراض التي تكون من جهته.

- والثاني: ما يكون بأمره كذبح القربان وحدّ التائب.

- والثالث: ما يكون بإباحته كذبح بهيمة الأنعام، فهذه الأعواض تجب على الله -تعالى-.

والثاني: يجب على العبد، على الألم الذي يحصل من فعله إلى الغير كالظلم والقتل والضرر، وغير ذلك من الآلام.

فأما الآلام التي تكون على الله -تعالى- فيجب أن يكون عوضها زائداً على الألم كما وصفنا، والذي يكون على العبد يجب أن يكون في مقابلة الألم ولا يكون زائداً عليه.

ثم إن كان من يستحق العوض من أهل الجنة فالله -تعالى- يزيد في نعمه، وإن كان من أهل النار ينقص من عقابه بقدر عوضه، وقيل إن العوض يكون باقياً والصحيح أنه لا يكون باقياً والعوض لا يبطل بالعقاب بخلاف الثواب والعقاب، فإن الثواب يبطل بالعقاب والعقاب يبطل بالثواب.

باب في تعذيب أطفال المشركين

الأطفال كلهم إذا ماتوا من أهل الجنة سواء كانوا من أطفال المؤمنين أو أطفال الكفار، وقال قوم من المجبرة: إن أطفال الكفار من أهل النار.

والدليل على أن الأطفال لا يستحقون النار: أنه لا ذنب لهم، وعقاب من لا ذنب له يكون ظلماً، وقال -تعالى-: ﴿وَلَا تَزِرُ وَازِرَةٌ وِزْرَ أُخْرَىٰ﴾(314)، وقال: ﴿وَمَا كُنَّا مُعَذِّبِينَ حَتَّىٰ نَبْعَثَ رَسُولًا ﴿١٥﴾﴾(315)، فعقابهم يكون ظلماً.

فإن قال: إن الله -تعالى- يعلم أنهم إذا بلغوا كفروا.

قلنا: عقاب من لا ذنب له يكون ظلماً.

وأيضاً: لو علم الله -تعالى- من بعض أولاد الكفار أنه يؤمن إذا بلغ يجب أن لا يدخله النار، ويلزم على هذا أن من علم الله -تعالى- من أطفال المؤمنين أنه إذا بلغ أنه يكفر يدخله النار، وهذا فاسد.

فإن قال: حكمهم حكم آبائهم في الدنيا، فكذلك في الآخرة.

قلنا: حكمهم حكم آبائهم في الدنيا فيما ليس بعقوبة، فأما فيما كان فيه عقوبة فلا، ولذلك إذا سرق أبوه لا تقطع يده، وإذا زنا أبوه لا يحدّ بدل أبيه، وهذا يدل أن حكمهم لا يكون حكم آبائهم في باب العقوبات.

باب في الهدى والضلال

الله -تعالى- لا يجوز أن يُضِل أحداً عن الدين، بل هدى الكل إلى الدين، وبيّن لهم طريق الحق المستبين، ووعد وأوعد، وبعث الرسل، ورّغب الناس إلى الدين بالثواب الدائم، وزجر عن الضلال في الدين والمعاصي، وأوعد عليها

(314) سورة الأنعام: 164.

(315) سورة الإسراء: 15.

الوعيد العظيم والعقاب الأليم.

ولأن الإضلال عن الدين قبيح، والله -تعالىٰ- لا يفعل القبيح، وقد أضاف الله -تعالىٰ- الإضلال عن الدين إلىٰ الكفار فقال: ﴿وَأَضَلَّ فِرْعَوْنُ قَوْمَهُۥ وَمَا هَدَىٰ ٧٩﴾[316]، وقال: ﴿وَأَضَلَّهُمُ ٱلسَّامِرِيُّ ٨٥﴾[317]، وحكىٰ عن أهل النار أنهم يقولون: ﴿وَمَآ أَضَلَّنَآ إِلَّا ٱلْمُجْرِمُونَ ٩٩﴾[318] [الشعراء:99]، ﴿وَقَالَ ٱلَّذِينَ كَفَرُوا۟ رَبَّنَآ أَرِنَا ٱلَّذَيْنِ أَضَلَّانَا مِنَ ٱلْجِنِّ وَٱلْإِنسِ نَجْعَلْهُمَا تَحْتَ أَقْدَامِنَا﴾[319]، وأضاف إلىٰ نفسه الهداية فقال: ﴿وَأَمَّا ثَمُودُ فَهَدَيْنَٰهُمْ فَٱسْتَحَبُّوا۟ ٱلْعَمَىٰ عَلَى ٱلْهُدَىٰ﴾[320].

[الهدى والضلال في القرآن]:

فأما الهدىٰ والضلال في القرآن فعلىٰ وجوه:

فالهداية: تكون بمعنىٰ البيان والدلالة: يعني بيّن طريق الهدىٰ ونصب الدلالة عليه كقوله -تعالىٰ-: ﴿وَأَمَّا ثَمُودُ فَهَدَيْنَٰهُمْ﴾، وقال في صفة القرآن: ﴿هُدًى لِّلنَّاسِ﴾[321].

والهداية: بمعنىٰ زيادة الألطاف والتأييد: كقوله -تعالىٰ-: ﴿وَٱلَّذِينَ ٱهْتَدَوْا۟ زَادَهُمْ هُدًى﴾[322].

والهداية: بمعنىٰ الثواب: كقوله -تعالىٰ-: ﴿وَٱلَّذِينَ قُتِلُوا۟ فِى سَبِيلِ ٱللَّهِ فَلَن يُضِلَّ أَعْمَٰلَهُمْ ٤ سَيَهْدِيهِمْ وَيُصْلِحُ بَالَهُمْ ٥﴾[323]، يعني إلىٰ الجنة.

---

(316) سورة طه: 79.

(317) سورة طه: 85.

(318) سورة الشعراء: 99.

(319) سورة فصلت: 29.

(320) سورة فصلت: 17.

(321) سورة البقرة: 185.

(322) سورة محمد: 17.

(323) سورة محمد: 5.

وأما الضلال فعلى وجوه:

[الأول] منها: الضلال عن الدين: كما قال -تعالىٰ-: ﴿وَأَضَلَّ فِرْعَوْنُ قَوْمَهُۥ﴾[324]، ﴿وَأَضَلَّهُمُ ٱلسَّامِرِيُّ ٨٥﴾[325]، وهذا لا يجوز على الله -تعالىٰ-؛ لأن الإضلال عن الدين قبيح، ولأن الله -تعالىٰ- أمرنا بالدين فكيف يجوز من الحكيم أن يأمر بشيء ثم يضل عنه! وقال -تعالىٰ- لنبيه -صلى الله عليه وآله وسلم-: ﴿قُلْ إِن ضَلَلْتُ فَإِنَّمَآ أَضِلُّ عَلَىٰ نَفْسِى ۖ وَإِنِ ٱهْتَدَيْتُ فَبِمَا يُوحِىٓ إِلَىَّ رَبِّىٓ ۚ﴾[326].

والثاني: الضلال عن طريق الجنة والثواب: كما قال الله -تعالىٰ-: ﴿وَيُضِلُّ ٱللَّهُ ٱلظَّٰلِمِينَ ۚ﴾[327]، ﴿وَمَا يُضِلُّ بِهِۦٓ إِلَّا ٱلْفَٰسِقِينَ ٢٦﴾[328]، يعني عن طريق الجنة والثواب.

والثالث: الضلال بمعنى الهلاك: كما قال -تعالىٰ-: ﴿إِنَّ ٱلْمُجْرِمِينَ فِى ضَلَٰلٍ وَسُعُرٍ ٤٧﴾[329].

والرابع: بمعنى الواجدان: يعني وجده ضالاً كما قال -تعالىٰ-: ﴿وَأَضَلَّهُ ٱللَّهُ عَلَىٰ عِلْمٍ﴾[330]، يعني: علم أنه ضال، وكقول عمرو بن معدي كرب: «قاتلناهم فما أجبناهم، وقاولناهم فما أفحمناهم، وسألناهم فما أبخلناهم»[331]، أي ما وجدناهم على هذه الصفة.

---

(324) سورة طه: 79.

(325) سورة طه: 85.

(326) سورة سبأ: 50.

(327) سورة إبراهيم: 27.

(328) سورة البقرة: 26.

(329) سورة القمر: 47.

(330) سورة الجاثية: 23.

(331) تفسير الماتريدي ج7ص164.

والخامس: يكون بمعنى الفقدان والضياع: كقول الشاعر:

هَبُـــوني امـــرأ مـــنكم أضَـــلّ بعـــيرَه

لـــه ذمّـــة إن الـــذّمام كبـــيرُ(332)

يعني: ضل عنه.

والسادس: يقال أضل إذا ضل بسببه، كما قال -تعالى- حاكياً عن إبراهيم: ﴿رَبِّ إِنَّهُنَّ أَضْلَلْنَ كَثِيرًا مِّنَ ٱلنَّاسِ﴾(333) يعني: ضل كثيراً بسببهن.

فإذا حملت آيات الهدى والضلال على هذه المعاني لم تضف إلى الله -تعالى- شيئاً من القبائح، ولأن الله -تعالى- أمر بالدين وحثّ عليه ووعد وأوعد على خلافه، فكيف يضل العباد ثم يعاقبهم على فعله؟! -تعالى- عن ذلك علواً كبيراً.

باب في القضاء والقدر

فإن قال قائل: المعصية بقضاء الله وقدره.

قلنا: القضاء في القرآن على ثلاثة أوجه:

[الأول]: بمعنى الخلق: كقوله -تعالى-: ﴿فَقَضَىٰهُنَّ سَبْعَ سَمَٰوَاتٍ فِي يَوْمَيْنِ﴾(334) معناه: خلقهن، وبهذا المعنى لا يجوز أن يقال أفعال العباد بقضاء الله -تعالى-.

والثاني: بمعنى الأمر والإلزام: كقوله -تعالى-: ﴿۞ وَقَضَىٰ رَبُّكَ أَلَّا تَعْبُدُوٓاْ إِلَّآ إِيَّاهُ﴾(335) يعني: أمر وأوجب، فبهذا المعنى الطاعات كلها تكون بقضاء الله -تعالى- فحسب.

---

(332) الشاعر أبو دهبل الجمحي.

(333) سورة إبراهيم: 36.

(334) سورة فصلت: 12.

(335) سورة الإسراء: 23.

والثالث: القضاء بمعنى الإخبار والإعلام: كقوله -تعالى-: ﴿وَقَضَيْنَآ إِلَىٰ بَنِىٓ إِسْرَٰٓءِيلَ فِى ٱلْكِتَٰبِ﴾(336)، يعني: أخبرناهم وأعلمناهم، فبهذا المعنى جميع المعلومات بقضائه.

وأما القدر: أيضاً فعلى ثلاثة أوجه:

[الأول]: بمعنى الخلق: كقوله -تعالى-: ﴿وَقَدَّرَ فِيهَآ أَقْوَٰتَهَا﴾(337)، يعني في الجبال، يعني: خلق فيها.

والثاني: بمعنى الإعلام: كقوله -تعالى-: ﴿إِلَّا ٱمْرَأَتَهُۥ قَدَّرْنَآ إِنَّهَا لَمِنَ ٱلْغَٰبِرِينَ ﴿٦٠﴾﴾(338)، يعني: امرأة لوط أعلمنا وأخبرنا إنها لمن الهالكين مع من هلك من قومه، فبهذا المعنى جميع الأشياء بقدر الله -تعالى-.

والثالث: بمعنى البيان والكتابة: كقول الشاعر:

واعلم بأنَّ ذا الجلال قد قَدَرْ

في الصُّحفِ الأولى التي كان سَطَرْ(339)

يعني بيَّن في كتب الأنبياء صلوات الله عليهم أجمعين.

فإن قالوا: من القدرية؟

قلنا: القدرية اسم ذم ولذلك شبههم النبي -صلى الله عليه وآله وسلم- بالمجوس فقال: ((**القدرية مجوس هذه الأمة**))(340)، وهذا الاسم يقع على من كان مذهبه باطلاً، وهو مشتق من القدر.

---

(336) سورة الإسراء: 4.

(337) سورة فصلت: 10.

(338) سورة الحجر: 60.

(339) الشاعر العجاج بن رؤبة.

(340) سنن ابن ماجه ج1ص35.

واختلفوا في المعاصي أهي بقدر الله -تعالى- أم لا.

فقالت المجبرة: هي بقدره -تعالى عن ذلك-.

وقالت الزيدية والعدلية: ليست بقدر الله -تعالى-، والاسم يؤخذ من الإثبات لا من النفي، وقد ثبت بالدليل أن مذهبنا حق، ومذهب المجبرة باطل، فهم بالذم أولى.

وورد في الخبر عن رسول الله -صلى الله عليه وآله وسلم- أنه قال: ((**لعنت القدرية على لسان سبعين نبياً**[341]**، قيل: ومن القدرية؟ قال: قوم يعملون المعاصي، ويقولون الله -تعالى- قدرها عليهم**))[342]، وبيّن أمير المؤمنين -عليه السلام- بعد رجوعه من صفين في خبر معروف أن القدرية هم المجبرة فقال: ((**تلك مقالة إخوان الشيطان، وخصماء الرحمن، ومجوس هذه الأمة**))[343].

باب الكلام في النبوة

نحتاج إلى معرفة أشياء في النبوات:

أولها: جواز بعثة الرسول من الله -تعالى-.

والثاني: طريق معرفة الرسول.

والثالث: معرفة نسخ الشريعة.

والرابع: الكلام في إثبات نبوة نبينا -صلى الله عليه وآله وسلم-.

---

(341) المعجم الأوسط للطبراني ج7ص162.

(342) لم أجد له مصدراً بهذا اللفظ فيما لدي.

(343) الجليس الصالح الكافي والأنيس الناصح الشافي ص601، تاريخ دمشق لابن عساكر ج42ص512.

أما الأول: في معرفة جواز البعثة: اعلم أنه -تعالى- إذا علم أن مصلحة المكلفين في شيء وجب عليه أن يبين ذلك، ولا يمكن بيانه إلا بأن يبعث رسولاً؛ حتى يبين ما كانت مصالحهم فيه، وإذا بعث رسولاً فلا بد أن يكون للمكلفين طريق إلى معرفة نبوته، ولا يكون ذلك الطريق إلا المعجزة.

وللمعجزة أربع شرائط:

أولها: أن تكون من فعل الله -تعالى-.

والثاني: أن الخلق لا يقدرون على الاتيان بمثله.

والثالث: أن يكون ناقضاً للعادة.

والرابع: أن يكون المعجز بعد دعوى النبوة، كالعصا واليد البيضاء لموسى -عليه السلام-، وإحياء الموتى لعيسى -عليه السلام-، والقرآن وسائر المعجزات لنبينا -صلى الله عليه وآله وسلم-.

فإذا حصلت هذه الشروط مع بقاء التكليف عُلم أنه رسول الله، ولا فرق بين أن يستدل الرسول بالمعجزة على صدقه في دعوى النبوة، وبين أن يقول الله -تعالى- إنه صادق في دعواه.

فأما صفته فهو:

- أن يتعلق به مصالح المكلفين.

- ولا يكون في بعثه مفسدة.

- ويجب أن يكون في خلقه وخُلقه على صفة لا تنفر طباع الناس عنه.

- ويكون معصوماً لا يرتكب الكبيرة.

- ويجوز أن يكون رسولاً إلى قوم.

- ويجوز أن يكون رسولاً إلى كافة الخلق من الإنس والجن كنبينا -صلى الله عليه وآله وسلم-.

- وكان يجوز رسولان وزيادة في وقت واحد كزمن بني إسرائيل بحسب المصالح.

فأما نسخ الشرائع فالخلاف فيه مع اليهود وهم فرقتان:

فرقة: لا يجوزون نسخ الشريعة، ويقولون: إذا أمر الله بشيء ثم نهى عنه يكون بداء.

والفرقة الثانية: يجوزون نسخ الشريعة، ويقولون: إن موسى -عليه السلام- قال إن شريعته لا تنسخ.

أما الكلام على الفرقة الأولى: الدليل على نسخ الشريعة: أن الشرائع مصالح ولذلك تخالف بعضها بعضاً، والمصالح يجوز أن تتغير بالأزمنة والأوقات والأمكنة والمكلفين.

فأما الفرق بين البداء والنسخ: هو أن البداء يكون فيه أربع شرائط:

- الأمر واحد.
- والفعل واحد.
- والمكلف واحد.
- والوقت واحد.

فإذا تغير أحد هذه الشرائط لا يكون بداء، مثال: إذا أمر السيد عبده فقال: (ادخل السوق وقت الصباح واشتر لحم الغنم)، ثم قال عقيب ذلك لهذا الغلام: (لا تدخل السوق وقت الصباح ولا تشتر لحم الغنم)، فهذا يكون بداء.

والبداء لا يجوز على الله -تعالى-؛ لأن البداء هو الظهور، فكأنه ظهر له ما كان خافياً أو خفي ما كان ظاهراً؛ والله -تعالى- عالم لذاته يعلم جميع المعلومات

- 165 - الباب الخامس عشر: في بيان ما يجب معرفته من أصول الدين

ولا يخفى عليه شيء، فأما إذا تغير أحد هذه الشروط فلا يكون بداء مثاله: أن ينهى هذا الغلام فقال: (لا تدخل السوق وقت الظهر، ولا تشتر لحم الغنم وقت الصباح) فهذا أيضاً لا يكون بداء؛ لأن النهي عن شراء لحم الغنم في هذا الوقت غير المأمور بشرائه، وهذا يكون نسخاً، والنسخ يجوز لأجل المصالح.

فأما خبر موسى -عليه السلام- كان على وجهين إما أن يكون غير صحيح؛ لأن موسى -عليه السلام- ما كان يقول أن لا تقبلوا صاحب معجز يدعي النبوة؛ لأنه يكون طعناً في نبوته.

فأما الدليل على صحة نبوة نبينا محمد -صلى الله عليه وآله وسلم-: أنه ادّعى النبوة، وأتى بالقرآن وقال: هذا القرآن معجز لي على صدق دعوتي، وتحدى به العرب وكاشفهم وهم كانوا أهل الفصاحة والبيان، وقال ائتوا بمثل هذا القرآن، فعجزوا عن الإتيان بمثله ومعارضته.

فعلمنا أن تركهم معارضة القرآن لم يكن إلا لكون القرآن معجزاً وأنهم لم يعدلوا عن معارضته إلا للعجز؛ لأنهم كانوا حريصين على إبطال أمره وتهوين شأنه ولم يتم لهم ذلك إلا بمعارضة القرآن، فلو أمكنهم معارضته لما عدلوا عنها إلى المقاتلة وبذل المهج والأموال وقتل الآباء والأبناء والأقارب، ولا خلاف بين العقلاء أن معارضة الكلام أسهل من المقاتلة، فثبت عجزهم.

وثبت أن القرآن معجزة، وأن محمداً رسول الله -تعالى-، وروي أنه كان لرسول الله -صلى الله عليه وآله وسلم- ألف معجزة: كتسبيح الحصا في يده، وحنين الجذع، وفور الماء من بين أصابعه في سفر حتى شرب الجيش وسقوا الدواب وتوضؤوا وحملوا، ودعاءِ الشجرة فأجابته وجاءت إليه ثم قال: ارجعي، فرجعت إلى مكانها كما كانت، وأن الذئب كلمه، وغير ذلك، وأشبع من طعام واحد خلقاً كثيراً قيل كانوا ثلاثة آلاف رجل، وانشق القمر في السماء نصفين معجزة له من حيث رؤي أبو قبيس بينهما، وكثير من معجزاته التي دخلت في حدّ التواتر.

وأنه -صلى الله عليه وآله وسلم- كان رسولاً إلى كافة الإنس والجن، وأن شريعته لا تنسخ إلى يوم القيامة، وأنه خاتم النبيين وسيد الأنبياء، وأهل بيته أفضل أهل بيت، وأنه كان معصوماً من الكبائر، وأنه بلّغ الشريعة وأتم، وبيّن كما أمره الله -تعالى- وما قصّر، وجاهد في الله حق جهاده في أداء الشريعة، وعبد الله حتى أتاه اليقين، فصلوات الله عليه وعلى أهل بيته الطاهرين.

باب الوعد والوعيد

إذا ثبت أن النبي -صلى الله عليه وآله وسلم- كان صادقاً فيما أخبر به عن الله، فيجب القطع على أن ما أخبر به عن الله -تعالى- من الوعد والوعيد حق، فإذا ثبت ذلك ثبت أن ما أخبر به من أنه -تعالى- يثيب المطيعين في الجنة، ويعاقب العاصين في النار، فإنه كائن لا محالة، ولا يجوز أن يقع في شيء من خبر الله -تعالى- ولا خبر رسوله خلف ولا تبديل؛ قال الله -تعالى-: ﴿مَا يُبَدَّلُ الْقَوْلُ لَدَيَّ وَمَا أَنَا بِظَلَّامٍ لِلْعَبِيدِ ﴿٢٩﴾﴾(344).

والأصل في الوعد والوعيد: هو أن يعلم أن الثواب والعقاب مستحقان على أفعال المكلفين، وأن أفعالهم على ثلاثة أوجهٍ: طاعة، ومعصية، ومباح.

فأما المباح: فلا مدخل له في التكليف، ولا يستحق به الثواب والعقاب، والمدح والذم.

والثاني: الطاعة: فيستحق بها المدح والثواب، إلا أن يكون هناك مانع من الندامة على فعلها أو معصية أكبر منها.

والثالث: المعصية: التي يستحق الذم والعقاب بفعلها، إلا أن يمنع منه مانع من توبة أو طاعة أكبر منها.

(344) سورة ق: 29.

والمعاصي على ثلاثة أوجهٍ: كفر، وفسق، وصغيرة، كما قال الله -تعالى-: ﴿وَكَرَّهَ إِلَيْكُمُ ٱلْكُفْرَ وَٱلْفُسُوقَ وَٱلْعِصْيَانَ﴾(345).

والصغيرة مكفرة بشرط اجتناب الكبائر.

وحدُّ الصغيرة: أن يكون عقابها أقل من ثواب فاعلها، فيسقط من الثواب بقدره ويكون مثاباً بقدر ما بقي من الثواب أبداً.

والكفر: هو ما يستحق عليه العقاب العظيم الدائم بلا خلاف.

وأما الكبيرة: كالسرقة من الحرز بمقدار عشرة دراهم من الفضة الخالصة أو زياده، أو مثقال من الذهب الخالص، والربا، والزنا، وشرب الخمر، وقتل النفس بغير الحق، وترك الصلاة، ومنع الزكاة، وغير ذلك كثير من المعاصي.

فمن ارتكب كبيرة ومات بغير التوبة فإنه يستحق العقاب العظيم الدائم كما أخبر الله -تعالى- به، واختلفت المرجئة في عقاب صاحب الكبيرة:

فقال بعضهم: يجوز أن لا يعاقبهم، وإن عاقبهم لا يكون عقابهم دائماً.

وقال بعضهم: لا يستحق العقاب على الكبيرة مع الإيمان، وصاحب الكبيرة إن كانت له طاعة يستحق عليها الثواب فيحبط ثوابه في جنب عقاب معاصيه، ولكن يسقط بقدر الثواب ويكون معاقباً بما بقي من العقاب أبداً.

والدليل على أن عقاب صاحب الكبيرة دائم أبداً: هو أن الله -تعالى- أمر بالحدود على وجه الجزاء والنكال كما قال -تعالى-: ﴿وَٱلسَّارِقُ وَٱلسَّارِقَةُ فَٱقْطَعُوٓاْ أَيْدِيَهُمَا جَزَآءَۢ بِمَا كَسَبَا نَكَٰلٗا مِّنَ ٱللَّهِ﴾(346)، وكذلك أمر بحدّ الزاني، وشارب الخمر، وغير ذلك، فلو كان الإيمان يسقط عقاب الآخرة - مع عظمته - لكان ينبغي أن يسقط عقاب الدنيا؛ لأنه أقل، فلما لم يسقط عقاب

(345) سورة الحجرات: 7.

(346) سورة المائدة: 38.

حدود الدنيا دلّ على أنه لا يسقط عقاب الآخرة، وكذلك قوله -تعالى-: ﴿وَمَن يَقْتُلْ مُؤْمِنًا مُّتَعَمِّدًا فَجَزَآؤُهُۥ جَهَنَّمُ خَٰلِدًا فِيهَا﴾[347]، وقال -تعالى-: ﴿إِنَّ ٱلْأَبْرَارَ لَفِى نَعِيمٍ ﴿١٣﴾ وَإِنَّ ٱلْفُجَّارَ لَفِى جَحِيمٍ ﴿١٤﴾ يَصْلَوْنَهَا يَوْمَ ٱلدِّينِ ﴿١٥﴾ وَمَا هُمْ عَنْهَا بِغَآئِبِينَ ﴿١٦﴾﴾[348]، وقال -تعالى-: ﴿وَمَن يَعْصِ ٱللَّهَ وَرَسُولَهُۥ وَيَتَعَدَّ حُدُودَهُۥ يُدْخِلْهُ نَارًا خَٰلِدًا فِيهَا﴾[349]، وقال -تعالى-: ﴿وَمَن يَعْصِ ٱللَّهَ وَرَسُولَهُۥ فَإِنَّ لَهُۥ نَارَ جَهَنَّمَ خَٰلِدِينَ فِيهَآ أَبَدًا ﴿٢٣﴾﴾[350]، وغير ذلك من آيات الوعيد، ولا يجوز خلاف ما قاله -تعالى-؛ قال الله -تعالى-: ﴿مَا يُبَدَّلُ ٱلْقَوْلُ لَدَىَّ وَمَآ أَنَا۠ بِظَلَّٰمٍ لِّلْعَبِيدِ ﴿٢٩﴾﴾[351].

باب المنزلة بين المنزلتين

المكلفون على ثلاثة أقسامٍ:

[الأول] منهم: من يستحق العقاب العظيم، وله أحكام، وهو الكافر، وأحكامه في الدنيا: تحريم مناكحته، وتحريم موارثته للمسلمين، وتحريم ذبائحهم، وتحريم دفنهم في مقابر المسلمين، وتوضع عليهم الجزية، وربما يقتل ويسبى أولاده وأهله، وغير ذلك من الأحكام تجري عليه.

والثاني: المؤمن وهو من يستحق الثواب العظيم: وله في الدنيا أحكام: تجب مولاته وتعظيمه، وجميع أحكامه مخالفة لأحكام الكفار.

والثالث: من يستحق عقاباً دون عقاب الكافر، وليس له ثواب المؤمن، بل أحبط ثوابه بالكبيرة، ليس بمؤمن ولا كافر، يقال له: فاسق وفاجر، له منزلة بين

(347) سورة النساء: 93.

(348) سورة الانفطار: 13-16.

(349) سورة النساء: 14.

(350) سورة الجن: 23.

(351) سورة ق: 29.

المنزلتين، وأنه فارق الفريقين، لا يقال إنه كافر؛ لأنه لا تجري عليه أحكام الكافر، ولا يقال أيضاً إنه مؤمن؛ لأن أحكام المؤمنين لا تجري عليه؛ فلذلك قلنا له منزلة بين المنزلتين.

وهذه الأسماء شرعية ليست بلغوية؛ لأن الكفر في لغة العرب: هو التغطية، والمؤمن: هو المصدق في اللغة، ولهذا لا يقال لليهودي مؤمن على الإطلاق، وإنما يقال مؤمن بموسى -عليه السلام-، والله -تعالى- ذكر المؤمن حيث ذكره على سبيل المدح والتعظيم قال -تعالى-: ﴿وَبَشِّرِ ٱلْمُؤْمِنِينَ ﴿٢٢٣﴾﴾(352) وقال: ﴿قَدْ أَفْلَحَ ٱلْمُؤْمِنُونَ ﴿١﴾﴾(353)، وقال: ﴿إِنَّمَا ٱلْمُؤْمِنُونَ ٱلَّذِينَ إِذَا ذُكِرَ ٱللَّهُ وَجِلَتْ قُلُوبُهُمْ وَإِذَا تُلِيَتْ عَلَيْهِمْ ءَايَٰتُهُۥ زَادَتْهُمْ إِيمَٰنًا وَعَلَىٰ رَبِّهِمْ يَتَوَكَّلُونَ ﴿٢﴾ ٱلَّذِينَ يُقِيمُونَ ٱلصَّلَوٰةَ وَمِمَّا رَزَقْنَٰهُمْ يُنفِقُونَ ﴿٣﴾ أُوْلَٰٓئِكَ هُمُ ٱلْمُؤْمِنُونَ حَقًّا لَّهُمْ دَرَجَٰتٌ عِندَ رَبِّهِمْ وَمَغْفِرَةٌ وَرِزْقٌ كَرِيمٌ ﴿٤﴾﴾(354)، وإذا كان الفاسق لا يستحق التعظيم فلا يقال أنه مؤمن، ولذلك ما أجرى أمير المؤمنين -عليه السلام- والصحابة والتابعين عليهم أحكام الكفار، ولكن الله -تعالى- أمر بحدود الفساق، فلو كانت الكبيرة كفراً لكان حكمهم حكم المرتدين ولوجب قتلهم، فإذا لم يكن حدّهم القتل علمنا أنهم ليسوا بكافرين.

باب الشفاعة النبوية

شفاعة الرسول -صلى الله عليه وآله وسلم- يوم القيامة ثابتة وحق للمؤمنين والتائبين، ولهم في ذلك زيادة ثواب ودرجة، وللنبي -صلى الله عليه وآله

---

(352) سورة البقرة: 223.

(353) سورة المؤمنون: 1.

(354) سورة الأنفال: 2-4.

وسلم- درجة عظيمة بقبول شفاعته.

فأما أهل الكبائر الذين يستحقون العقاب، فلا شفاعة لهم؛ لقول الله -تعالى-: ﴿مَا لِلظَّٰلِمِينَ مِنۡ حَمِيمٖ وَلَا شَفِيعٖ يُطَاعُ ١٨﴾(355)، وقال -تعالى- أيضاً: ﴿وَلَا يَشۡفَعُونَ إِلَّا لِمَنِ ٱرۡتَضَىٰ﴾(356)، وقال أيضاً: ﴿أَفَمَنۡ حَقَّ عَلَيۡهِ كَلِمَةُ ٱلۡعَذَابِ أَفَأَنتَ تُنقِذُ مَن فِي ٱلنَّارِ ١٩﴾(357)، وقال -تعالى-: ﴿وَمَا لِلظَّٰلِمِينَ مِنۡ أَنصَارٍ ٢٧٠﴾(358).

فأما الخبر الذي يروى عن النبي -صلى الله عليه وآله وسلم-: ((**شفاعتي لأهل الكبائر من أمتي**))(359)، إن صح(360) فالمراد به إذا تابوا، وقد عورض بأخبار كثيرة أيضاً مثل قوله -صلى الله عليه وآله وسلم-: ((**لا يدخل الجنة قتات**))(361)، يعني النمام، وقال -صلى الله عليه وآله وسلم-: ((**من قتل نفسه بحديدة، فحديدته في يده يجأ بها بطنه في نار جهنم خالداً مخلداً فيها أبداً، ومن سم نفسه سم، فسمه في يده يتحساه في نار جهنم خالداً مخلداً**))(362)، وآيات الوعيد بخلاف ذلك.

---

(355) سورة غافر: 18.

(356) سورة الأنبياء: 28.

(357) سورة الزمر: 19.

(358) سورة البقرة: 270.

(359) سنن ابن ماجه ج2ص1441، مسند أحمد بن حنبل ج20ص439، سنن الترمذي ج4ص625.

(360) روي عن الحسن البصري بهذا اللفظ: ((**لا تنال شفاعتي أهل الكبائر من أمتي**)) تمهيد الأوائل وتلخيص الدلائل ص419.

(361) صحيح البخاري ج8ص17، مسند أحمد بن حنبل ج38ص283، السنن الكبرى للنسائي ج10ص310.

(362) جامع معمر بن راشد ج10ص463، مسند أحمد بن حنبل ج12ص416، مسند البزار ج16ص104.

باب أحكام الآخرة

في هذا الباب مسائل تعرف من دين النبي -صلى الله عليه وآله وسلم- ضرورة، ومنها ما يعرف بالاستدلال، ومنها ما روي بالآحاد، منها عذاب القبر للعصاة، وثوابه للمؤمنين؛ وهذا ظاهر قال النبي -صلى الله عليه وآله وسلم-: ((**القبر روضة من رياض الجنة، أو حفرة من حفر النار**))(363)، وسؤال مُنكر ونَكِير روي عن النبي -صلى الله عليه وآله وسلم- وهو جائز لا مانع منه(364)، والبعث والنشور يوم القيامة والحشر والحساب معلوم من دين الرسول -صلى الله عليه وآله وسلم-، وقراءة الكتاب والقرآن ناطق به، والصراط، والميزان، وإدخال المؤمنين في الجنة والعاصين في النار، ونعيم الجنة من المآكل، والمشارب، واللباس، وحور العين، والأشجار، والأنهار، والمنازل، والقصور، من أنواع الملاذ التي خلق الله في الدنيا من جنسها، وجميع أسباب السرور التي وعدها الله -تعالى- المؤمنين في القرآن يجب حصولها في الجنة كما قال -تعالى-: ﴿ **فَلَا تَعْلَمُ نَفْسٌ مَّآ أُخْفِىَ لَهُم مِّن قُرَّةِ أَعْيُنٍ جَزَآءً بِمَا كَانُوا۟ يَعْمَلُونَ** ﴿١٧﴾ ﴾(365)، وقال النبي -صلى الله عليه وآله وسلم-: ((**إن في الجنة ما لا عين رأت، ولا أذن سمعت،**

---

(363) المعجم الأوسط للطبراني ج8ص273، الأمالي الخميسية ج2ص428.

(364) قال الإمام عز الدين بن الحسن: «اعلم أن الأكثر أجازوا دخول الملكين القبر لسؤال الميت بعد إحيائه عن ربه ودينه ونبيه، وقضوا بذلك لما ورد من الأدلة النقلية عليه فإن كان الميت من المثابين وفق للجواب، فيؤنسانه بعد ذلك ويبشرانه بما أعد له من النعيم الدائم، وإن كان من المعاقبين أنعقد لسانه وتحير في الجواب فيهددانه ويعدانه ويوقعان الحسرة في قلبه والغم لما فاته من جزيل الثواب وما أعد له من عظيم العقاب، وخالف في ذلك البستي وضرار بن عمرو فذهبا إلى أنه لا يجوز دخول الملكين على الصفة المذكورة ولعلهما بنيا ذلك على نفي عذاب القبر فإن هذا من فروعه ومن نفاه نفا سؤال الملكين المذكورين. وقال الإمام يحيى بن حمزة: وممن أنكر أمر الملكين وما ورد فيهما الشيخ أبو القاسم البلخي». المعراج إلى كشف أسرار المنهاج ج3ص542-543.

(365) سورة السجدة: 17.

ولا خطر على قلب بشر))(366).

وفي جهنم النار وأنواع العذاب، من الأغلال، والسلاسل، والحميم، والزَّقوم، كما في القرآن والأخبار، فمن خالف فيه فهو محجوج بالكتاب، والسنة، والإجماع؛ لأن هذه الجملة عرفت من دين النبي -صلى الله عليه وآله وسلم- ضرورة.

باب في الآجال والأرزاق والأسعار

الأجل: هو الوقت، ولكل نفسٍ أجل مقدر يموت فيه، أو يقتل فهو وقت أجله، والأجل واحد(367)، والمقتول لو لم يقتل جاز أن يموت وجاز أن يعيش، فأما بعد أن قتل علمنا أنه وقت أجله، ولا يجوز غير هذا.

وأما الرزق: فهو ما للعبد أن ينتفع به، ولا يكون لأحد منعه منه.

والحرام: لا يكون رزقاً؛ لأن الله -تعالى- مدح المنفقين من الرزق، والنفقة من الحرام مذمومة، ولأن الله -تعالى- حكيم ولا يجوز من الحكيم أن يعطي أحداً رزقه ثم يعاقب عليه؛ لأنه يكون سفهاً وجهلاً، وهذا لا يجوز على الله -تعالى-.

وأما الأسعار إذا كانت بسبب من جهة الله -تعالى- بالرخص والغلاء يضاف إليه، وإذا كانت من جهة آدمي يضاف إلى الآدمي.

---

(366) صحيح البخاري ج4ص118، صحيح مسلم ج4ص2174.

(367) وهذا مذهب أبي هاشم وأصحابه، وقالت البغدادية: بل للموت أجلان مقدر ومسمى، واختلف في تفسيرهما عنهم، فقال الحاكم: المقدر الذي يموت أو يقتل فيه، والمسمى الذي لو لم يقتل مثلاً أو لم يغرق أو يصيبه الهدم أو يحترق لبقي إليه، وقال الإمام المهدي أحمد بن يحيى: بل الأقرب أن المخالف يعكس فيجعل المسمى هو الذي يموت فيه أو يقتل أو نحو ذلك، والمقدر يختص بالمقتول والغريق ونحوهما، وهو الذي يقدر بقاؤه إليه لو لم يبق له ذلك؛ لأن هذا أنسب إلى العبارة، ولا يبعد أن يكون مذهبهم هذا متفرعاً على قطعهم بأن المقتول لو لم يقتل لعاش» المعراج إلى كشف أسرار المنهاج ج3ص150.

والسعر: هو ما يكون في غالب الأحوال يباع به، فإذا نقص منه يكون رخصاً، وإذا زاد عليه يكون غلاءً.

باب في التوبة

إذا استحق العبد العقاب فالطريق إلىٰ نجاته إنما هي التوبة، والله -تعالىٰ- يغفر جميع الذنوب بالتوبة سواء كان كفراً أو فسقاً، ولذلك قال -تعالىٰ-: ﴿وَإِنِّي لَغَفَّارٌ لِّمَن تَابَ وَءَامَنَ وَعَمِلَ صَٰلِحًا﴾[368]، وقال -تعالىٰ-: ﴿إِنَّ ٱللَّهَ يَغْفِرُ ٱلذُّنُوبَ جَمِيعًاۚ إِنَّهُۥ هُوَ ٱلْغَفُورُ ٱلرَّحِيمُ ﴿٥٣﴾ وَأَنِيبُوٓاْ إِلَىٰ رَبِّكُمْ وَأَسْلِمُواْ لَهُۥ﴾[369]، يعني: توبوا وآمنوا؛ حتىٰ يغفر لكم جميع الذنوب الكفر والفسوق، وفي التوبة آيات كثيرة.

والتوبة شيئان:

أولها: الندم علىٰ ما مضىٰ من فعل القبائح والمعاصي وترك الواجبات؛ لقبحها وكونها معصية لله -تعالىٰ-.

والثاني: العزم علىٰ أن لا يعود إلىٰ أمثالها في المستقبل أبداً.

وينبغي أن يتوب عن جميع الذنوب صغيرها وكبيرها، فإن تاب من ذنب دون ذنب لم تصح توبته.

والتوبة يجب أن تكون لقبح المعصية لا لغرض آخر حتىٰ تصح، فإن لم يعلم في شيء أنه كان معصية تاب علىٰ الجملة عن جميع المعاصي، حتىٰ يدخل فيه ما يعلم بعينه وما لا يعلم، ويجب علىٰ التائب أن يأتي بشرائط التوبة كلها، وشرائطها: تلافي ما فات مما يمكن تلافيه من الصلاة، والزكاة، والصيام، والحج

---

(368) سورة طه: 82.

(369) سورة الزمر: 53-54.

إن كان عليه حج، وغير ذلك من حقوق الله -تعالىٰ-، ويقضيها كما أمره الشرع، وإن كان له خصم من الآدميين وعليه حق لآدميين يجب عليه أن يرضي خصمه، ويؤدي حقه من أي جنس كان، من المال والقصاص وغير ذلك، وإن آذىٰ إنساناً أو سبّه أو آلمه اعتذر إليه حتىٰ يبرئه، فإذا أرضىٰ خصومه علىٰ هذا الوجه قبلت توبته وسقط عنه العقاب، ولهذه الجملة تفاصيل يطول ذكرها، وفي هذا القدر كفاية هاهنا.

وإذا تاب بشرائطها، يجب(370) علىٰ الله قبولها، وإن لم يمكن تلافي جميع ذلك بنفسه يجتهد حتىٰ يؤدي إلىٰ المخلوقين حقوقهم من الأموال، وما لا يمكنه تلافيه بنفسه يوصي إلىٰ وصي مسلم أمين يؤدي إلىٰ كل خصم إن كان له مال، وإن لم يكن له مال عزم أنه إن وجد المال يؤدي حقهم، وإن مات صاحبها يؤدي إلىٰ ورثته، وإن لم يكن له وارث صرف إلىٰ المساكين، وإن كان الحق من جنس الاعتذار إذا مات الخصم سقط عنه، وإن كان حياً واعتذر إليه ولم يقبل العذر سقط أيضاً، وأما ما كان من الحقوق المالية فيجب أن يؤدىٰ وإن كان في مكان بعيد.

وإن تاب مراراً ثم عاد إلىٰ الذنب فإذا تاب توبة نصوحاً في آخرها قبلت توبته، وإن تاب لم يعد ثواب طاعته الذي أحبطه، وكذلك إن عاد إلىٰ المعصية لا يعود عقابه الذي أحبطه بالتوبة.

والزكاة، والكفارات، والنذور أيضاً من حقوق الأموال، يجب أداؤها إلىٰ أهلها بنفسه إن أمكن، وإن لم يمكن يوصي بأدائها إلىٰ أهلها، اللهم وفقنا بتوبة، وتوفنا تائبين، وصل علىٰ محمد وآله.

---

(370) أوجبه علىٰ نفسه كما في القرآن والسنة.

باب في الصبر والشكر والدعاء

الصبر والشكر والدعاء من جملة الإيمان والعبادات، ولكن لها شروط.

أما الصبر قال -تعالى-: ﴿إِنَّمَا يُوَفَّى ٱلصَّٰبِرُونَ أَجْرَهُم بِغَيْرِ حِسَابٍ ۝١٠﴾[371]، وقال -تعالى-: ﴿وَٱلصَّٰبِرِينَ فِي ٱلْبَأْسَآءِ وَٱلضَّرَّآءِ﴾[372]، وقال لرسول الله -صلى الله عليه وآله وسلم-: ﴿وَٱصْبِرْ وَمَا صَبْرُكَ إِلَّا بِٱللَّهِ﴾[373]، يعني: بتوفيق الله -تعالى- ولطفه تصبر على تحمل الرسالة وتبليغها، والمجاهدة عليها وعلى سائر الطاعات، وقال: ﴿وَلَمَن صَبَرَ وَغَفَرَ﴾[374]، يعني: يعفو عن الناس، ولا يكافئهم بالإساءة، ﴿إِنَّ ذَٰلِكَ لَمِنْ عَزْمِ ٱلْأُمُورِ ۝٤٣﴾[375]، يعني: من أعظم الطاعات، والصبر: احتمال المكاره على فعل الطاعات، واجتناب المعاصي، وروى ابن مسعود عن النبي -صلى الله عليه وآله وسلم- أنه قال: **((الصبر نصف الإيمان، واليقين الإيمان كله))**[376].

فإذا ثبت ذلك فيجب على المكلف أن يصبر على ما أمره الله -تعالى- به، ويصبر على ما نهاه عنه وإن كان فيه مشقة ومخالفة الهوى، ويجب أن يرضى بجميع ما قضى الله له من المرض، والآلام، والموت، ونقصان النفس، والمال، ولا يجزع على شيء منها، ويعلم أن صلاحه وخيره فيه، فأما إذا كان الألم والضرر من جهة غير الله يجوز أن يجزع عليه، ولكن لا يقول شيئاً بخلاف الشرع.

وأما الشكر فهو ثلاثة أشياء:

---

(371) سورة الزمر: 10.

(372) سورة البقرة: 177.

(373) سورة النحل: 127.

(374) سورة الشورى: 43.

(375) سورة الشورى: 43.

(376) المعجم الكبير للطبراني ج5 ص22، الأمالي الخميسية ج2 ص267.

1 - تعظيم المنعم.

2 - والاعتراف بالنعم.

3 - والطاعة فيما أمر ونهى.

وجميع النعم من جهة الله -تعالى- وإن كانت تصل إليه من جهة غير الله؛ لأن أصول النعم من الله -تعالى- كما قال -تعالى-: ﴿ وَمَا بِكُم مِّن نِّعۡمَةٖ فَمِنَ ٱللَّهِۖ﴾(377)، وقال -تعالى-: ﴿وَأَسۡبَغَ عَلَيۡكُمۡ نِعَمَهُۥ ظَٰهِرَةٗ وَبَاطِنَةٗۗ﴾(378)، وروى ثوبان عن رسول الله -صلى الله عليه وآله وسلم-: ((**ليتخذ أحدكم لساناً ذاكراً، وقلباً شاكراً**))(379).

ومن عرف الله حق معرفته، وعرف صفاته، وعرف رسول الله -صلى الله عليه وآله وسلم-، وشريعته، وعظم أمر الله -تعالى- ونهيه، وأقر بلسانه، وأدى ما أمر الله به، وانتهى عمّا نهاه الله عنه، فقد شكر الله -تعالى- على نعمه.

وقيل: إن الإيمان شيئان: صبر، وشكر، الشكر على نعم الله -تعالى-، والصبر على الطاعة واجتناب المعصية.

وأما الدعاء والرجاء إلى الله -تعالى- والإياس من المخلوقين: من جملة العبادات، وقال -تعالى-: ﴿ٱدۡعُونِيٓ أَسۡتَجِبۡ لَكُمۡۚ﴾(380)، وقال: ﴿يَدۡعُونَ رَبَّهُمۡ خَوۡفٗا وَطَمَعٗا وَمِمَّا رَزَقۡنَٰهُمۡ يُنفِقُونَ ١٦﴾(381)، خوفاً من العقاب، وطمعاً في الثواب، وذم الله -تعالى- المتكبرين عن الدعاء والعبادة فقال: ﴿إِنَّ ٱلَّذِينَ

(377) سورة النحل: 53.

(378) سورة لقمان: 20.

(379) مسند أحمد بن حنبل ج38 ص189.

(380) سورة غافر: 60.

(381) سورة السجدة: 16.

يَسْتَكْبِرُونَ عَنْ عِبَادَتِي سَيَدْخُلُونَ جَهَنَّمَ دَاخِرِينَ ﴿٦٠﴾﴾[382]، ونهى عن الدعاء والسؤال لغيره فقال -تعالى-: ﴿وَلَا تَدْعُ مَعَ ٱللَّهِ إِلَٰهًا ءَاخَرَ﴾[383]، وإذا كان العبد يدعوه بالشرائط يجيبه ولذلك قال: ﴿ٱدْعُونِيٓ أَسْتَجِبْ لَكُمْ﴾[384]، وقال -تعالى-: ﴿أَمَّن يُجِيبُ ٱلْمُضْطَرَّ إِذَا دَعَاهُ وَيَكْشِفُ ٱلسُّوٓءَ﴾[385]، يعني: لا يمكن أن يجيبه أحد إلا الله -تعالى-، وروي عن النبي -صلى الله عليه وآله وسلم- أنه قال: **((الدعاء مخ العبادة))**[386]، يعني أن الدعاء خير العبادة.

وللدعاء أوقات فيها أقرب إلى الإجابة: كالجمعة، وليلة الجمعة، وشهر رمضان، ويوم عرفة، وليلة القدر، وليلة النصف من شعبان، ونحو ذلك.

وأمكنة يكون الدعاء فيها أفضل وأقرب إلى الإجابة: كالكعبة، ومسجد المدينة، ومسجد بيت المقدس، ومسجد الكوفة، ثم سائر مساجد الأئمة والصالحين.

ومن شرائط الدعاء:

- أن لا يدعو شيئاً بخلاف الشرع والمصلحة.

- والداعي يجب أن يكون مؤمناً؛ حتى تجاب دعوته.

وإن كان في موضع تجاب دعوة غير المؤمن كما قال النبي -صلى الله عليه وآله وسلم-: **((اتقوا دعوة المظلوم وإن كان كافراً))**[387].

---

(382) سورة غافر: 60.

(383) سورة القصص: 88.

(384) سورة غافر: 60.

(385) سورة النمل: 62.

(386) الدعاء للطبراني ص24.

(387) مسند أحمد بن حنبل ج20 ص22.

وإذا دعا بشرط المصلحة وأُجيب علم أنه من فضل الله -تعالى-، وإن تأخرت الإجابة يعلم أن المصلحة في تأخيرها، وإذا لم يجب علم أن المصلحة فيه، وإذا دعا بشرطه يكون في إجابته بين الرجاء وبين اليأس، ولا يدعو شيئاً إلا باستحقاق.

باب في الأمر بالمعروف والنهي عن المنكر

الأمر بالمعروف والنهي عن المنكر واجبان، وكتاب الله -تعالى- ناطق بوجوبها كما قال -تعالى-: ﴿كُنتُمْ خَيْرَ أُمَّةٍ أُخْرِجَتْ لِلنَّاسِ تَأْمُرُونَ بِالْمَعْرُوفِ وَتَنْهَوْنَ عَنِ الْمُنكَرِ﴾(388)، وقد ذمّ الله -تعالى- التاركين لهما فقال -تعالى-: ﴿كَانُوا لَا يَتَنَاهَوْنَ عَن مُّنكَرٍ فَعَلُوهُ لَبِئْسَ مَا كَانُوا يَفْعَلُونَ ﴿٧٩﴾﴾(389).

والأمر بالمعروف على ضربين: فرض، وندب.

فالأمر بالفرض فرض، والأمر بالندب ندب.

وأما النهي عن المنكر: فباب واحد، والنهي عن جميع المنكرات واجب؛ لأن المنكرات كلها قبيحة.

وللأمر بالمعروف والنهي عن المنكر مراتب:

- باللسان.
- واليد.
- والسيف.
- والقلب.

---

(388) سورة آل عمران: 110.

(389) سورة المائدة: 79.

فإذا أمكن حصول المعروف وإزالة المنكر بالقول لم يجز أن يتجاوز إلى الضرب باليد، وإن أمكن باليد لم يجز أن يتجاوز إلى غيره وهو السيف، فإن لم يمكن إلا بالسيف والقتال وجب كما قال الله -تعالى-: ﴿وَإِن طَآئِفَتَانِ مِنَ ٱلْمُؤْمِنِينَ ٱقْتَتَلُواْ فَأَصْلِحُواْ بَيْنَهُمَا فَإِنۢ بَغَتْ إِحْدَىٰهُمَا عَلَى ٱلْأُخْرَىٰ فَقَٰتِلُواْ ٱلَّتِى تَبْغِى حَتَّىٰ تَفِىٓءَ إِلَىٰٓ أَمْرِ ٱللَّهِ﴾[390].

ويعمل في جميع ذلك على غالب ظنه، فإن غلب على ظنه أن لأمره ونهيه تأثير وجب عليه، وإن غلب على ظنه أنه لا تأثير لأمره ونهيه فلا يجب، وإن غلب في ظنه أن المنكر يزيد بإنكاره فيجب أن لا ينكره؛ لأنه لو أنكر لكانت الزيادة من جهته، وإن غلب في ظنه أنه إن أنكر يؤدي إلى قتله وكان في قتله إعزاز للدين جاز أن ينكر، كما فعله الحسين بن علي -عليهما السلام-، وزيد بن علي -عليهما السلام-، وقال النبي -صلى الله عليه وآله وسلم-: ((**أفضل الجهاد كلمة حق عند سلطان جائر**))[391]، وإن لم يمكن إنكاره بوجه من الوجوه أنكر بقلبه، ولو قصده ظالم لنفسه أو ماله جاز أن يقاتل، فإن قتل كان جائزاً وإن قُتل كان شهيداً؛ كما قال النبي -صلى الله عليه وآله وسلم-: ((**من قتل دون نفسه، ودون ماله** – في خبر واحد – **فهو شهيد**))[392].

باب في الإمامة

الكلام في الإمامة له أصول وفروع كثيرة نذكر هاهنا ما لا بد منه:

فصل: في وجوب الإمامة:

الخلاف فيها على ثلاثة أوجه:

---

(390) سورة الحجرات: 9.

(391) المعجم الكبير للطبراني ج1 ص107، مسند أحمد بن حنبل ج31 ص126.

(392) مصنف عبدالرزاق الصنعاني ج10 ص116، مسند الحارث ج2 ص660.

قال قوم: الإمامة تجب عقلاً، ولا يجوز أن يخلو الزمان من إمام، ولا يجوز التكليف بغير الإمام، وهو مذهب الإمامية.

وقال قوم: لا تجب عقلاً، ويجوز التكليف بغير إمام، ويجوز أن يخلو الزمان من الإمام، ولكن يجب بالشرع، وفيه ألطاف، ويجب لتنفيذ أحكام شرعية لا لتعليم الشرع، وهذا مذهب الزيدية – كثرهم الله –تعالى– والعدلية.

وقال قوم: لا تجب الإمامة عقلاً وشرعاً، ويجوز أن يكون الإمام، ويجوز أن لا يكون.

والدليل على أن الإمامة لا تجب عقلاً: أن التكليف له ثلاثة شروط لا بد منها، ولا يصح التكليف بدونها:

[الأول]: كالقدرة والآلة، وإزاحة العلّة.

والثاني: بيان ما يجب على المكلف.

والثالث: الألطاف.

وليس الإمام في شيء من ذلك.

واللطف على ضربين:

لطف عام: لا يخلو المكلف منه، كمعرفة الله –تعالى–.

ولطف خاص: كالصلاة، والصيام، وأمثال ذلك.

ولا دليل على أن الإمام لطف عام، فينبغي أن لا تجب عقلاً، ولأن الإمام أيضاً مكلف ولا يحتاج إلى إمام آخر؛ لأن حال المكلفين سواء في الطاعة والمعصية، مع وجود الإمام وعدمه، فسواء وجوده وعدمه، فصح أن الإمام ليس من الألطاف التي لا يجب التكليف إلا بها.

والدليل على أن الإمامة تجب شرعاً: أن الصحابة فزعوا إلى إقامة إمام حالاً

بعد حال، ولم يجوزوا أن يكون الزمان خالياً من الإمامة، ولأن الله -تعالى- أمر بالحدود وأوجب، وليس لكل أحد إقامة الحدود، فوجب أن يختص به الإمام؛ لأن ما لا يتم الواجب إلا به وجب كوجوبه، كالطهارة في أداء الصلاة وأمثالها.

فصل: في صفات الإمام:

الإمام يجب أن يكون:

1- من أفضل أهل زمانه.

2- ويكون من أهل الاجتهاد.

3- ويكون شجاعاً غير جبان، يثبت في الحروب.

4- سخياً غير بخيل يمنع الحقوق.

5- ورعاً غير فاسق.

6- عدلاً غير جائر.

7- ولا تصلح الإمامة في عموم الناس، ولا بد أن تكون من نسب مخصوص.

8- وينبغي أن لا تكون به آفة لا يتمكن معها من القيام بأمر الإمامة، كالعمى والزَّمِن وغيرهما.

واختلفوا في النسب:

فقال قوم: ينبغي أن يكون من قريش، من أي بطن كان، وهم المعتزلة.

وقال قوم: لا اعتبار بالنسب، وإنما الاعتبار بالنص، وهو مقصور على اثني عشر، وهو مذهب الإمامية.

وعندنا(393): لا يصلح إلا في ولد الحسن والحسين -عليهما السلام-.

---

(393) الزيدية.

والدليل على أن النسب معتبر في الإمامة: إجماع الصحابة عند قول الأنصار: «منا أمير ومنكم أمير»[394] فقال المهاجرون: «هذا الأمر لقريش»[395]، وروي عن النبي -صلى الله عليه وآله وسلم- أنه قال: ((**الأئمة من قريش**))[396].

والدليل على صحة قول سادات الزيدية: إجماع الأمة أن الإمامة جائزة في أولاد الحسن والحسين -عليهما السلام-، وجواز غيرهم مختلف فيه ولا دليل عليه[397]، ولذلك قال أمير المؤمنين -عليه السلام- لما سمع خبر السقيفة وما احتجوا به أن «الأئمة من قريش» فقال: ((**احتجوا بالشجرة وأضاعوا الثمرة**))[398].

[موجبات عزل الإمام]:

والإمام إذا فسق يعزل عن الإمامة، وكذلك إذا نقص عنه صفة فيما شرطنا يعزل.

ولا يجوز إمامان في عصر واحد؛ لإجماع أهل البيت والصحابة.

فصل: فيما يقوم به الإمام:

لا يحتاج في أصول الدين من العقليات والشرائع إلى الإمام، العقليات معلومة بالعقل، والسمعيات تعرف ضرورة بالتواتر.

ويحتاج إلى الإمام لأمور شرعية لا يجوز أن يقوم بها إلا الإمام: كتولية القضاة والأمراء، وتنفيذ الأحكام، وإقامة الحدود، وحفظ دار الإسلام، والجهاد في دار الحرب، وقسمة الغنائم، وأخذ الزكاة والصدقات والحقوق المالية، وتزكية

---

(394) صحيح ابن حبان ج2 ص157.

(395) التبصير في معالم الدين للطبري ص155.

(396) السنن الكبرى للنسائي ج5 ص405.

(397) هذا يسمى إجماع مركب.

(398) شرح نهج البلاغة ج6 ص4.

الشهود، والقصاص من قطع اليد وغير ذلك.

فأما الأمر بالمعروف والنهي عن المنكر فلا يختص بالإمام، فإذا كان بإذنه فهو أولى، وإن كان المعروف والمنكر مما لا يؤثر فيه الأمر والنهي من جهة غير الإمام، ويكون لأمره ونهيه أثر فهو من فرائض الإمام، وصلاة الجمعة أيضاً لا تنعقد عندنا إلا بالإمام.

فصل: في طريق تعيين الإمام:

اختلفوا فيه: فقال بعضهم: طريق تعيين الإمام بالعقد والبيعة، ثم اختلفوا في عدد من يعقد البيعة، وهو مذهب العدلية الذين يقولون بالاختيار والبيعة.

والفرقة الثانية: قالوا طريق الإمامة وتعيين الإمام بالنص الجلي على العين والاسم، وهو مذهب الإمامية.

وعند أصحابنا الزيدية: طريق الإمام النص الاستدلالي ويعرف بالدليل، وهو على وجهين:

- [الأول]: نص على العين والاسم، كالنص على أمير المؤمنين والحسن والحسين -عليهم السلام-.

- والثاني: على الصفة.

فمن حصلت فيه تلك الصفة من ولد الحسن والحسين -عليهما السلام- وادّعى الإمامة يصير إماماً، وتلك الصفة جميع خصال الإمامة كما ذكرنا.

ولا تكون البيعة والخروج والقيام شرطاً في الإمام(399) والدليل على ذلك قول النبي -صلى الله عليه وآله وسلم-: ((إني تارك فيكم الثقلين، ما إن تمسكتم به لن تضلوا: كتاب الله -تعالى-، وعترتي أهل بيتي، ألا وإنهما لن يفترقا حتى

---

(399) من دون الشروط المعتبرة.

يردا علي الحوض))(400)، وقال أيضاً: **((مثل أهل بيتي فيكم كسفينة نوح من ركبها نجى، ومن تخلف عنها غرق))**(401).

وأيضاً: إذا بطل قول الإمامية في النص، وقول أهل الاختيار في الاختيار، لم يبق إلا قول سادات الزيدية -عليهم السلام-.

فأما الدليل على بطلان قول أهل الاختيار: أن جميع شرائط الإمامة شرعية، فيجب أن يكون عليه دليل شرعي حتى يصح، وليس على الاختيار دليل شرعي، فوجب أن لا يصح.

فإن ادّعوا: الإجماع، قلنا: لا نسلم؛ لأن كبار الصحابة اختلفوا فيه كأمير المؤمنين ومن كان معه، وإنما خالفوا لثبوت النص ودفع الاختيار، فلو كان هناك إجماع لما اختلف هؤلاء الأكابر، فلما اختلفوا علمنا أنه لم يكن هناك إجماع.

والدليل على بطلان قول الإمامية: هو أنه لو كان نص على اثني عشر لظهر ونقل، فلما لم ينقل علمنا بطلانه، ورواياتهم على إمامة اثني عشر ليست من الآحاد فضلاً عن التواتر، فكيف يمكن أن يعتمد عليها.

ثم إن فرق الإمامية عند موت كل واحد من هؤلاء الأئمة اختلفوا في الإمام بعده(402)، فلو كان النص معلوماً لما اختلفوا، وعندهم أن جعفر الصادق -عليه السلام- نص على ابنه إسماعيل، ثم إنه لما مات نص على موسى وقال: «ما بدا لله في شيء كبدائه في إسماعيل»(403)، ولهذا جوزوا البداء على الله.

وقولهم في عصمة الإمام، وإثبات المعجز له، وأنه أعلم الناس، ويقولون: لا يمكن معرفة هذا إلا بالنص على العين، لا نسلم؛ لأن العصمة ليست بشرط

---

(400) سبق تخريجه.

(401) المعجم الأوسط للطبراني ج5ص306.

(402) سبق وأن ذكر اختلافهم.

(403) التوحيد للصدوق ص336.

بإجماع الصحابة، ولا يدّعي أحد منهم المعجز، ولا يجب أن يكون أعلم الناس، ولكن يجب أن يكون عالماً بما تحتاج إليه الرعية، ويكون مجتهداً في العلم؛ حتى يمكنه القيام بأمر الأمة وما يختص به من الأمور.

[أفضل الأئمة]:

فأما أفضل الأئمة في خصال الفضل فليس لنا طريق إلى معرفته، وإنما يعرف ذلك بالنص ولذلك قلنا: إن أمير المؤمنين أفضل الأئمة، ثم الحسن، ثم الحسين -عليهم السلام- للنص الوارد فيهم.

فصل: **في أن الإمام بعد رسول الله ـ صلى الله عليه وآله وسلم ـ من هو وعلى أي وجه كان إماماً**:

الإمام بعد رسول الله -صلى الله عليه وآله وسلم- إنما هو أمير المؤمنين -عليه السلام-: بالنص عليه من جهة الله -تعالى-، ومن جهة رسوله -صلى الله عليه وآله وسلم-:

-أما من جهة الله -تعالى- فقوله: ﴿إِنَّمَا وَلِيُّكُمُ ٱللَّهُ وَرَسُولُهُۥ وَٱلَّذِينَ ءَامَنُواْ ٱلَّذِينَ يُقِيمُونَ ٱلصَّلَوٰةَ وَيُؤۡتُونَ ٱلزَّكَوٰةَ وَهُمۡ رَٰكِعُونَ ٥٥﴾(404)، والولي وإن كان يحتمل معاني يثبت فيه أيضاً معنى الإمامة، فيحمل على جميع المعاني إلا ما دل عليه الدليل أنه ليس بمراد من الآية، ثم إن الله ذكر هذه الولاية لموصوف بصفة وهي إيتاء الزكاة في حال الركوع، ولم يكن لأحد هذه الصفة إلا لأمير المؤمنين -عليه السلام-.

- و[أما من جهة رسوله -صلى الله عليه وآله وسلم-]: قال النبي -صلى الله عليه وآله وسلم- لما رجع من حجة الوداع يوم غدير خم وأمر بأن ينصب له منبرٌ من رحال الجمال وكان يوم قيظ(405) فجمع الناس وصعد المنبر وأصعد علياً وخطب، ثم أخذ بيده وقال: ((**أيها الناس: ألست أولى بكم من أنفسكم؟**

(404) سورة المائدة: 55.

(405) شديد الحرارة.

قالوا: بلى يا رسول الله. فقال: من كنت مولاه فهذا علي مولاه، اللهم وال من ولاه، وعاد من عاداه، وانصر من نصر، واخذل من خذله))(406)، وسمع الناس بأجمعهم حتى قال عمر: «بخ بخ يا أبا الحسن أصبحت مولاي، ومولى كل مؤمن ومؤمنة»(407)، وقال في غزوة تبوك: **((أنت مني بمنزلة هارون من موسى، إلا أنه لا نبي بعدي))**(408).

- ولأنه -عليه السلام- أفضل الصحابة، والإمام يجب أن يكون هو الأفضل، ولأنا أبطلنا الاختيار وتعيين الإمام، فلم يبق إلا قول الزيدية.

فصل: والإمام بعد أمير المؤمنين -عليه السلام-:

الحسن، ثم الحسين -عليهما السلام-:

- لنص النبي -صلى الله عليه وآله وسلم-: **((الحسن والحسين إمامان قاما، أو قعدا))**(409).

- ولأنه من قال بإمامة أمير المؤمنين -عليه السلام- بالنص، قال بعده بإمامتهما.

- ولأن فرق الأمة أجمعت على إمامة الحسن، وبعده على إمامة الحسين -عليهما السلام-.

فأما بعد الحسين -عليه السلام-: فلم يكن نصٌ على إمام بعينه واسمه، وإنما كان النص على الصفة كما ذكرناه.

وكان زيد بن علي -عليهما السلام- على تلك الصفة، ثم ابنه يحيى بن زيد -عليهما السلام-، ثم النفس الزكية محمد بن عبد الله بن الحسن بن الحسن، ثم

---

(406) المستدرك على الصحيحين 3ص613.

(407) تاريخ دمشق لابن عساكر ج42ص233.

(408) سبق تخريجه.

(409) مجموع الإمام الهادي ص195.

أخوه إبراهيم، ثم من بعد قام بأمر الإمامة وفيهم مجموع شرائط الإمامة كانوا أئمة -عليهم السلام-.

الباب السادس عشر: في بيان أخبار الذين خرجوا في الدين

فصل: فيمن خرج من أهل البيت عليهم السلام:

هم فرقتان:

فرقة منهم: ادّعوا الإمامة وكانوا جامعين لخصال الإمامة، فهم أئمة مفترضوا الطاعة.

وفرقة: خرجوا على سبيل الأمر بالمعروف، والنهي عن المنكر، ودفع الظلمة، ومحو آثارهم.

فالفرقة الأولى: يجب نصرتهم على جميع الناس؛ لأن نصرة إمام الحق واجبة ولذلك قال النبي -صلى الله عليه وآله وسلم- لعلي: ((**اللهم انصر من نصره، واخذل من خذله**))(410)، وقال الحسين بن علي -عليهما السلام-: ((**من سمع واعيتنا أهل البيت فلم يجبها، كبه الله على منخريه في نار جهنم**))(411).

ومن خرج منهم على سبيل الأمر بالمعروف والنهي عن المنكر يجب أيضاً نصرتهم؛ لأن الأمر بالمعروف والنهي عن المنكر واجبان، خاصة إذا كان فيه قمع الظلمة والمبتدعة الذين وضعوا آثار الجور ومحوا آثار الحق، وكل من خرج من سادات العترة من هاذين الوجهين فآثارهم في الدين والعدل ظاهرة بحيث لا مطعن لأحد فيهم.

وقد اتفقت الزيدية على إمامة بعضهم، واختلفوا في بعضهم، وتوقفوا في بعضهم؛ وذلك لأنهم لم يعرفوا أحوالهم بالحقيقة بسبب خوف أعدائهم، ما أمكنهم أن يعرفوا وينظروا في أحوالهم، ونحن نورد الآن طرفاً من أخبار من خرج منهم على الترتيب في إمامتهم على سبيل الاختصار، ثم نورد من المشهورين ممن خرج حتى لا يطول، وبالله التوفيق.

---

(410) سبق تخريجه.

(411) تاريخ الطبري ج5 ص407 بلفظ: «فو الله لا يسمع واعيتنا أحد ثُمَّ لا ينصرنا إلا هلك».

فصل: نبتدئ بأخبار سيد الأنبياء محمد صلى عليه وعلى آله، ثم نتبع بأخبار أهل بيته ـ عليهم السلام ـ:

نسبه: محمد بن عبد الله بن عبد المطلب بن هاشم بن عبد مناف بن قصي بن كلاب بن مرة بن كعب بن لؤي بن غالب بن فهر بن مالك بن النضر بن كنانة بن خزيمة بن مدركة بن إلياس بن مضر بن نزار بن معد بن عدنان[412]، وكان رسول الله -صلى الله عليه وآله وسلم- يذكر إلى هاهنا[413].

وعدنان كان من أولاد إسماعيل بن إبراهيم صلوات الله عليهم، وبين عدنان وبين إسماعيل جماعة، وإسماعيل كانت أمه هاجر، وإسحاق كانت أمه سارة، وإسماعيل كان أكبر من إسحاق، وقيل: إن الذبيح كان إسحاق، والصحيح أن الذبيح كان إسماعيل بن إبراهيم، وقد جرت تلك القصة بمكة، وقال النبي -صلى الله عليه وآله وسلم-: ((**أنا ابن الذبيحين**))[414] أراد إسماعيل وعبد الله.

وأمه كانت: آمنة بنت وهب بن عبد مناف بن زهرة[415]، تزوج بها عبد الله، فولدت النبي -صلى الله عليه وآله وسلم- في الثاني عشر من ربيع الأول يوم الاثنين[416]، قيل إنها ماتت بعد ما ولدت، وقيل: عاشت إلى مدة، وقيل: بعد سنتين[417]، والله أعلم.

وما كان له أخ وأخت من النسب، وروي أنه -صلى الله عليه وآله وسلم-

---

(412) سيرة ابن هشام ج1 ص1.

(413) عن ابن عباس قال: كان رسول الله صلى الله عليه وسلم إذا بلغ في النسب إلى أدد، قال: كذب النسابون، كذب النسابون، قال الله -عز وجل-: ﴿وَقُرُونًا بَيْنَ ذَٰلِكَ كَثِيرًا ٣٨﴾ [الفرقان:38]، قال ابن عباس: ولو شاء رسول الله صلى الله عليه وسلم أن يعلمه لعلمه. أنساب الأشراف ج1 ص13.

(414) المستدرك على الصحيحين ج2 ص604.

(415) نسب قريش ص20.

(416) سيرة ابن هشام ج1 ص158.

(417) وقيل ست سنين. السير والمغازي لابن إسحاق ص65.

ولد عام الفيل.

وكان له تسعة أعمام، وكانوا مع أبيه عشرة، أبوهم عبد المطلب وهم: عبد الله، والحارث، والزبير، والعباس، وأبو طالب، وحمزة، وضرار، والمقوم، وأبو لهب، وغيداق(418).

والعقب كان لأربعة منهم: الحارث، والعباس، وأبو طالب، وأبو لهب(419).

وكانت له ست عمّات: عاتكة، وصفية، وأميمة، وأروى، وبيضاء، وبرّة(420).

وثلاثة من أعمامه كانوا مسلمين: حمزة، والعباس، وأبو طالب(421)، وثلاث عمّات مسلمات: صفية، وأروى، وعاتكة(422).

وأبوه عبد الله مات قبل ولادته -صلى الله عليه وآله وسلم-، وقيل: بعده بسبعة أشهر(423)، والله أعلم.

وأعطاه جده عبد المطلب إلى حليمة وكان معها خمس سنين(424)، ثم جاءت به حليمة إلى مكة وكان مع أمه سنة ثم ماتت وله سنتين(425)، ثم كان مع جده عبد المطلب سنتين، ومات عبد المطلب وضمه إلى أبي طالب؛ لأن أبا طالب وعبد الله كانا من أم واحدة، وكان مع أبي طالب وسافر معه إلى الشام وله اثنا عشر سنة(426)، وكان في طريق الشام قصة بحيراً منه(427)، وكان له عشرون

___

(418) نسب قريش ص17.
(419) نسب قريش ص89، 85، 39، 25.
(420) نسب قريش ص17.
(421) معرفة الصحابة لأبي نعيم ج2 ص672، الطبقات الكبرى ج4 ص7، في إسلام أبي طالب خلاف.
(422) الطبقات الكبرى ج8 ص35، معرفة الصحابة لأبي نعيم ج6 ص3250.
(423) سيرة ابن هشام ص158.
(424) دلائل النبوة لأبي نعيم ج1 ص159.
(425) دلائل النبوة لأبي نعيم ج1 ص159.
(426) سيرة ابن هشام ج1 ص180.
(427) بحيرى الراهب.

سنة حين وقعت عكاظ بين قيس وكنانة‏(428)، ثم بعد ذلك سافر إلى الشام للتجارة لخديجة وكان له خمس وعشرون سنة‏(429)، ولما رجع من الشام تزوج بخديجة وكان له خمس وثلاثون سنة‏(430).

ولما جددوا إعمار الكعبة وتنازعت القبائل في وضع الحجر الأسود على موضعه، فكل قبيلة قالوا نحن نضع، ثم رضيت قريش بحكم النبي -صلى الله عليه وآله وسلم- فأمر من كل قبيلة رجلاً فحملوه ووضعوه على مكانه وانقطعت المنازعة‏(431)، وكان معظماً ومكرماً بين قريش، وكان اسمه محمد الأمين‏(432)، حتى إذا بلغ أربعين سنة أوحى الله إليه، وأعطاه الرسالة في شهر رمضان، وكان بمكة ثلاثة عشر سنة‏(433)، ودعا الناس إلى الإسلام، وفيما بين ذلك كانت هجرة الحبشة، أمر قوماً من الصحابة بالهجرة إلى الحبشة وأمّر عليهم جعفر بن أبي طالب‏(434)، وكان حديث الصحيفة وحصار الشعب‏(435)، والسبب في ذلك أن جماعة من رؤساء مكة اجتمعوا وقالوا: قد عظم أمر محمد وقد جاوز ما ظننا وكل يوم هو أقوى، ودبروا فيه وكتبوا كتاباً إلى بني هاشم وبني عبد المطلب أن لا يكلموهم، ولا يبايعوهم ويشتروا منهم، ولا يناكحوهم، وعقدوا البيعة عليه، وقلدوا الصحيفة على رقبة الصنم الكبير، وخرج أبو طالب مع النبي -صلى الله عليه وآله وسلم- وبنو هاشم وبنو عبد المطلب إلى حصار الشعب وبقوا ثلاث سنين في الشعب‏(436)، ومات أبو

---

(428) وقيل: كله أربع عشر أو خمس عشر. سيرة ابن هشام ج1 ص184.
(429) سيرة ابن هشام ج1 ص187.
(430) والمشهور خمس وعشرون وقيل ثلاثون سنة. تاريخ اليعقوبي ج2 ص20.
(431) سيرة ابن هشام ج1 ص197.
(432) سيرة ابن هشام ج1 ص197.
(433) سيرة ابن هشام ج1 ص590.
(434) سيرة ابن هشام ج1 ص321.
(435) السير والمغازي ص156.
(436) السير والمغازي ص159.

طالب وخديجة في حصار الشعب(437)، ثم بعد ذلك نقض قوم الصحيفة وجاءوا بها فكل موضع كان فيه اسم الله -تعالى- كان باقياً، وما سواه قد أكلته دابة الأرض(438)، وخرج النبي -صلى الله عليه وآله وسلم- ومن معه من الشعب إلى مكة، ثم بعد ذلك هاجر إلى المدينة بعد أن بايعه الأنصار، وكان في الطريق حديث أم معبد(439)، ودخل المدينة في اليوم الثاني عشر من ربيع الأول للسنة الأولى من الهجرة(440)، ونقلوا التاريخ إلى المحرم(441)، وكان بالمدينة تلك السنة إلى صفر سنة اثنتين، ثم أمر ببناء المسجد وآخى بين المهاجرين والأنصار(442)، وشرع الأذان والإقامة(443)، وزُفَّت عائشة إلى بيته(444)، فلما دخل الحول الثاني زوَّج فاطمة من علي -عليهما السلام-(445)، وفي رجب كان تحويل القبلة إلى الكعبة(446).

وفي شهر رمضان حرب بدر وقتل الكفار وأسرهم(447)، ثم دخلت سنة ثلاث من الهجرة وزفت فاطمة -عليها السلام- إلى بيت علي(448) -عليه

---

(437) السنة الثالثة قبل الهجرة.
(438) السير والمغازي ص167.
(439) أم معبد الخزاعية، كانت صاحبة خيمة سألها النبي ومن معه طعاماً ولم يكن لها سوى شاة مجهدة، فدعا بها النبي ودعا الله وإذا بالحليب يدر منها. غريب الحديث لابن قتيبة ج1ص462.
(440) سيرة ابن هشام ج1ص492.
(441) قال الحافظ ابن حجر: «وإنما أخروه من ربيع الأول إلى المحرم لأن ابتداء العزم على الهجرة كان في المحرم إذ البيعة وقعت في أثناء ذي الحجة وهي مقدمة الهجرة فكان أول هلال استهل بعد البيعة والعزم على الهجرة هلال المحرم فناسب أن يجعل مبتدأ وهذا أقوى ما وقفت عليه من مناسبة الابتداء بالمحرم» فتح الباري ج7ص268.
(442) سيرة ابن هشام ج1ص504،496.
(443) سيرة ابن هشام ج1ص508.
(444) سيرة ابن هشام ج2ص644.
(445) دلائل النبوة للبيهقي ج3ص162.
(446) سيرة ابن هشام ج1ص505.
(447) السير والمغازي ص130.
(448) الإفادة في تاريخ أئمة الزيدية ص37.

الباب السادس عشر: في بيان أخبار الذين خرجوا في الدين

السلام-، وماتت فيها رقية ابنة رسول الله -صلى الله عليه وآله وسلم-(449) زوج عثمان، وزوجه رسول الله -صلى الله عليه وآله وسلم- أم كلثوم(450)، وتزوج رسول الله -صلى الله عليه وآله وسلم- بحفصة بنت عمر(451)، وكانت وقعة أحد في تلك السنة في شوال(452)، [وفي سنة أربع كانت غزوة بني النضير(453)، وغزوة ذات الرقاع(454)]، وفي سنة خمس كانت غزوة الخندق وجمع الأحزاب(455)، وغزوة بني قريظة وقتلهم أيضاً في هذه السنة(456)، وكان في سنة ست غزوة بني المصطلق(457)، وحديث إفك عائشة كان في هذه الغزوة(458)، وفرض الحج في هذه السنة، وكان فيها حديث الحديبية(459)، وبيعة الرضوان(460)، وفي سنة سبع كانت غزوة خيبر(461)، والنبي صلى الله عليه تزوج بصفية ابنة حيي بن أخطب(462)، وعمرة القضاء كانت فيها(463)، وفي سنة ثمان كانت وقعة مؤتة(464)، وشهادة جعفر -عليه السلام-، وكان في

---

(449) قيل: في السنة الثانية. دلائل النبوة للأصبهاني ص70.

(450) دلائل النبوة للأصبهاني ص70.

(451) تاريخ الطبري ج2 ص499.

(452) السير والمغازي ص321.

(453) مغازي الواقدي ج1 ص363.

(454) تاريخ الطبري ج2 ص555.

(455) سيرة ابن هشام ج2 ص214.

(456) تاريخ الطبري ج2 ص581.

(457) سيرة ابن هشام ج2 ص298.

(458) تاريخ الطبري ج2 ص610.

(459) سيرة ابن هشام ج2 ص308، تاريخ الطبري ج2 ص620.

(460) تاريخ الطبري ج2 ص632.

(461) سيرة ابن هشام ج2 ص328.

(462) السيرة لأبي حاتم ج1 ص406.

(463) مغازي الواقدي ص741.

(464) تاريخ الطبري ج3 ص36.

هذه السنة أيضاً فتح مكة(465)، وغزوة حنين(466)، وفي سنة تسع خرج رسول الله -صلى الله عليه وآله وسلم- إلى غزوة تبوك(467)، وفي هذه السنة حج أبو بكر بالناس(468) ودفع رسول الله -صلى الله عليه وآله وسلم- البراءة إليه فنزل جبريل -عليه السلام- وقال: **((إن الله يقرئك السلام وقال: لا يبلغها إلا أنت أو رجل منك))**(469) فأخذها من أبي بكر ودفعها إلى علي -عليه السلام- فقرأها على أهل مكة.

وفي سنة عشر كانت حجة الوداع(470)، وحديث غدير خم وإمامة أمير المؤمنين -عليه السلام-(471).

وفي سنة إحدى عشر في ربيع الأول كانت وفاة رسول الله -صلى الله عليه وآله وسلم-(472).

وكان للرسول -صلى الله عليه وآله وسلم- أربعة بنين، وأربع بنات، والعقب كان لفاطمة -عليها السلام- فحسب، وولدت فاطمة في حال الوحي(473).

وخلّف النبي -صلى الله عليه وآله وسلم- تسع أزواج: عائشة، وحفصة، وأم سلمة، وسودة، وميمونة، وزينب بنت جحش، وجويرية، وصفية، وأم حبيبة.

---

(465) سيرة ابن هشام ج2 ص389.
(466) سيرة ابن هشام ج2 ص437.
(467) تاريخ الطبري ج3 ص100.
(468) دلائل النبوة للبيهقي ج5 ص293.
(469) مسند أحمد بن حنبل ج2 ص427، المستدرك على الصحيحين ج3 ص53.
(470) تاريخ الطبري ج3 ص148.
(471) السنن الكبرى للنسائي ج7 ص310، المعجم الكبير للطبراني ج2 ص357.
(472) تاريخ الطبري ج3 ص199.
(473) عن الرسول الله صلى الله عليه وآله وسلم أنه قال: **((كل بني أنثى فإن عصبتهم لأبيهم، ما خلا ولد فاطمة فإني أنا عصبتهم وأنا أبوهم))** المعجم الكبير للطبراني ج3 ص44.

وأسماء البنين: القاسم، والطاهر، والطيب واسمه عبد الله، وإبراهيم[474].

وأسماء البنات: فاطمة، وزينب، ورقية، وأم كلثوم أمهم خديجة إلا إبراهيم فإن أمه مارية القبطية[475].

أخبار أمير المؤمنين أبي الحسن علي بن أبي طالب -عليه السلام-:

هو ابن عم رسول الله -صلى الله عليه وآله وسلم- أبي طالب، وأبو طالب وعبد الله ابنا عبد المطلب، وكانا من أم واحدة[476].

وأم أمير المؤمنين -عليه السلام-: فاطمة بنت أسد بن هاشم[477]، وولد في الكعبة[478]، وأسلمت أمه وبايعت النبي -صلى الله عليه وآله وسلم-[479]، وهاجرت هجرتين: إلى الحبشة، وإلى المدينة[480]، وربت رسول الله -صلى الله عليه وآله وسلم- وآثرته على أولادها، وكان رسول الله صلى عليه وعلى آله يدعوها بالأم، وماتت بالمدينة، فلما توفيت بكى رسول الله -صلى الله عليه وآله وسلم- وقال: ((**يا أماه يرحمك الله، يا أماه كنت تشبعيني وتجوعين ولدك، ولقد كنت تؤثريني على أولادك**))[481]، وكفَّنها بقميصه وعمامته[482].

وأسلم علي -عليه السلام- يوم الثلاثاء الثاني من يوم المبعث، قيل: كان سنه اثنتي عشرة سنة يوم أسلم، وقيل: ثلاثة عشرة سنة، وقيل: تسع سنين[483].

(474) السير والمغازي ص82.

(475) جمهرة أنساب العرب ص16.

(476) وهي فاطمة بنت عمرو بن عائذ. سيرة ابن هشام ج1ص109.

(477) السيرة النبوية وأخبار الخلفاء لابن حبان ج2ص521.

(478) المستدرك على الصحيحين ج3ص550.

(479) الطبقات الكبرى ج8ص178.

(480) الاستيعاب في معرفة الأصحاب ج4ص1891.

(481) المعجم الأوسط للطبراني ج1ص67.

(482) المستدرك على الصحيحين ج3ص116.

(483) وقيل: ابن عشر سنين. السير والمغازي ص137.

وكان رسول الله -صلى الله عليه وآله وسلم- ضمه إلى نفسه في حال صغره ورباه(484)، ولما أسلم كان مع رسول الله -صلى الله عليه وآله وسلم- في جميع الأيام، لا يفارقه إلا بأمره حتى توفي رسول الله -صلى الله عليه وآله وسلم-، وبويع له بعد قتل عثمان، يوم الجمعة الثامن عشر من ذي الحجة سنة خمس وثلاثين(485)، وضربه ابن ملجم - عليه لعنات الله تترى -، فمات من ضربته في العشر الأواخر من شهر رمضان سنة أربعين(486).

وكان له أولاد كثر: الحسن، والحسين كانا من فاطمة -عليهم السلام-، ومحمد بن الحنفية كنيته أبو القاسم أمه خولة، ومحمد الأصغر، وأبو بكر، وعبيد الله أمهم ليلى، وعمر أمه أم حبيب، وعباس، وعثمان، وجعفر، وعبد الله أمهم أم البنين بنت حزام، وعبد الرحمن، ويحيى أمهما أسماء بنت عميس، وعون، أربعة عشر.

والبنات: ستة عشر، وقيل: ثلاثين، وروي أكثر من ذلك.

والعقب من خمسة بنين: الحسن، والحسين -عليهما السلام-، والعباس، ومحمد بن الحنفية، وعمر، ومن البنات أربع: زينب وعقبها أولاد عبد الله بن جعفر، وزينب الصغرى وعقبها في ولد عقيل بن أبي طالب من محمد بن عقيل، وأم الحسن وعقبها في أولاد جعدة بن هبيرة ابن أخت أمير المؤمنين -عليه السلام-، وفاطمة وعقبها في أولاد سعيد بن الأسود بن أبي البختري(487).

وقاتل الناكثين طلحة والزبير وعائشة في حرب الجمل، وكان الفتح له والحطم عليهم(488)، وبعد ذلك حرب صفين وقاتل معاوية(489)، والحكمان

---

(484) الإفادة في تاريخ أئمة الزيدية ص37.
(485) قيل: يوم الجمعة لخمس بقين من ذي الحجة. تاريخ الطبري ج4ص436.
(486) الإفادة في تاريخ أئمة الزيدية ص45.
(487) ذخائر العقبى في مناقب ذوي القربى ص117.
(488) سنة 36هـ.
(489) سنة 36هـ.

كانا سبب ذلك(490)، ثم قتال الخوارج(491)، ولما رجع من قتال المارقين وعزم على قتال معاوية وأمر بإخراج المعسكر، فكانت ضربة ابن ملجم ليلية الجمعة لتسع عشر ليلة خلت من شهر رمضان سنة أربعين من الهجرة، وتوفي في ليلة الحادي والعشرين منه(492)، ودفن في الرحبة، ثم نقل إلى الغري صلوات الله عليه وسلامه(493).

أخبار الحسن بن علي -عليه السلام-:

هو أبو محمد الحسن بن علي بن أبي طالب -عليهما السلام-، ولادته كانت في النصف من شهر رمضان سنة ثلاث من الهجرة بعد وقعة أُحُد(494)، وسمّاه رسول الله -صلى الله عليه وآله وسلم- بأمر الله(495).

وأمه: فاطمة بنت رسول الله صلى الله عليه وآله وسلم، والرسول -صلى الله عليه وآله وسلم- كان يقول للحسن: ((**إن ابني هذا سيد**))(496)، ويقول: ((**له هيبتي وسؤددي**))(497)، وتوفي رسول الله -صلى الله عليه وآله وسلم- وله سبع سنين، وكان في جميع المقامات حاضراً مع أمير المؤمنين ولم يأذن له أن يبرز لقتال عدو؛ وكان يقول: «هما أبناء رسول الله -صلى الله عليه وآله وسلم- أخاف إن أُصيبا انقطاع نسل رسول الله -صلى الله عليه وآله وسلم-»(498).

---

(490) هما أبو موسى الأشعري وعمرو العاص.

(491) سنة 37هـ.

(492) وهو ابن ثلاث وستين سنة. تاريخ الطبري ج5ص152.

(493) الإفادة في تاريخ أئمة الزيدية ص45.

(494) تاريخ الطبري ج2ص537.

(495) المستدرك على الصحيحين ج3ص180.

(496) مسند البزار ج13ص200.

(497) المعجم الكبير للطبراني ج22ص423.

(498) ربيع الأبرار ونصوص الأخيار ج4ص268.

فنص(499) عليه أمير المؤمنين بعد ما ضُرب، وخطب في اليوم الثاني من وفاة أبيه -عليه السلام-، وبايع بالعراق والحجاز أهل الحل والعقد، وجمع العساكر لقتال معاوية، وخرج معاوية من الشام، وبعث الحسن بن علي -عليه السلام- في مقدم العسكر قيس بن سعد وعبيد الله بن العباس، والتقى الجمعان وتهيآ للقتال، وخرج الحسن -عليه السلام- من الكوفة مع العسكر وقصد قتال معاوية فقصده قوم من الخوارج فجرحوه(500)، فوصل الخبر إلى معاوية فدعا عبيد الله بن العباس إلى نفسه وغره، ورجع قيس بن سعد بالعسكر إلى الكوفة، ومعاوية جاء إلى الكوفة، واضطر الحسن -عليه السلام- إلى المصالحة، وصالحه في سنة إحدى وأربعين(501).

وعقب الحسن -عليه السلام- كان في ولد الحسن بن الحسن، وزيد بن الحسن، وفي واحدة من البنات أم عبد الله زوجة زين العابدين -عليه السلام- أم محمد الباقر -عليه السلام-(502).

وخرج الحسن -عليه السلام- بعد الصلح إلى المدينة، بعد صلح معاوية، وشرط معاوية مع الحسن أنه لا يولي أحداً الأمر بعده(503)، ثم أراد أن يولي يزيد بعده، فبعث إلى زوجة الحسن -بالخفية- جعدة بنت الأشعث بن قيس، وضمن لها بمالٍ وشرط أن يزوجها من يزيد إن سمت الحسن -عليه السلام-، فسمت الحسن ثلاث مرات حتى مات الحسن بالمدينة سنة إحدى وخمسين من الهجرة، وقيل: سنة خمسين، وقيل: سنة تسع وأربعين(504)، وأوصى إلى الحسين

---

(499) إنما النص من الرسول كما ذكر سابقاً، ولعله خطأ من المترجم أو الناسخ.
(500) الفتوح لابن أعثم ج4ص288.
(501) تاريخ الطبري ج5ص168.
(502) الإفادة في تاريخ أئمة الزيدية ص52.
(503) الاستيعاب في معرفة الأصحاب ج1ص387، الصواعق المحرقة ج2ص399.
(504) حسب اختلافهم في مبلغ عمره.

-عليه السلام- أن يدفنه إلى جنب رسول الله -صلى الله عليه وآله وسلم- إلا أن يمنع وينازع، فجاء مروان ونازع وأراد أن يفتن(505)، فدفنه الحسين -عليه السلام- بالبقيع صلوات الله عليه.

أخبار الحسين بن علي -عليه السلام-:

هو أبو عبد الله الحسين بن علي -عليه السلام-، أمه فاطمة بنت رسول الله -صلى الله عليه وآله وسلم-، وولد بعد الحسن في شعبان سنة أربع من الهجرة(506)، وفي حياة رسول الله -صلى الله عليه وآله وسلم- هو والحسن ما قالا لأمير المؤمنين -عليه السلام-: يا أَبَهْ، فقال الحسن: يا أبا الحسين، وقال الحسين: يا أبا الحسن، وقالا لرسول الله -صلى الله عليه وآله وسلم- يا أَبَهْ، وتوفي رسول الله -صلى الله عليه وآله وسلم- وفاطمة -عليها السلام-، وكانا مع أمير المؤمنين -عليه السلام- في جميع المشاهد، وأكرمهما حتى قتل أمير المؤمنين، وسمّاه رسول الله صلى الله عليه: الحسين، بأمر الله -تعالى-(507)، ولما مات معاوية - لعنه الله وأخزاه - وبويع ليزيد بعث إلى المدينة وأراد بيعة الحسين، فخرج من المدينة بالليل وسار إلى مكة، واتصل إليه بمكة كتب أهل الكوفة واستدعوه بالمسير إليهم ليبايعوه ويعينوه(508)، فخرج من مكة لقصد العراق، وجاء عبيد الله - لعنه الله وأخزاه - إلى الكوفة قبل الحسين -عليه السلام-، فلما سمع بمجيء الحسين -عليه السلام- بعث عسكراً ووصلوا إليه بكربلاء، ونزل الحسين -عليه السلام- هناك، ثم بعث عبيد الله بن زياد - لعنه الله - عمر بن سعد مع العساكر لقتاله، وقاتلوه يوم عاشوراء، وقتل -عليه السلام- وأهل بيته وأصحابه(509)، وبقي علي بن الحسين -عليه السلام-،

(505) تاريخ دمشق لابن عساكر ج13 ص287، والبداية والنهاية ج8 ص44 وغيرهما.
(506) تاريخ الطبري ج2 ص555.
(507) المستدرك على الصحيحين ج3 ص180.
(508) سنة 60هـ.
(509) تاريخ الطبري ج5 ص468.

وكان عقب الحسين منه، ومن ابنة واحدة فاطمة بنت الحسين -عليه السلام-، وعقبها في أولاد الحسن بن الحسن -عليه السلام-، وأم علي بن الحسين كانت شهريا بنت يزدجرد بن [شهريار][510]، وكان عمره -عليه السلام- يوم قتل ثمانية وخمسين سنة صلوات الله عليه[511].

أخبار زيد بن علي -عليه السلام-:

هو أبو الحسين زيد بن علي -عليهم السلام-، ولادته كانت سنة خمس وسبعين من الهجرة، وأمه كانت: جيدا، أم ولد لزين العابدين -عليه السلام-[512].

وكان زيد بن علي مثل علي -عليه السلام- في الشجاعة والعلم والفصاحة، وكان -عليه السلام- بالشام فخرج إلى الكوفة لاستدعاء يوسف بن عمر الثقفي، وأقام هنالك مدة، واختلف العلماء والناس إليه، وقرأوا عليه وتعلموا منه، فقال له يوسف بن عمر: «يا زيد ينبغي أن تخرج إلى المدينة»؛ لأنه خاف من جهته، فخرج من الكوفة على عزم المسير إلى المدينة، فلما بلغ القادسية تبعه خلق من أعيان الكوفة واستدعوه حتى يرجع ويبايعوه ويقاتلوا بين يديه، فرجع إلى الكوفة متخفياً وأخذ البيعة من الناس، ثم سار إلى البصرة وأقام بها مدة حتى بايعه خلق كثير من العراق وخراسان، وبعث الدعاة إلى البلاد.

ورجع إلى الكوفة ووعد الخروج في أول صفر سنة اثنين وعشرين ومائة من الهجرة، فأُخبر يوسف بن عمر الثقفي بأحواله فقصده، فاضطر إلى الخروج قبل الميعاد، فخرج ليلة الأربعاء ليلة الرابع والعشرين من المحرم في الكوفة، ولم يحضر معه من المبايعين إلا القليل، وبعث يوسف الثقفي العساكر، فلما رأى زيد بن علي -عليهما السلام- تفرقاً من الناس فقال: «أظن الناس يفعلون معي كما

---

(510) مكتوب في نسخة برلين: شهريان، ويقال في بعض المصادر: بابويه بنت يزدرجرد.

(511) الإفادة في تاريخ أئمة الزيدية ص60.

(512) الإفادة ص61.

فعلوا مع الحسين -عليه السلام-»[513]، وقاتل مع قلّة من الأنصار ثلاثة أيام، يوم الأربعاء ويوم الخميس ويوم الجمعة، حتى قتل كثيراً منهم فلما كان آخر يوم الجمعة أصابه سهم على جبهته، فنقل إلى دار وأُخرج السهم من جبهته، واستشهد -عليه السلام-، ودفن ليلاً، وأُسيل الماء على قبره؛ حتى يخفى، فلما كان يوم السبت نودي بأن من دل على قبر زيد بن علي نعطيه كذا وكذا ديناراً، فدُل على قبره، فأخرجوه وصلبوه وبعثوا برأسه إلى الشام، إلى عند هشام بن عبد الملك - لعنه الله -، وبقي في كناسة كوفان سنتين مصلوباً، فلما خرج أبو مسلم الخرساني، كتب الوليد بن يزيد إلى يوسف الثقفي - لعنه الله - حتى أنزله وأحرقه ورمى برماده في الفرات[514]، وسِنَّهُ يوم قتل كانت ستاً وأربعين سنة.

وله عقب من ثلاثة بنين: عيسى، ومحمد، والحسين -صلوات الله عليهم[515]-.

أخبار يحيى بن زيد -عليه السلام-:

كنيته قيل: أبو عبد الله، وقيل: أبو طالب، فلما قتل زيد بن علي -عليهما السلام- خرج من الكوفة وفرّ إلى خرسان، وكتب يوسف بن عمر إلى نصر بن سيار - أمير خراسان - حتى يطلبه، فطلبه كثيراً، وهو -عليه السلام- كان متوارياً ببلد (بلخ) في دار حريش بن عبد الرحمن الشيباني، وكان عامل بلخ عقيل بن معقل كتب إليه نصر بطلب يحيى، فأخبره أنه في دار حريش، فأمر حتى جاءوا حريش وطلب منه يحيى وقال: دلني عليه، فلم يدل، فأمر حتى ضُرب ستمائة سوط، وحلف عقيل أنك تضرب حتى تسلم يحيى وإلا أقتلك فقال: افعل ما تريد، وحلف بالله: لو أن يحيى تحت قدمي وأقتل لم أرفع قدمي عنه،

(513) في الإفادة ص64: «أحسبهم قد عملوها حُسَيْنِيَّةً».

(514) أنساب الأشراف ج3 ص257.

(515) الإفادة ص65.

فقال ابن له: دعوه حتى أدلكم عليه، فدل وأخذوه وجاءوا به إلى نصر، فحبسه وقيده وكتب إلى يوسف بن عمر، وكتب يوسف إلى يزيد بن الوليد حتى أطلقوه، ورجع يحيى حتى وصل (بيهق) فبايعه هناك جماعة، فرجع ودعا الناس حتى اجتمع عليه خلق كثير، ووصل الخبر إلى نصر بن سيار، فكتب إلى أصحابه العساكر في البلاد حتى يأخذوه، ووصل يحيى -عليه السلام- إلى (نيسابور) وكان أمير البلد عمرو بن زرارة فقاتلوا، فقتل عمرو بن زرارة، وخرج يحيى -عليه السلام- من (نيسابور) وسار إلى (جوزجان) واجتمع عليه كثير، وبعث نصر بن سيار عسكراً كثيراً إلى قتاله، وقاتلوا حتى قتل يحيى -عليه السلام-، وصلب مدة، ثم دفن، وبعثوا برأسه إلى بلد (مرو)، وتربته بـ(جوزجان) في قرية (ارغوى)، قتل يوم الجمعة في شهر رمضان سنة ست وعشرين ومائة، وقيل: خمس وعشرين، وسنه يوم قتل ثماني وعشرين سنة صلوات الله عليه(516).

النفس الزكية -عليه السلام-:

كنيته أبو عبد الله، وقيل: أبو القاسم محمد بن عبد الله بن الحسن بن الحسن بن علي بن أبي طالب -عليهم السلام-، يقال له: المهدي، والنفس الزكية، وكان في العلم والزهد والشجاعة بالمحل العظيم، وله مصنفات كثيرة، وكان جامعاً لشرائط الإمامة، وسُمي بأمير المؤمنين، وكان متوارياً مدة، وبعث أخاه إبراهيم والدعاة في الآفاق حتى أخذوا بيعة خلق كثير، وخرج في آخر شهر جمادي الآخر لليلتان بقيتا منه سنة خمس وأربعين ومائة من المدينة، وجاء إلى مكة، وبايعه علماء مكة، ورجع إلى المدينة، وبعث أخاه إبراهيم إلى البصرة، فلما دخل شهر رمضان بايعه كثير من العلماء خاصة مشايخ المعتزلة اتصلوا به، ثم بعث أبو جعفر الملقب بالمنصور عيسى بن موسى بن محمد بن علي بن عبد الله بن العباس وقاتله، وقتل -عليه السلام- في رمضان سنة خمس وأربعين ومائة، وله اثنتان

(516) الإفادة ص68.

وخمسون سنة صلوات الله عليه(517)، وقيل غير ذلك والله أعلم.

وبعث برأسه إلى أبي جعفر، ودفن باقيه بـ(البقيع)، وطلب أبو جعفر أخاه إبراهيم ولم يظفر به، فأخذ أباه وأعمامه ومن أولاد الحسن أربعين ونيف بالمدينة، وأمر بقيدهم وحبسهم، وجاءوا بهم إلى العراق وحبسوهم، وقتل أكثرهم ومات بعضهم، وقتل أباه عبد الله بن الحسن رحمة الله عليه، وما خلص منهم من الحبس إلا قليل(518).

ولما عذبوا في السجن وقتل بعضهم، جاء(519) النفس الزكية وأخوه إبراهيم متنكرين إلى أبيهما وقالا: هذه المشقة والمحبة تحصل إليكم بسببنا، لو أمرتنا حتى نظهر وندخل على أبي الدوانيق حتى لو قتلنا، وخلصتم من هذه المحنة والمشقة.

فقال لبنيه: أمضيا وعيشا عزيزين، وموتا كريمين، فانصرفا وخرجا واحداً بعد واحداً، وقُتلا -صلوات الله عليهما-.

أخبار إبراهيم بن عبد الله:

كنيته أبو الحسن، وهو إبراهيم بن عبد الله بن الحسن بن الحسن بن علي بن أبي

---

(517) الإفادة ص73.

(518) ذكر أبو يعقوب بن سليمان، قال: حدثتني جمرة العطارة- عطارة أبي جعفر- قالت: لما عزم المنصور على الحج دعا ريطة بنت أبي العباس امرأة المهدي- وكان المهدي بالري قبل شخوص أبي جعفر- فأوصاها بما أراد، وعهد إليها، ودفع إليها مفاتيح الخزائن، وتقدم إليها واحلفها، ووكد الايمان الا تفتح بعض تلك الخزائن، ولا تطلع عليها أحدا إلا المهدي، ولا هي، فلما قدم المهدي من الري إلى مدينة السلام، دفعت إليه المفاتيح، وأخبرته عن المنصور أنه تقدم إليها فيه ألا يفتحه ولا يطلع عليه أحدا حتى يصح عندها موته، فلما انتهى إلى المهدي موت المنصور وولي الخلافة، فتح الباب ومعه ريطة، فإذا أزج كبير فيه جماعة من قتلاء الطالبيين، وفي آذانهم رقاع فيها أنسابهم، وإذا فيهم أطفال ورجال شباب ومشايخ عدة كثيرة، فلما رأى ذلك المهدي ارتاع لما رأى، وأمر فحفرت لهم حفيرة فدفنوا فيها، وعمل عليهم دكان. تاريخ الطبري ج8 ص104-105.

(519) قبل قتله.

طالب -عليهم السلام-، قد بعثه أخوه النفس الزكية إلى البصرة ليأخذ البيعة على الناس قبل خروجه، وكان هو متوارياً ويدعو الناس، فلما خرج النفس الزكية بالمدينة وأظهر الدعوة هو أيضاً بالبصرة وخرج ودعا الناس في غرة شهر رمضان سنة خمس وأربعين ومائة، وفتح البصرة وأخذ البيعة لأخيه وكان خليفة له على البصرة، وبلغه خبر قتله يوم العيد سنة خمس وأربعين ومائة في وقت أراد أن يصلي صلاة العيد، فصلى وصعد المنبر وخطب وأخبر بقتل أخيه وبكى وأبكى الناس، فلما نزل من المنبر بايعه الناس بالإمامة، وجميع علماء البصرة وأفاضلهم دخلوا في البيعة، وسار بسيرة الأئمة مدة، ثم بعث أبو جعفر بعيسى بن موسى مع العسكر لقتاله، وخرج من البصرة وقاتله بـ(باخمرى)، وهزم عيسى بن موسى وعسكره، وطلع إبراهيم -عليه السلام- على تل ينظر إليهم فأصاب جبهته سهم، فأنزلوه من الدابة فعاش ساعة، ومات على حجر بشير الرحال(520)، وقُتل بشير على رأسه، في اليوم الأول من ذي الحجة من هذه السنة، وبعثوا برأسه إلى أبي جعفر، ودفن بدنه هنالك صلوات الله عليه(521).

أخبار الحسين بن علي بن الحسن بن الحسن بن الحسن المعروف بالفخي:

كنيته أبو عبد الله، الحسين بن علي بن الحسن بن الحسن بن الحسن بن علي بن أبي طالب -عليهم السلام-، **أمه** زينب بنت عبد الله بن الحسن بن الحسن بن علي بن أبي طالب -عليهم السلام-، خرج بالمدينة في اليوم الثامن عشر من ذي القعدة سنة تسع وستين ومائة، وبايعه خلق كثير من أهل البيت ومن الأئمة والفقهاء، وخرج من المدينة حتى إذا أتى مكة استقبله العسكر في الطريق بـ(فخ)، وقاتلوه يوم التروية، فأصابه سهم وقتل -صلوات الله عليه وعلى آله(522)-.

---

(520) كان من أتباع الأئمة الأعلام، ومن خلص الزيدية الكرام. مطلع البدور ج1 ص583.

(521) الإفادة ص81.

(522) الإفادة ص92.

أخبار يحيى بن عبد الله:

هو أبو الحسين، وقيل: أبو عبد الله، يحيى بن عبد الله بن الحسن بن الحسن بن علي بن أبي طالب، فلما قتل الحسين بن علي الفخي كان يحيى معه، فهرب وتوارى وهو يدعو الناس، وبايعه العلماء والناس، وطلب بقعة تكون أماناً هناك، وبعث الدعاة إلى البلاد، والتجأ إلى (ديلمان) بعد أن دعاه عالم كثير إلى بلاد الترك وغير ذلك، وكان يقول: «إن في بلاد (ديلمان) خرجة لنا، يمكن أن تكون لي».

وهارون الملقب بالرشيد كان يطلبه، وبعث خلقاً كثيراً في طلبه حتى أخبر أنه بـ(ديلمان)، فبعث يطلبه هناك وجرت قصة كبيرة حتى كان في آخر الأمر كتب كتاب الأمان كتاباً محكماً وثيقاً، وأشهد عليه الشهود وبعث إليه، وخرج يحيى - عليه السلام- بعد أن علم أنه [إن] لم يخرج يسلم إليه؛ لأن هارون بعث بمال عظيم لامرأة ملك (ديلمان) جستان، فأراد جستان أن يبعث به إلى هارون، فقال يحيى: إذا وصل كتاب الأمان أخرج، فلما وصل كتاب الأمان خرج وجاء إلى هارون، وبعثه هارون إلى المدينة وشرط عليه أن لا يأخذ البيعة من أحد، ولا يخرج بالإمامة، فلما وصل المدينة وكان قلب هارون منشغلاً به وخاف أن يخرج، بعث إلى المدينة حتى جاءوا بيحيى وقال له: أنت تدعو إلى نفسك وتأخذ البيعة، فقال: البتة ما فعلت هذا، فجاءوا بواحد اسمه عبد الله بن مصعب الزبيري، وادّعى على يحيى -عليه السلام- أنه دعاني إلى بيعته، وجرت قصة كبيرة، ثم أمر بحبسه، ثم أمر كل يوم أن يعذب بأنواع العذاب، ومنع منه الطعام والشراب حتى ضعف، ثم قتله، واختلفوا كيف قتله.

وكتب يحيى كتاباً في الحبس وختم عليه، فأخرج بعد وفاته كتب فيه: «بسم الله الرحمن الرحيم يا هارون [المتعدي](523) قد تقدّم، والخصم على الأثر،

---

(523) في نسخة (ب): المدعي.

والحاكم لا يحتاج إلىٰ بيّنة»[524]، صلوات الله عليه.

أخبار محمد بن إبراهيم طباطبا:

محمد بن إبراهيم بن إسماعيل الديباج بن إبراهيم الشبه بن الحسن بن الحسن بن علي بن أبي طالب -عليهم السلام-، أبوه كان في حبس مهدي وموسىٰ وهارون، ومات أو قتل في الحبس، وكان محمد علىٰ طريق السلف في العلم والزهد، والفضل والشجاعة، وخصال الإمامة جامعاً، خرج بالكوفة وكان أمير من العرب يقال له أبو السرايا، السَّري بن منصور الشيباني[525]، وكان له عسكر كثير- بايعه واستدعاه حتىٰ أنزله، وجاء إلىٰ الكوفة وأعانه، وبايعه خلق كثير، وبعث الدعاة إلىٰ الآفاق، وبعث أخاه القاسم -عليه السلام- إلىٰ مصر للدعوة، والحسن بن سهل كان والياً علىٰ العراق من قبل المأمون، بعث بالعساكر دفعات كثيرة إلىٰ قتال محمد بن إبراهيم -عليه السلام- ويرجعوا بالهزيمة، حتىٰ وقعت ست وقائع بينهما وأصابه جراحات كثيرة، ومرض وتوفي صلوات الله عليه[526].

وقام من بعده:

محمد بن محمد بن زيد[527]:

بذلك الأمر، وبعثوا بالعساكر الكثيرة، وقتل أبو السرايا، وأُسر محمد وجاءوا به إلىٰ المأمون ببلد (مرو) الشاهجان وخراسان، وتوفي هنالك، وقيل سُم -عليه السلام-.

---

(524) الإفادة ص97.

(525) كان ثائراً شجاعاً، من الأمراء العصاميين. يذكر أنه من ولد هانئ بن قبيصة الشيباني، قتل سنة 200هـ. الأعلام ج3ص82.

(526) الإفادة ص108.

(527) تاريخ خليفة بن خياط ص469.

ومشهد محمد بن إبراهيم بالكوفة، ومشهد محمد بن محمد بن زيد بـ(مرو).

القاسم بن إبراهيم -عليه السلام-:

كان في العلم والزهد والفضل وجميع خصال الإمامة بمنزلة ليس في عصره مثله، فلما قتل أخوه محمد كان القاسم بمصر، فبلغه خبر نعيه فدعا إلى نفسه، وبعث الدعاة إلى الآفاق، وتوارى هو بمصر، وبايعه خلق كثير وكان متوارياً عشر سنين، وبعثوا في طلبه ناساً كثيراً، ووالي مصر كان عبد الله بن طاهر(528) شدد في طلبه ولم يمكن مقامه، [فـ]خرج من مصر مستتراً وجاء إلى الحجاز، وسافر إلى كل ولاية متوارياً إلى خراسان والعراق والحجاز، وبايعوه في كل موضع، ولم يتمكن من الخروج، ومات المأمون، وقام مقامه المعتصم فكان أشد في طلبه، فجاء القاسم -عليه السلام- في آخر الأمر إلى قرية بقرب المدينة يقال لها (الرَّس)(529)، وأقام هنالك حتى توفي سنة ست وأربعين ومائتين، وكان عمره سبعاً وسبعين سنة، ومشهده بـ[الـ]رَّس صلوات الله عليه(530).

الهادي إلى الحق -عليه السلام-:

كنيته أبو الحسين، يحيى بن الحسين بن القاسم بن إبراهيم -عليهم السلام-، مولده بالمدينة سنة خمس وأربعين ومائتين، وكان بين ولادته ووفاة جده القاسم سنة، ولما ولد جاءوا به إلى جده القاسم فحمله وقال لابنه الحسين بِمَ سمّيته؟ قال: يحيى - وكان للحسين أخ اسمه يحيى مات قبل ولادة الهادي - فبكى القاسم -عليه السلام- وقال: «هو والله يحيى صاحب اليمن»(531)، قاله بسبب أخبار وردت في باب يحيى -عليه السلام-.

---

(528) كان والياً على خرسان ثم مصر.

(529) بالقرب من ذي الحليفة.

(530) الإفادة ص114.

(531) له شواهد في سيرة الهادي إلى الحق ص30 وما بعد.

وكان الهادي -عليه السلام- في حال الصِبا معروفاً بالقوة والشجاعة، وكان قد بدأ يشتغل في حال صباه بالعلم حتى بلغ في أنواع العلوم، والزهد وجميع خصال الإمامة، بحيث لم يوجد في أهل بيت رسول الله -صلى الله عليه وآله وسلم- مثله، وكان من أهل الاجتهاد العظيم، وصنف في العلوم وكانت بعد سنه سبعة عشر، وجاء إلى (آمل) مع أقاربه وقومه، ورجع إلى المدينة، وكان في اليمن أمير يقال له: أبو العتاهية، بعث الرسل إلى يحيى -عليه السلام- واستدعاه حتى أتى إلى اليمن وبايعه، وكذلك جميع أهل اليمن بايعوه، وقام أبو العتاهية مع العسكر بنصرة الهادي -عليه السلام-، وكان خروجه سنة ثمانين ومائتين في أيام المعتضد، وسنه وقت خروجه كان خمساً وثلاثين، واستقام الأمر باليمن، وكان مقامه في (صعدة)، ولُقب الهادي إلى الحق، ثم بعد ذلك غلبت القرامطة هناك، وظهر في صنعاء رجل منهم يقال له: علي بن الفضل، وقيل: إنه كان يدعي النبوة، وقصد مكة حتى يخرب الكعبة، وقد وقعت بينه وبين الهادي -عليه السلام- مقاتلة كثيرة، وروي أنه قاتلهم سبعين مرة بنفسه، ثم استأصله وقتل أكثرهم، وتفرق الباقون وأهلكهم الله -تعالى- على يديه(532)، وسار بسيرة حسنة(533) على موجب الشرع وطرق أئمة الحق، إلى آخر سنة ثمان وتسعين ومائتين، ثم توفي بـ(صعدة) وله ثلاث وخمسون سنة، ومدة خلافته كانت ثماني عشر سنة، ومشهده بـ(صعدة) في جانب المسجد.

وأولاده: محمد المرتضى لدين الله، وأحمد الناصر، وفاطمة، وزينب أمهم فاطمة ابنة الحسن بن القاسم ابنة عمه، وكان له ابن من امرأة صنعانيه اسمه

---

(532) قال القاضي عبد الجبار بن أحمد – المتوفى سنة 415هـ -: «ثم صمد يحيى بن الحسين العلوي رضي الله عنه لجهاد هم. وقد كان ابن حوشب هلك وبقي ابن الفضل، فهلك هو وابنه أمام يحيى بن الحسين العلوي كما هو مذكور» تثبيت دلائل النبوة ص378.

(533) قال المؤرخ شمس الدين الذهبي – المتوفى سنة 748هـ -: «وكان حسَنَ السيرة. سير أعلام النبلاء» ج22ص321.

الحسن، وأخباره وآثاره مروية، وله تصانيف كثيرة مثل (الأحكام)، و(المنتخب)، وأجوبة على المسائل، وغيرها صلوات الله عليه[534].

أخبار الناصر للحق -عليه السلام-:

كنيته أبو محمد، الحسن بن علي بن الحسن بن علي بن عمر بن علي بن الحسين بن علي بن أبي طالب -عليهم السلام-، مولده بالمدينة، وأمه أم ولد اسمها: أم حبيب، وكان جامعاً في العلم والزهد والشجاعة والسخاء وخصال الإمامة، وجاء إلى (طبرستان) في أيام الداعيين الحسن بن زيد ومحمد بن زيد، وأقام هنالك مدة وهما يعظمانه، وبين ذلك جاء إلى (نيسابور) في أيام الجحستاني، ودعا الناس إلى نفسه، وجرت بينه وبين الجحستاني قصة وحبسه، وكتب إليه محمد بن زيد حتى أطلقه وجاء إلى (طبرستان) عنده، ثم من بعد ذلك خرج بـ(ديلمان)، ورجع إلى (طبرستان)، وبعثوا من خراسان عساكر كثيرة إلى قتاله، وقاتلهم وقتل خلقاً كثيراً عظيماً وهزمهم، وكان يحث على نصرة الهادي -عليه السلام-، ويقول: «يجب نصرة الهادي، وهنا تجب نصرتي»، ودعا الناس في (جيلان) و(ديلمان) حتى آمن خلق كثير من الكفار بسببه[535]، وقيل: أسلم على يديه ألف ألف نسمة، والله أعلم، ودخل -عليه السلام- (آمل) وبايعه أهل (آمل) وأقام هناك، وكان الحسن بن القاسم سپهسالار[536] له، وتوفي هنالك، وأشار إلى الحسن أن يقوم مقامه، ووفاته كانت في شعبان سنة أربع وثلاث مائة، ومدة قيامه بالإمامة ثلاث سنين وأشهر، صلوات الله عليه[537].

---

(534) الإفادة ص128.

(535) جمهرة أنساب العرب لابن حزم ص54، الكامل في التاريخ ج6ص629، تاريخ ابن خلدون ج4ص146، تاريخ الخلفاء للسيوطي ص276.

(536) كلمة فارسية تعني قائد الجيوش، إفادة من الأستاذ علي الدولة عن الأستاذ أحمد الحلي.

(537) الإفادة ص147.

المرتضى لدين الله ـ عليه السلام ـ:

كنيته أبو القاسم، محمد بن يحيى بن الحسين بن القاسم -عليهم السلام-، أمه فاطمة بنت الحسن بن القاسم، وهو جامع لخصال الإمامة، فلما توفي الهادي -عليه السلام- قام مقام الهادي وسار بسيرته مدة، فخرج رجل من الباطنية يقال له أبو الفضل القرمطي، فحاربه المرتضى وقهره، ثم نظر إلى الناس وأحوالهم، فلم يرهم مثل ما رأى في أيام الهادي وقد تغيروا [فـ]ـاعتزل، وكان أخوه الناصر غائباً، فلما قدم سلم الأمر إليه واعتزل، وكانت مدة قيامه بالإمامة سنتين وشهراً، ثم توفي سنة عشر وثلاث مائة، وله اثنان وثلاثون سنة، ودفن بجنب مشهد الهادي بصعدة صلوات الله عليهما(538).

الناصر لدين الله ـ عليه السلام ـ:

كنيته أبو الحسن، أحمد بن يحيى بن الحسين بن القاسم -عليهم السلام-، هو والمرتضى من أم واحدة، وكان جامعاً لخصال الإمامة، وسلم إليه المرتضى الأمر سنة إحدى وثلاث مائة، وقام بالأمر وسار بسيرة أبيه الهادي -عليه السلام-، وقد كثرت القرامطة في أيامه، واشتغل بقتالهم حتى استأصلهم، وما بقي منهم أحد إلا من كان متخفياً في جانب، ورجع بعضهم والتجأوا إليه، وتوفي سنة خمسة عشرة وثلاث مائة، وكانت مدة قيامه بالإمامة ثلاثة عشرة سنة، ومشهده في جنب مشهد الهادي صلوات الله عليه(539)، وترتيب إمامتهم الهادي، ثم المرتضى، ثم الناصر الكبير، ثم الناصر أحمد بن يحيى صلوات الله عليهم.

الداعي لدين الله ـ عليه السلام ـ:

كنيته أبو عبد الله، محمد بن الحسن بن القاسم بن الحسن بن علي بن عبد الرحمن بن القاسم بن الحسن بن زيد بن الحسن بن علي بن أبي طالب -عليهم

---

(538) الإفادة ص169.
(539) الإفادة ص171.

الباب السادس عشر: في بيان أخبار الذين خرجوا في الدين - 211 -

السلام-، وكان جامعاً في العلم والزهد والشجاعة وخصال الإمامة، وكان الأمراء الثلاثة من آل بويه وجميع الناس يعظمونه إكراماً له ولأبيه، ودخل بغداد في أيام أبي الحسين معز الدولة فعظمه، وهؤلاء الإخوة الثلاثة الأمراء من آل بويه: علي والحسين وأبو الحسين كانوا من المقدمين لعسكر الداعي، وأقام ببغداد مدة، ثم إن كبار أهل (الديلم) وعلماءهم كتبوا إليه واستدعوه حتى يأتي إلى (ديلمان)؛ حتى يبايعوه بالإمامة، ومعز الدلة كان غائباً، فخرج من بغداد ليلاً إلى (الديلم) وبايعوه سنة ثلاث وخمسين وثلاث مائة، وسار هناك مدة على طريق السلف، وكان له قتال كثير مع أولاد الناصر الكبير؛ لأنهم لم يكونوا على سيرة أبيهم، ومع عساكر (خراسان) أيضاً، ثم توفي سنة ستين وثلاث مائة، وكانت مدة إمامته سبع سنين، وروي أنه -عليه السلام- سُم(540).

المؤيد بالله أبو الحسين والسيد أبو طالب الناطق بالحق -عليهما السلام-:

السيد المؤيد بالله أبو الحسين أحمد، والسيد أبو طالب يحيى بن الحسين بن هارون بن الحسين بن محمد بن هارون بن محمد بن القاسم بن الحسن بن زيد بن الحسن بن علي بن أبي طالب -عليهم السلام-، خرج أولاً السيد الإمام أبو الحسين وقام بأمر الإمامة وكان جامعاً لخصال الإمامة، وتوفي بـ(ديلمان) يوم السبت يوم العيد سنة إحدى وعشرين(541) وأربع مائة، وسِنه يوم مات نيف وسبعون سنة، وله تصانيف كثيرة وآثار جمة رحمة الله عليه ورضوانه.

ثم قام بعده:

السيد أبو طالب:

بالإمامة، وبايعه أهل (الديلم)، وسار بسيرة أئمة الحق، حتى توفي سنة اثنين

---

(540) الإفادة ص173.

(541) قيل توفي سنة إحدى عشرة وأربعمائة. الحدائق الوردية في مناقب أئمة الزيدية ج2 ص146.

وعشرين[542] وأربع مائة، وكان مولده سنة أربعين وثلاث مائة، وله ثمانون سنة ونيف سنة حين وفاته.

فصل: على الترتيب الذي ذكرنا أورد الهادي -عليه السلام- إلى أيامه[543]، والسيد أبو طالب أورد إلى أيامه هكذا[544].

فصل: وبعد وفاة السيد أبي طالب خرج قوم بعضهم مجمعون لخصال الإمامة:

كالسيد أبي الحسن الحُقَيْني[545].

والناصر الصغير[546]، الذي كان في أيامنا، وغيرهم، وكان بعضهم شبيهاً.

فأما الذين خرجوا من غير هؤلاء الذين ذكرناهم وكانوا عدداً كثيراً نحن نشير إلى أسماء بعضهم؛ لأن إيراد جميعهم وتفصيل أحوالهم يطول:

- الحسين بن زيد بن علي -عليهم السلام-، كان في عسكر النفس الزكية، فلما قتل النفس الزكية كان متوارياً مدة، ثم ظهر، وكان عند الصادق -عليه السلام- وتعلم منه علوماً كثيرة، ثم خرج، ثم مات -رحمه الله[547]-.

- موسى بن عبد الله بن الحسن بن الحسن بن علي بن أبي طالب، وكان من دعاة النفس الزكية، وبعده أصابه تعب كبير، وكان متوارياً مدة، ثم أُخذ وضُرب

(542) قيل توفي سنة أربع وعشرين وأربعمائة. الحدائق الوردية في مناقب أئمة الزيدية ج2ص168.

(543) في مقدمة كتاب (الأحكام في الحلال والحرام).

(544) في كتاب (الإفادة في تاريخ الأئمة السادة).

(545) هو الإمام الهادي أبو الحسن علي بن جعفر بن الحسن بن عبد الله بن علي بن الحسن بن علي بن أحمد الحقيني بن علي بن الحسين الأصغر بن علي سيد العابدين بن الحسين بن علي بن أبي طالب، أجمع العلماء في زمانه أن سُبع علمه آلة للترشح للإمامة. الحدائق الوردية ج2ص200.

(546) هو الإمام الناصر أبو عبد الله الحسين بن أبي أحمد الحسين بن الحسن بن علي بن الإمام الناصر للحق الحسن بن علي الأطروش، قام بهوسم سنة اثنتين وثلاثين وأربعمائة، وتوفي سنة اثنتين وسبعين وأربعمائة. الحدائق الوردية ج1ص195.

(547) مقاتل الطالبيين ص331.

بالسوط، ثم حُبس، وكان في تلك المحنة حتى مات -رحمه الله-(548).

- أبو الحسن علي بن العباس بن الحسن بن الحسن بن علي بن أبي طالب -عليهم السلام-، كان يدعو الناس ببغداد، فأُخبر الملقب بالمهدي بذلك فحبسه، ثم أطلقه وسمه فمات -رحمه الله-(549).

- عيسى بن زيد بن علي بن الحسين بن علي بن أبي طالب -عليهم السلام-، لما دعا هشام بن عبد الملك زيد بن علي إلى الشام خرج ومعه عياله، فنزل في دير رهبان، فولد له ولد فسمّاه عيسى؛ تبركاً بعيسى ابن مريم -عليه السلام-، فلما كبر كان مع النفس الزكية وأخيه إبراهيم في حروبهما، وقال لهم: من خالفكما من آل أبي طالب سلماه إليّ حتى أقتله، وكان متوارياً مدة كثيرة، ودار في العالم حتى مات متوارياً(550).

- أحمد بن عيسى بن زيد، فقيه آل محمد(551).

- أبو محمد عبد الله بن محمد النفس الزكية(552).

- أبو محمد الحسن بن إبراهيم بن عبد الله بن الحسن(553).

- إدريس بن عبد الله بن الحسن بن الحسن بن علي بن أبي طالب، خرج إلى (الأندلس) بعد النفس الزكية، وخرج هناك، وأولاده هناك(554).

- محمد بن جعفر الصادق -عليهما السلام-، خرج ثم أُخذ وجيء به إلى

---

(548) تاريخ دمشق لابن عساكر ج60ص443.
(549) مقاتل الطالبيين ص342.
(550) مقاتل الطالبيين ص342.
(551) مقاتل الطالبيين ص492.
(552) مقاتل الطالبيين ص268.
(553) تاريخ الطبري ج8ص133.
(554) البدء والتاريخ ج6ص86.

المأمون بـ(جرجان) ومات هناك، ومشهده بـ(جرجان)[555].

- إبراهيم بن موسىٰ بن جعفر، خرج باليمن، ثم أُخذ وجاءوا به إلىٰ المأمون فحبسه ثم أطلقه[556]، ثم خرج من بعده أخوه:

- عبد الله بن موسىٰ، وأخذوه وجاءوا به إلىٰ المأمون فأطلقه.

- عبد الله بن موسىٰ بن عبد الله، خرج بالمدينة، وقاتله عسكر فلم يجد عوناً فهرب، ثم مات[557].

- محمد بن القاسم، صاحب الطالقان، خرج هناك وأخذوه وحبسوه، فمات في الحبس[558].

- الحسن بن زيد[559] ومحمد بن زيد، خرجا بطبرستان ومات الحسن، وقام محمد بالأمر، وقتله عسكر خراسان[560].

- والداعي الحسن بن القاسم، خرج بخرسان، وخطبوا له، ثم قتل[561].

- ويحيىٰ بن عمر، من أولاد زيد بن علي، خرج في أيام المستعين، فبعث بالعساكر فقتلوه[562].

- الثائر جعفر بن محمد، خرج بـ(طبرستان)[563].

---

(555) مقاتل الطالبيين ص438.

(556) تجارب الأمم وتعاقب الهمم ج4ص118.

(557) مقاتل الطالبيين ص498.

(558) مقاتل الطالبيين ص464.

(559) تاريخ الطبري ج9ص271.

(560) مقاتل الطالبيين ص542.

(561) الكامل في التاريخ ج6ص726.

(562) تاريخ الطبري ج9ص266.

(563) تاريخ الخلفاء ص368، سمط النجوم العوالي ج4ص187.

وخرج جماعة كثيرة من أولاد الحسن والحسين -عليهم السلام- في كل وقت، وأخبارهم كثيرة مروية -عليهم وعلى آبائهم أفضل السلام-.

[الباب السابع عشر: في بيان ما يجب معرفته من الشرعيات]

باب ذكر العبادات

التي يحتاج المكلف إلىٰ معرفتها علىٰ سبيل الجملة مما لا بد منه، ثم نذكر في آخرها باباً في أسماء الله -تعالىٰ- وصفاته ونختم به الكتاب إن شاء الله -تعالىٰ-.

كتاب الطهارة

الماء علىٰ ثلاثة أضربٍ: طاهر، وطهور، ونجس.

والطهور: هو الماء المطلق الذي لم يَشِبْه نجس ولا لاقاه نجس، أو طاهر غيَّر طعمه أو ريحه أو لونه من غير شيء شابه، ولم يستعمل في تطهير شيء من الأعضاء.

والطاهر- الذي ليس بطهور-: ما شابه طاهر سواه فغيَّره.

والنجس: كل ماء قليل شابه نجس أو لاقاه، قليلاً كان النجس أو كثيراً، غيَّره أو لم يغيره.

والماء الكثير إذا شابه من النجس ما يغيره صار نجساً.

وحدُّ الماء الكثير: الماء الذي جرت العادة في مثله أن لا يستوعب شرباً وطهوراً، كالبيار النابعة، والأنهار الجارية، والبرك الواسعة.

والقليل: ما دونه.

والنجاسة: ما خرج من السبيلين من كل حيوان لا يؤكل لحمه، - وما يؤكل لحمه فإن بوله وروثه طاهر-، والدم المسفوح من أي جرحٍ كان، وكذلك القيح، والقيء، والخمر، والميتة، والكلب، والخنزير، والمشرك بالله -تعالىٰ-، وجلود الميتة لا تطهر بالدباغ.

[نواقض الوضوء]:

والذي ينقض الوضوء خمسة أشياء:

أحدها: ما يخرج من السبيلين.

والثاني: الدم والقيح المسفوحان من أي جرح كان.

والثالث: القيء الذارع.

والرابع: النوم المزيل للعقل على أي حال كان.

والخامس: كبائر العصيان.

[فروض الوضوء]:

وفروض الوضوء: النيّة، والمضمضة، والاستنشاق، وغسل الوجه من مقاص الشعر إلى الأذنين مع الذقن، وتخليل اللحية – إن كانت –، ثم غسل اليد اليمنى مع الذراع والمرفق، ثم كذلك اليسرى، ثم مسح جميع الرأس مقبله ومدبره وجوانبه مع الأذنين ظاهرهما وباطنهما، ثم غسل القدم اليمنى مع الكعبين، ثم كذلك اليسرى، وتخليل أصابع الرجلين، كل عضو مرة على الترتيب، والتسمية فرض عند الذكر يقول بعد النيّة: (بسم الله الرحمن الرحيم)، فإن نسيها ناس أجزأه.

والغسل: ما جرى عليه الماء مع الدلك.

والمسح: إمساس الماء بحيث لا يجري.

ولا يجزي المسح على الخفين والجوربين عن غسلهما، ومن قلم أظفاره أو حلق رأسه وهو متوضئ يجب(564) أن يغسلهما.

_____

(564) قال الإمام المؤيد بالله: «والوجه في ذلك أن أعضاء الطهارة يجب أن يكون كل موضع منها مغسولاً أو ممسوحاً، فإذا أخذ شعره، أو قلم أظافيره، بقي موضع القص غير مغسول، ولا =

وكمال الوضوء: أن يبدأ فيغسل يديه قبل الوضوء، ويغسل كل عضو ثلاث مرات على الترتيب، ومسح الرقبة مع الرأس سنة.

[موجبات الغسل]:

ويجب الغسل على الرجال والنساء: من إنزال المني في يقظة كان أو منام، ومن التقاء الختانين، ويجب على المرأة خاصة من الحيض والنفاس، وغسل الميت واجب، والغسل [لـ]ـمن غسل الميت سنة(565).

ومن فرض الغسل الواجب: النيّة، والمضمضة، والاستنشاق، وإيصال الماء إلى أصول الشعر، ودلك جميع البشرة، والوضوء بعد الغسل على من أراد الصلاة فرض.

وكمال الغسل: غسل جميع البدن ثلاث مرات.

وغسل الجمعة، والعيدين، والإحرام سنة، وغسل الحيض والنفاس فرض.

والغسل: ما جرى عليه الماء، كما تقدم.

[التيمم]:

والتَّيمُّم واجب عند عدم الماء في آخر وقت للصلاة، والتيمم عن الحدث والجنابة سواء، وهو ضربتان: ضربة للوجه، وضربة لليدين، ولا يجوز التيمم بشيء سِوى التراب، ومن أراد التيمم ضرب يديه على التراب الطاهر، ولا يجزيه حتى يعلق التراب بكفيه، ثم يمسح بيديه وجهه مسحاً غامراً، ويدخل ابهاميه تحت غابته تخليلاً للحيته - إن كانت -، ثم يعود فيضرب بيديه على التراب ضربة أخرى وفرج بين أصابعه، ثم يرفعهما وينفضهما فيبدأ بمسح يمينه من

ممسوح، فيكون بمنزلة أن يبقي من جملة الأعضاء موضع لم يمسه الماء، فكما يجب إمساسه الماء، كذلك موضع القص يجب أن يمر الماء عليه» شرح التجريد ج1 ص184.

(565) قال الإمام الهادي: «نحب له ذلك، وليس ذلك بواجب عليه» المنتخب ص65.

ظاهرها من عند الأظفار حتى يأتي على ذلك إلى المرفق، ثم يقلب راحته اليسرى على باطن يده اليمنى فيمسح جميع باطنها إلى راحته وجميع يده وإبهامه، ثم يرد يده اليمنى على ظاهر يده اليسرى فيفعل بها ما فعل باليمنى.

ولا يصلي بتيمم واحد إلا فريضة واحدة ونافلتها، ويجب التيمم على من تعذر عليه الماء المطلق من حاضر أو مسافر أو كان مريضاً؛ يخاف من استعمال الماء عنتاً، ومن كان ببعض أعضائه جرح يتعذر إجراء الماء عليه غسل ما سِواه وتركه ولم يجب أن ييممه، ولا يتيمم إلا في آخر الوقت إن كانت صلاته ظهراً تحرى وقتاً يغلب على ظنه أنه ما بقي بعدها من الوقت قبل غروب الشمس لم يتسع لأكثر من العصر وتيممه، وإن كانت عصراً تحرى وقتاً يغلب عنده أنه يصادف فراغه منها غروب الشمس، وكذلك يتحرى للمغرب والعشاء حتى يصادف فراغه من العشاء طلوع الفجر، ويتحرى للفجر حتى يصادف فراغه منها طلوع الشمس.

ويجب عليه أن يطلب الماء قبل ذلك، وإذا وجد الماء بعد ما تيمم وصلى وهو في بقية من الوقت فعليه الطهارة وإعادة الصلاة، وإن وجده بعد مضي الوقت فلا إعادة عليه، ويعيد الطهارة لما يستأنف من الصلاة.

[ما تغسل به النجاسة]:

وغسل الأنجاس لا يجوز إلا بالماء المطلق دون سائر المائعات.

[في أنواع النجاسة]:

فصل: والنجاسة نوعان:

نوع: له أثر ظاهر فيجب إزالة أثره، فإن لم يزل بالماء وحده فيستعمل في إزالته ما جرت العادة أن يستعمل في إزالته كالصابون ونحوه، فإن لم يزل بعد إبلاء العذر فلا بأس.

والنوع الثاني: الذي لا أثر له فيجب غسله ثلاثاً.

والاستنجاء بالماء واجب من كل ما يخرج من السبيلين من كل نجس، ومن الريح عند يحيى -عليه السلام-، وعند المرتضى والناصر واجب، والاستنجاء بالأحجار قبل الماء مستحب، والسبيلان فيه سواء، ولا يستنجي بعظم ولا روث ولا شيء من المأكولات، ولا يستنجي باليمنى إلا من ضرورة وإن فعل أجزأه.

فصل: في الحيض:

أحوال النساء في الحيض أربع:

[الأولى]: منها: حال المبتدأة: فإذا رأت المرأة الدم تركت الصلاة، فإن انقطع الدم دون العشر وزاد على ثلاثة أيام أو دامت العشر فالدم كله حيض، وإن زاد على العشر رجعت إلى أكثر عادة نسائها من قبل أبيها أخواتها وعماتها، وإن جهلت عادتهن رجعت إلى أكثر الحيض.

والثانية: حال الناسية لعادتها: وهذه حكمها حكم المبتدأة تفعل كما تفعل المبتدأة.

والثالثة: الذاكرة لعادتها وعادتها كما كانت: فهذه إذا استمر بها الدم تترك الصلاة أيام عادتها، فإذا انصرفت أيام عادتها اغتسلت وحكمها حكم المستحاضة.

والرابعة: حال الذاكرة لعادتها وعادتها زادت أو نقصت: وهذه تستقر عادتها بقرءين.

والمستحاضة تتوضأ لوقت كل صلاة، ويجوز أن تجمع بين الظهر والعصر، وبين المغرب والعشاء في آخر وقت الأولى، وأول وقت الأخرى بوضوء واحد.

وأقل الحيض ثلاثة أيام بلياليها من الوقت إلى الوقت، وأكثره عشرة، وأقل الطهر عشرة، ولا يجتمع حيض وحبل، وأقل النفاس لا حد له، وأكثره أربعون، وإذا لم ترى الدم عند الولادة لم تكن نفساء فلا تترك الصلاة، وإن رأت الدم ثم

انقطع وطهرت عشرة أيام ولم ترى الدم، فالدم الثاني لا يكون نفاساً ويكون حيضاً أو استحاضة على ما تدل عليه العاقبة.

كتاب الصلاة

مواقيت الصلاة:

لكل صلاة وقتان: وأول وقت صلاة الظهر زوال الشمس، وهو أن يصير ظل كل شيء في الزيادة بعد النقصان، وآخره حتى يصير ظل كل شيء مثله سوى فيء الزوال، وهو أول وقت العصر، وآخره حين يصير ظل كل شيء مثليه، وأول وقت المغرب غروب الشمس ويستبان ذلك بظهور كوكب من كواكب الليل، وآخره سقوط الشفق - والشفق هو الحمرة لا البياض -، وهو أول وقت العشاء، وآخره ثلث الليل، وأول وقت صلاة الفجر طلوع الفجر، وآخره قبل طلوع الشمس، وهذه الأوقات هي التي يستحب للمختار أن يختارها ولا يعدل عنها.

فأما من كان مريضاً أو مسافراً أو خائفاً أو مشتغلاً بشيء من الطاعات فله أن يجمع بين الظهر والعصر بعد زوال الشمس إلى غروبها، وبين المغرب والعشاء الآخرة من غروب الشمس إلى طلوع الفجر، وأن يصلي الفجر ما بين طلوع الفجر إلى طلوع الشمس.

ومن أدرك من العصر ركعة قبل غروب الشمس فقد أدركه، ومن أدرك من العتمة ركعة قبل طلوع الفجر فقد أدركه، ومن أدرك ركعة من الفجر قبل طلوع الشمس فقد أدركه.

ولو أن كافراً أسلم أو مُغمًى عليه آفاق أو حائضاً طهرت أو صبياً أدرك قبل غروب الشمس بقدر خمس ركعاتٍ لزمهم الظهر والعصر، ولو كان قبل طلوع الفجر بقدر أربع ركعات لزمهم المغرب والعشاء، ولو كان قبل طلوع الشمس بقدر ركعة لزمهم الفجر.

الأذان والإقامة:

فرض على الكفاية، فإذا أذن واحد سقط عن الباقين، فأما إذا صلى وحده يجب لكل فريضة إقامة، ويجوز للمحدث أن يؤذن، ولا يجوز للجنب، ولا تجوز الإقامة إلا على وضوء.

فصل: في أقل ما يجزي من عمل الصلاة:

فرائض الصلاة: النيّة، والتكبير، وقراءة فاتحة الكتاب مع ثلاث آيات من القرآن مرة واحدة، والركوع، والسجود، والاستواء من الركوع، والسجود، والتشهد الذي يقع التسلم عقبه، وفي التشهد الجلوس على الرجل اليسرى ونصب القدم اليمنى، ويجب في السجود وضع سبعة أعضاء على الأرض: الجبهة، واليدين، والركبتين، وصدور أصابع الرجلين، والنيّة على الملكين على اليمين والشمال عند التسليم واجبة.

فصل: كمال الصلاة:

أن يستقبل المصلي القبلة، ثم يقول: «أعوذ بالله السميع العليم من الشيطان الرجيم»، ويقول: «وجهت وجهي للذي فطر السموات والأرض حنيفاً مسلماً، وما أنا من المشركين، إن صلاتي ونسكي ومحياي ومماتي لله رب العالمين، لا شريك له وبذلك أُمرت وأنا من المسلمين، الحمد لله الذي لم يتخذ ولداً ولم يكن له شريك في الملك ولم يكن له ولي من الذل»، ثم ينوي بالقلب، ثم يكبر فيقول: «الله أكبر»، ويقول: «بسم الله الرحمن الرحيم»، ثم يقرأ فاتحة الكتاب وسورة معها.

ويجهر ببسم الله الرحمن الرحيم إن كانت الصلاة مجهوراً بها، والجهر بفاتحة الكتاب وثلاث آيات واجب مرة واحده في الركعتين الأولتين من المغرب والعشاء وصلاة الفجر، ثم يكبر ويركع، ويقول في ركوعه: «سبحان الله العظيم وبحمده» ثلاث مرات أو خمس مرات، ويطأ من ظهره في ركوعه، ويفرج بين آباطه، ويسوي كفيه على ركبتيه، ويفرج بين أصابعه، ثم يرفع رأسه من الركوع

ويقول: «سمع الله لمن حمده»، فإذا اعتدل قائماً خرَّ لله ساجداً ويقول: «الله أكبر»، ويبدأ بوضع يديه قبل ركبتيه على الأرض، ثم يسجد ويضع أنفه مع جبهته على الأرض ويمد ظهره، وينصب قدميه، ويفرج آباطه، ويضع يديه حذاء خديه، وإذا كان المصلي امرأة تضممت.

ثم يقول في سجوده: «سبحان الله الأعلى وبحمده»، ثلاثاً أو خمساً، ثم يقعد ويفترش قدمه اليسرى وينصب قدمه اليمنى، فإذا اطمأن على قدمه اليسرى قاعداً كبر وسجد السجدة الثانية فيسبح فيها كما سبح في الأولى، ويفعل ما فعل فيها، ثم ينهض بتكبيرة، ويعتمد على يديه حتى يستوي قائماً، ثم يمضي في باقي صلاته، وإذا رفع رأسه من السجدة الثانية من الركعة الثانية جلس للتشهد، ثم ينهض وأتم الصلاة، وتشهد التشهد الثاني ثم يسلم بتسليمة عن يمينه وتسليمة عن شماله ويقول: «السلام عليكم ورحمة الله».

ويقول في الركعتين الآخرتين من الظهر والعصر والعشاء الأخيرة والركعة الثالثة من المغرب: «سبحان الله، والحمد لله، ولا إله إلا الله، والله أكبر»، ثلاثاً، أو يقرأ فاتحة الكتاب والتسبيح أفضل.

فإذا قعد للتشهد الأخير يقول: «بسم الله، وبالله، والحمد لله، والأسماء الحسنى كلها لله، أشهد أن لا إله إلا الله وحده لا شريك له، وأشهد أن محمداً عبده ورسوله»، ثم ينهض إن كان في الأولتين، وإن أراد أن يسلم عقبه قال: «اللهم صلِّ على محمد وعلى آل محمد، وبارك على محمد وعلى آل محمد، كما صليت وباركت على إبراهيم وعلى آل إبراهيم إنك حميد مجيد».

فصل: ما لا تتم الصلاة إلا به:

لا تتم صلاة القادر المتمكن إلا بالوضوء وتطهير البدن واللباس من النجس، وستر العورة - والعورة ما دون السرة إلى ما دون الركبة -، واستقبال القبلة.

والذي يفسدها: هو أن يحدث فيها، أو تصيب النجاسة شيئاً منه أو من ثيابه أو

الموضع الذي يصلي عليه، أو يكشف عورته، أو يتكلم بشيء من الكلام الذي ليس بمسنون في الصلاة، أو يشير بإشارة، أو يسلم بتسليمتين في غير موضعهما عامداً أو ساهياً، أو يقتل حية أو عقرباً في صلاته، أو يرشد ضالاً، ولا فرق بين أن يفعل ذلك مضطراً أو غير مضطرٍ في إفساد صلاته، وكذلك من زاد ركعة في مكتوبة، ومن سها فقام في موضع جلوس، أو جلس في موضع قيام، أو ركع في موضع سجود، أو سجد في موضع ركوع، أو سبح في موضع قراءة، أو قرأ في موضع تسبيح، جبر ذلك بسجدتي السهو، وهما في الزيادة والنقصان بعد التسليم.

فصل: [في اختلاف أحوال الصلاة]:

الذي يوجب اختلاف أحوال الصلاة أمور: منها: العجز لمرض أو غيره، فكل من عجز عن ركن سقط ما عجز عنه دون ما لم يعجز، فإن عجز عن القيام صلى جالساً، وإن عجز عن الركوع والسجود أومأ لهما برأسه، ويكون إيماؤه لسجوده أخفض من إيمائه لركوعه، وإن عجز عن الجلوس يوجه إلى القبلة واقتصر على الإيماء، وإن عجز عنه بالإغماء تسقط عنه الصلاة إلا التي يفيق في وقتها.

ومنها: ما يعيد أربع ركعات ركعتين، وهو الجمعة والسفر.

فأما الجمعة فإنها تجب بشروط:

- منها: عدد المصلين: وهو أن يكونوا ثلاثة سوى الإمام فصاعداً.

- ومنها: المكان الذي يصلى فيه: وهو أن يكون مدينة أو قرية أو منهلاً إذا كان فيه مسجدٌ تجمع فيه.

- ومنها: الوقت: وهو حين زوال الشمس.

- ومنها: الخطبة: وهي خطبتان يفصل بينهما بجلسة.

- ومنها: الإمام الذي يخطب له: وهو أن يكون ممن تجب طاعته على المسلمين.

ومن لم يدرك شيئاً من الخطبة صلى الظهر أربعاً.

وأما السفر الذي يجب فيه القصر: فهو بريد[566] فما فوقه، أي سفرٍ كان يقصر المسافر إذا خرج من بلده وتوارت عنه بيوت أهله، وإذا دخل موضعاً ونوى مقام عشرة أيام فيه أتم الصلاة، وإذا لم ينوي مقام عشرة أيام قصر إلى تمام شهر ثم أتم.

فصل: صلاة الخوف:

أن ينقسم المسلمون قسمين: فتقوم فرقة منهم بإزاء العدو ويدفعونه، وفرقة يصلي بهم الإمام يبتدئ فيفتتح الصلاة ثم يقرأ ويركع ويسجد، ثم يقوم مع الفرقة الأولى فيطول القراءة وتركع الفرقة الأول ويتمون لأنفسهم ركعة أخرى، ويسلمون وينصرفون ويقومون بإزاء العدو، ثم تأتي الفرقة الثانية التي لم تصل فتفتتح الصلاة خلف الإمام ليصلي بهم الإمام الركعة الثانية، فإذا قعد الإمام متشهداً قاموا وأتموا لأنفسهم، والإمام يتشهد ويسلم وحده.

ولا تصلى صلاة الخوف إلا في السفر، قال[الإمام القاسم]: «وإذا كان خوفاً لا يقدرون معه على الصلاة قياماً وركوعاً وسجوداً أومؤوا برؤوسهم إيماءً، ويكون السجود أخفض من الركوع»، قال: «وإن لم يمكنهم إلا التكبير والذكر، كبروا وذكروا الله سبحانه وفعلوا من ذلك قدر ما يمكنهم».

فصل: في الإمامة في الصلاة:

لا بأس بالصلاة خلف كل مسلم إذا علم ما يحتاج إليه في صلاته، ولا يصلي اللابس خلف العريان، ولا القائم خلف القاعد، ولا المتوضئ خلف المتيمم، ولا المؤدي فريضة خلف المتطوع، ولا الرجل خلف المرأة أو الصبي، ولا يجوز للرجل أن يصلي بامرأة لا رجل معها، ولا بخنثى لبسة لا رجل معها، ولا تجوز

(566) والبريد يساوي اثنى عشر ميلاً، والميل يساوي حوالي 21 كيلومتر.

الصلاة خلف الفاسق.

وإذا لحق الرجل بعض صلاة الإمام أتم لنفسه بعد ما يخرج الإمام من صلاته، وكذلك إن أحدث الإمام أتم لنفسه ما بقي، والمؤتم يقرأ خلف الإمام إذا لم يسمع قراءته، ولا يقرأ إذا سمعها، وإذا سها الرجل خلف الإمام ولم يسه الإمام سجد هو سجدتي السهو، وإذا سها الإمام ولم يسهى المأموم سجد معه، وما يرفعه إمامه من عمل الصلاة - الركعات والقراءة إذا جهر بها أو أدركه راكعاً.

السنة المؤكدة: ركعتان بعد الظهر، وركعتان بعد المغرب، وركعتان قبل صلاة الفجر بعد طلوع الفجر، والوتر وهو ثلاث ركعات بتسليمة واحدة، ويقنت في الركعة الثالثة بعد الركوع بشيء من القرآن، ووقتها بعد العشاء الآخرة إلى طلوع الفجر، وكذلك يقنت في الركعة الأخيرة من صلاة الفجر بعد الركوع، ويستحب [لمن قدر] أن لا يترك ثماني ركعات في آخر الليل يسلم بين كل ركعتين منها، قال الناصر -عليه السلام-: «التطوع والمؤكد ثماني ركعات قبل الظهر، وثمان بعد الظهر، وأربع بعد المغرب، يسلم بعد كل ركعتين منها، وركعتان بعد العشاء الآخرة من جلوس تقوم مقام ركعة واحدة، وثمان ركعات بعد ثلث الليل قبل طلوع الفجر، والوتر ثلاث ركعات، وركعتان الفجر إذا طلع الفجر».

فصل: [في صلاة العيدين]:

صلاة العيدين: ركعتان فريضة على جميع المكلفين، يبتدئ الإمام فيفتتح الصلاة، ثم يقرأ فاتحة الكتاب وسورة من المفصل ويجهر بالقراءة، ثم يكبر سبع تكبيرات يفصل بين كل تكبيرتين بأن يقول: «الله أكبر كبيراً، والحمد لله كثيراً، وسبحان الله بكرةً وأصيلاً»، ثم يكبر تكبير الركوع ويركع، ويسجد سجدتين، ثم يقوم فيقرأ فاتحة الكتاب وسورة، ثم يكبر خمس تكبرات، ثم يركع، ثم يسجد

سجدتين، ثم يتشهد ويسلم، ثم يعلو راحلته أو منبره، فيخطب خطبتين، ثم يفصل بينهما بجلسة، وعلى هذا المثال يصليهما المنفرد أيضاً.

فصل: [في صلاة الاستسقاء]:

الاستسقاء: أن يخرج المسلمون إلى ظاهر بلدهم إذا لحقهم الجدب، ويتقدم إمامهم ويصلي بهم أربع ركعات بتسليمتين، ثم يستغفر الله ويستغفره المسلمون، ويجأروا بالدعاء ومسألة الرحمة، ويحدثوا لله التوبة ويسألوه قبولها، ثم يقلب الإمام شق ردائه الأيمن إلى الأيسر، وشقه الأيسر إلى الأيمن، وينصرف الناس معه.

فصل: [في صلاة الكسوف]:

صلاة الكسوف: عشر ركعات في أربع سجدات وتسليمة واحدة، والمصلي بالخيار إن شاء جهر بالقراءة وإن شاء خافت بها، ينوي ويكبر، ويقرأ فاتحة الكتاب وسورة، ويركع، ويرفع رأسه من الركوع ويقرأ حتى يفعل خمس ركعات، ثم يرفع رأسه من الركوع الخامس ويسجد، ثم يفعل ذلك في الركعة الثانية، ويستحب أن يثبت الإمام والمسلمون مكانهم، ويكثروا من الاستغفار والتهليل والدعاء، وإذا اجتمع صلوات عدة كصلاة العيد، والاستسقاء، والكسوف، والجمعة، بدأ بالذي يخاف فوته، ثم الأخوف فالأخوف بعده.

فصل: غسل الميت:

كغسل الجنابة، يغسل فمه وأسنانه وشفتيه وأنفه ويتم وضوءه للصلاة، ويستحب أن يغسل ثلاث غسلات أولهن بالحرض، والثانية بالسدر، والثالثة بالكافور، فإن لم يوجد ذلك فلا بأس أن يغسل الغسلات الثلاث بالماء القراح، ويجوز أن يغسل الرجل زوجته والمرأة زوجها، والشهيد إذا مات في المعركة لم يغسل ويصلى عليه، ويكفن الميت بما أمكن من الثياب من سبعة أو خمسة أو ثلاثة أو واحد، ولا بأس أن تكفن المرأة بثوب مصبوغ ويصلح للرجل عند

الضرورة، ويصلى على من مات من المسلمين أو قتل في المعركة وغير المعركة، ولا يصلى على الفاسق، ويكبر المصلي على الجنازة خمس تكبيرات مع تكبيرة الإحرام، ويستحب أن يقرأ فاتحة الكتاب بعد الأولى، وقل هو الله أحد بعد الثانية، وقل أعوذ برب الفلق بعد الثالثة، ويدعو للميت إن كان من المؤمنين بعد الرابعة، ويسلم تسليمتين عن يمينه وعن شماله بعد الخامسة.

والمحدث إذا خشي أن تفوته صلاة الجنازة تيمم وصلى، ولا يستحب بغير طهور، ولا يصلى على القبر، وإذا حضر جنائز عدة تجمع ويصلى عليها صلاة واحدة، وينوى على جميعها، والمستحب أن يلحد للميت، والمُحرِم إذا مات لم يغط رأسه ولم يحنط بشيء من الطيب.

كتاب الزكاة

تجب الزكاة في الأموال بحصول شرطين:

أحدهما: النصاب.

والثاني: حول الحول.

إلا ما أخرجت الأرض فإن الزكاة تجب فيه عند بلوغه وإدراكه، ولا بد في جميعه من التقدير، وتقدير جميع ما تجب فيه الزكاة بأربعة أشياء:

أحدها: بالوزن، كما يقدر به الذهب والفضة.

والثاني: العدد، كما يقدر به المواشي.

والثالث: الكيل: كما يقدر به ما يكال مما أخرجت الأرض.

والرابع: القيمة: كما يقدر به أموال التجارات، وما جرى مجراها مما لا يكال مما أخرجت الأرض.

ومن ملك نصاباً في أول الحول، ثم استفاد إليه في بعض الحول شيئاً من جنسه، لزمه عند رأس الحول إخراج الزكاة عن الأصل والمستفاد جميعاً، وأموال التجارة كلها في حكم الجنس الواحد.

باب الزكاة في الذهب والفضة:

لا زكاة في الذهب حتى يبلغ عشرين مثقالاً، فإذا بلغ عشرين مثقالاً ففيه رُبع عشرها وهو نصف دينار، فإن زاد عليه قليل أو كثير وجب فيه زكاة ربع عشرها، ولا زكاة في الفضة حتى تبلغ مائتين درهم، فإذا بلغت مائتي درهم ففيها ربع العشر [وهو] خمسة دراهم، والقول في زيادتها كالقول في زيادة الذهب، والزكاة واجبة في الحلي إذا بلغ النصاب، ويضم الذهب والفضة بعضهما إلى بعض ويخرج عنها الزكاة، ولا يضم شيء من الأجناس إلى غيره سواهما، ويجوز إخراج الذهب

عن الفضة والفضة عن الذهب ولا يجوز ذلك في غيرهما.

باب زكاة الإبل:

لا زكاة في الإبل حتى تبلغ خمساً، فإذا بلغت خمساً ففيها شاة، وفي عشر شاتان، وفي خمسة عشر ثلاث شياه، وفي عشرين أربع شياه، وفي خمس وعشرين ابنة مخاض، وفي ست وثلاثين ابنة لبون، وفي ست وأربعين حقة، وفي إحدى وستين جذعة، وفي ست وسبعين ابنتا لبون، وفي إحدى وتسعين حقتان، ثم يستأنف الفريضة بعد ذلك بلغت الإبل ما بلغت.

وإذا لزم صاحب الإبل سن ولم يوجد في إبله أخذ ما يوجد، فإن كان فوق ما لزمه رد المصدق فضل ما بينهما وبين ما لزمه، وإن كان دونه رد صاحب الإبل على المصدق ما بينهما، ولا زكاة فيما بين شيء من هذه الفرائض، ولا يؤخذ قيمة ما وجب من الزكاة بل يؤخذ من عين ما وجب فيه.

باب زكاة البقر:

لا زكاة في البقر حتى تبلغ ثلاثين، فإذا بلغت ثلاثين ففيها تبيع أو تبيعة، وفي أربعين مسنة، وفي ستين تبيعان، وما زاد فعلى هذا الحساب في كل ثلاثين تبيع أو تبيعة، وفي كل أربعين مسنة، فإذا بلغت البقر مبلغاً يصح أن يؤخذ منه عدد من المسان وعدد من التبايع أخذ من المسان.

باب زكاة الغنم:

لا زكاة في الغنم حتى تبلغ أربعين شاة، فإذا بلغت أربعين ففيها شاة، وفي إحدى وعشرين ومائة شاتان، وفي مئتي شاة وشاة ثلاث شياه، فإذا كثرت الغنم ففي كل مائة شاة، وليس في الأوقاص التي بين الفرائض زكاة.

باب زكاة ما أخرجت الأرض:

يلزم العُشر في كل ما أخرجت الأرض إذا كان سقيه سيحاً أو من ماء السماء ومن الشجر بَعْلاً[567]، وإن كان مما يسقى بالدوالي والخطارات[568] ففيه نصف العشر، ولا زكاة فيما أخرجت الأرض مما يكال حتى يبلغ خمسة أوسق، وإن كان مما لا يكال حتى تبلغ قيمته في السنة مائتي درهم، والعنب يخرص فإن غلب على الظن أنه إذا زُبّبَ بلغ خمسة أوسق وجب فيه العشر وإن كان دون ذلك لم يجب، ولا تؤخذ القيمة في شيء منه إلا إذا كان شيئاً لا يمكن حبس أوله لآخره نحو القثاء والبطيخ، فإن خرج منها في كل دفعة ما بلغ قيمته مائتي درهم أخذت الزكاة من عينه دون قيمته، ولو أن رجلين خلطا مالاً بينهما كان المعتبر في الزكاة ما يملكه كل واحد منهما على الانفراد ولم يعتبر بالخلط، وحكم العسل في الزكاة حكم ما أخرجت الأرض مما لا يكال.

باب: زكاة الفطر:

يجب على المسلم إخراج زكاة الفطر عن نفسه وعن كل من يعوله من المسلمين: من حر أو عبد، صغير أو كبير، ذكر أو أنثى، ووجوبها في أول ساعة من يوم الفطر، وهي صاع مما يستنفقه المزكي من بر، أو شعير، أو تمر، أو ذرة، أو أقط، وغير ذلك.

---

(567) الشجر البعل: ما يشرب بعروقه ذاتياً.

(568) الخطارات: جمع خَطَر: وهو مكيال ضخم.

كتاب الصيام

لا يجزي صيام إلا بالنيّة.

ونية صيام شهر رمضان تجزي من أول الليل إلى أن يبقى من النهار بعضه.

ويفسد الصيام ما دخل الحلق بفعل الصائم، من المشروب، أو المطعوم، أو الحصاة، أو غير ذلك عمداً كان ذلك أو سهواً، والجماع يفسد عمداً كان أو سهواً، وكذلك الإنزال، وإن جومعت النائمة وهي لا تعلم لم يفسد الصيام، والقيء لا يفسد الصيام أبدره القيء أو تعمده إلا أن يرجع شيء من القيء إلى الحلق فإن ذلك يفسده، ولا يفسد الصيام شيء سوى ما ذكرناه.

والكفارة المروية فيمن جامع في رمضان عمداً أو أفطر فهي عندنا مستحبة غير واجبة والتوبة مجزية، قال القاسم -عليه السلام-: «من جامع في شهر رمضان فعليه عتق رقبة، أو صيام شهرين، أو إطعام ستين مسكيناً».

والمسافر إذا وجب عليه القصر جاز له أن يفطر، والحامل والمرضع يجب عليهما الإفطار إذا خافتا على الولد، ويجوز للمريض أن يفطر، وأما الحائض والنفساء فلا يصح منهما الصيام، وعلى كل واحدة منهما قضاء ما أفطرت إذا خرجت من حالتها، والذي لا يصبر على العطش له أن يفطر وعليه لكل يوم إطعام مسكين، فإن خرج من علّته هذه قضى ما أفطره، والشيخ الذي لا يطيق الصيام له أن يفطر وعليه لكل يوم أفطره إطعام مسكين، ولو أن رجلاً أفطر أياماً من شهر رمضان ولم يقضها حتى دخل شهر الصيام من قابل لزمه إطعام مسكين لكل يوم أفطره والقضاء بعد الخروج من شهر رمضان، ولا يقبل في الصوم والإفطار إلا شهادة عدلين.

باب: الاعتكاف:

أقل الاعتكاف يوم، ويجب على من أراد ذلك أن يدخل المسجد قبل طلوع

الفجر فيعتكف فيه إلى العشاء وينوي الاعتكاف، وإن أحب أن يوجبه على نفسه لفظ به فقال: (لله علي أن اعتكف يوماً أو أياماً) ولا يخرج من المسجد إلا لحاجة أو لشهادة جنازة أو عيادة مريض، وإن احتاج أن يأمر أهله أو ينهاهم وقف عليهم وأمرهم ونهاهم قائماً، ولا يجلس حتى يعود إلى المسجد، ولا اعتكاف إلا بصيام واعتزال النساء ليلاً ونهاراً مادام معتكفاً، وإن عرض له ما يوجب له الخروج من المعتكف فإنه يبني إذا عاد إلا أن يكون أوجبه متتابعاً فعليه الاستئناف، ويستحب له أن لا يبيع ولا يشتري، ولا يشتغل عن ذكر الله سبحانه.

باب في معاني أسماء اللّه -تعالى- وصفاته

إذا ثبت أن اللقب لا يجوز على الله -تعالى-، ولا يجوز أن يُسمى الله -تعالى- بأسماء لا فائدة فيها، فلا بد أن يكون كل اسم من أسمائه يرجع إلى ذاته أو إلى فعل من أفعاله على سبيل المدح والتعظيم.

أما صفات الذات: فكونه عالماً، قادراً، حياً، موجوداً، قديماً، سميعاً، بصيراً، مدركاً، واحداً.

وصفات الفعل: ككونه خالقاً، رازقاً، منعماً، جواداً، محيياً، مميتاً، وأمثال ذلك ما جاء في الخبر عن النبي -صلى الله عليه وعلى آله وسلم-: **((إن من أسماء الله -تعالى- تسعة وتسعين اسماً))**(569)، نذكر معانيها؛ لأن ذكر جميع أسمائه يطول ذكرها.

[الأسماء الواردة في الحديث]:

هو (**اللَّهُ**) الذي لا إله إلا هو السيد الإله الذي يحق له العبادة دون غيره، (**الرَّحْمَنُ**) كثير الرحمة للعباد ورازق من في الأرض من الحيوان، (**الرَّحِيمُ**) هو الذي يغفر ويرحم المؤمنين يوم القيامة، (**الْمَلِكُ**) هو الخالق المالك للدنيا والآخرة، (**الْقُدُّوسُ**) المنزه عن صفات النقص وخلق القبيح، (**السَّلَامُ**) هو الذي من جهته جميع السلامة في الدنيا، (**الْمُؤْمِنُ**) هو الذي يؤمن الخلق من أن يضيع شيئاً من أجورهم، وقيل: الذي يصدق الرسل، (**الْمُهَيْمِنُ**) الأمين على كل شيء، وقيل: الشاهد على كل شيء، (**الْعَزِيزُ**) القادر على الكمال الذي لا يغلبه أحد، (**الْجَبَّارُ**) الذي يقهر الكل ولا يمكن أن يُقهر، (**الْمُتَكَبِّرُ**) العظيم في جميع الصفات والإلهية، (**الْخَالِقُ**) الذي يخلق بغير آلة ويقدر على ما يشاء، (**الْبَارِئُ**) يوجد الأشياء من العدم بالفطرة، (**الْمُصَوِّرُ**) هو الخالق للصور المختلفة،

---

(569) مسند أحمد بن حنبل ج16ص291.

(**الْغَفَّارُ**) هو الذي يغفر جميع الذنوب الكفر والكبائر بالتوبة، (**الْقَاهِرُ**) القادر الذي يقهر العباد بالموت وبما شاء من أنواع القهر، (**الْوَهَّابُ**) باذل العطاء، (**الرَّزَّاقُ**) الذي يرزق جميع المرزوقين، (**الْفَتَّاحُ**) القاضي والحكم بالحق، وقيل: فاتح الأمور المقفلة، (**الْعَلِيمُ**) العالم لم يزل ولا يزال بجميع المعلومات، (**الْقَابِضُ**) الذي يقبض الرزق ممن يشاء، ويقبض أرواح العباد إذا شاء، ويهلك من يشاء، (**الْبَاسِطُ**) الذي يوسع الرزق والنعم على من يشاء، (**الرَّافِعُ**) الذي يرفع درجات الأنبياء والأئمة والمؤمنين في الدنيا بالتعظيم والمدح وفي الجنة بالثواب، (**الْخَافِضُ**) الذي يخفض الكفار والفساق بالإهانة في الدنيا والآخرة بالعدل، (**الْمُعِزُّ**) الذي يعز المؤمنين، (**الْمُذِلُّ**) الذي يذل الكافرين والفاسقين، (**السَّمِيعُ**) الذي يسمع المسموعات إذا وجدت، (**الْبَصِيرُ**) الذي يبصر المبصرات إذا وجدت، (**الْحَكَمُ**) الفاصل بين الخلائق، (**الْعَدْلُ**) الذي تستقيم جميع أموره وتحسن، (**اللَّطِيفُ**) العالم بجميع أفعال الخلائق وفاعل الألطاف، (**الْخَبِيرُ**) العالم بجميع الأشياء، (**الْحَلِيمُ**) الذي لا يؤاخذ العصاة بالعجلة، (**الْعَظِيمُ**) الذي جلَّ في صفات العظمة، (**الْغَفُورُ**) الذي يغفر الذنوب بالتوبة، (**الشَّكُورُ**) الذي يجزي الكثير على القليل، (**الْعَلِيُّ**) القادر العالي على كل شيء، (**الْكَبِيرُ**) العظيم في صفة الكمال، (**الْحَفِيظُ**) الحافظ لأعمال العباد، (**الرَّقِيبُ**) الحافظ للعباد، (**الْمُجِيبُ**) الذي يجيب دعوة الداعين والمضطرين، (**الْوَاسِعُ**) كثير الرحمة وواسع المقدرة، (**الْحَكِيمُ**) العالم الذي تكون جميع أفعاله محكمة متسقة، (**الْمُقِيتُ**) الحافظ للخلق، (**الْحَسِيبُ**) الذي يكفي أمور العباد ويحاسبهم يوم التناد، (**الْجَلِيلُ**) العالي في الصفات، (**الْكَرِيمُ**) العزيز الذي يكرم العباد بأنواع العطايا، (**الْوَدُودُ**) الذي يحبه العباد ويحب المطيعين، (**الْمَجِيدُ**) الكريم وواسع الإحسان والعطايا، (**الْبَاعِثُ**) الذي يبعث الأموات من القبور، (**الشَّهِيدُ**) الشاهد على الخلق، (**الْحَقُّ**) الذي من جهته جميع الحقوق، (**الْوَكِيلُ**) الحافظ لأعمال العباد، (**الْقَوِيُّ**) القادر على ما يشاء، (**الْمَتِينُ**) القادر على الكمال على كل

مقدور، (**الْوَلِيُّ**) الناصر للمؤمنين والحافظ لهم، (**الْحَمِيدُ**) المحمود بجميع الصفات والأفعال، (**الْمُحْصِي**) العالم بعدد جميع الأشياء، (**الْمُبْدِئُ**) الذي ابتدأ الخلق من العدم إلى الوجود، (**الْمُعِيدُ**) الذي يعيد الخلق بعد الفناء، (**الْمُحْيِي**) الذي يحيي من يشاء، (**الْمُمِيتُ**) الذي يميت من يشاء، (**الْحَيُّ**) الذي لم يزل ولا يزال ولا يجوز عليه الموت، (**الْقَيُّومُ**) القائم بأمر العباد العالم بكل شيء والمدرك لجميع المدركات، (**الْمَاجِدُ**) الكبير في صفات الذات وصفات الفعل، (**الْوَاحِدُ**) المنفرد بالإلهية ولا مثل له ولا ند، (**الصَّمَدُ**) السيد الذي يصمد إليه في الحاجات، (**الْقَادِرُ**) الذي لم يزل قادراً ولا يزال ولا يزول على جميع أجناس المقدورات، (**الْمُقْتَدِرُ**) هو القادر على ما يشاء، (**الْمُقَدِّمُ**) الذي يقدم المؤمنين، (**الْمُؤَخِّرُ**) الذي يؤخر ما يشاء ومن يشاء، (**الأَوَّلُ**) الذي كان ولم يكن معه شيء، (**الآخِرُ**) هو الموجد فناء العالم، (**الظَّاهِرُ**) الغالب على كل شيء، (**الْبَاطِنُ**) هو العالم بالخفيات، (**الْوَالِي**) المالك لكل شيء، (**الْمُتَعَالِي**) القاهر والغالب على كل شيء، (**الْبَرُّ**) الرؤوف بالعباد، (**التَّوَّابُ**) القابل لتوبة العصاة، (**الْمُنْتَقِمُ**) الذي يعاقب العصاة، (**الْعَفُوُّ**) الذي يعفو عن الذنوب البار بالعباد، (**مَالِكُ الْمُلْكِ**) سيد الملوك والمماليك، (**ذُو الْجَلَالِ وَالإِكْرَامِ**) سيد جميع الكبراء والمكرم لجميع المؤمنين، (**الْمُقْسِطُ**) العادل في جميع أفعاله، (**الْجَامِعُ**) الذي يجمع الخلائق يوم القيامة، (**الْغَنِيُّ**) الذي لا تجوز عليه الحاجة، (**الْمُغْنِي**) الذي يغني من يشاء، (**الْمَانِعُ**) الذي يمنع رحمته من الكفار والعصاة، (**الضَّارُّ**) الذي يضر العاصين بالعقاب، (**النَّافِعُ**) الذي ينفع المؤمنين بالثواب، (**النُّورُ**) الذي يهدي الخلائق، (**الْهَادِي**) الذي يهدي الى الحق والدين، (**الْبَدِيعُ**) الذي ابتدع خلق الأشياء من العدم، (**الْبَاقِي**) الذي لم يزل ولا يزال ولا يجوز عليه العدم والفناء، (**الْوَارِثُ**) الباقي بعد فناء الخلق، (**الْوِتْرُ**) الفرد في الإلهية وصفات العظمة، (**الرَّشِيدُ**) الذي يرشد العباد إلى طريق الحق، (**الصَّبُورُ**) بمعنى الحليم وهو مجاز.

والأسماء المعروفة غير هذه الأسماء كثيرة مثل:

(**الرب**) خالق العباد ومربيهم وسيدهم، (**القديم**) لم يزل ولا يزال ولا أول لوجوده الباقي أبداً (**الدائم**) لم يزل ولا يزال، (**سبوح**) المنزه عن النقص وفعل القبيح، (**شيء**) الذي يعلم ويخبر عنه بالإلهية وصفات العظمة، (**وغضب الله وسخطه**) يكون إرادة عقاب العصاة، (**الطالب**) الذي يطلب حق المظلومين من الظالمين، (**الحنَّان**) الراحم، (**المنَّان**) الباذل العطاء، (**القاضي**) الذي يلزم الأمور، (**المحب**) الذي يحب المؤمنين، يعني: يريد إثابتهم وإكرامهم، (**مثيب**) الذي يثيب المطيعين، (**معاقب**) الذي يعاقب العصاة، (**متكلم**) فاعل الكلام، (**مكلم**) يكلم غيره كما كلم موسى -عليه السلام-، (**سامع**) الذي يسمع في الحال، (**رائي**) الذي يرى في الحال، (**مدرك**) الذي يدرك جميع المدركات.

***

تم الكتاب والحمد لله وحده، وصلواته على محمد وآله الطاهرين الأخيار المنتجبين، الذين أذهب الله عنهم الرجس وطهرهم تطهيراً، ولا حول ولا قوة إلا بالله العلي العظيم، بتاريخ يوم الأحد بواقي سبعة أيام من شهر رجب الأصب الذي هو من شهور سنة ثلاث وتسعين وسبعمائة من الهجرة المباركة النبوية الطاهرة صلوات الله على صاحبها وآله الطيبين وسلامه.